U0567935

"十三五"国家重点出版物出版规划项目

诺贝尔经济学奖获得者丛书
Library of Nobel Laureates in Economic Sciences

民主财政论
财政制度与个体选择

Public Finance in Democratic Process
Fiscal Institutions and Individual Choice

詹姆斯·M. 布坎南（James M. Buchanan） 著

刘凤芹　陆文玥　译

中国人民大学出版社
·北京·

译者序

经济学家认为，立宪政治的历史正是一部现代预算制度史。自1215年英国《大宪章》颁布以来，人们一直在探索现代公共财政的有效运行机制。尽管权力的制衡曾经给君王将相们带来了稳定的税基，进而提供了锦衣玉食，但自上而下的财政决策机制也让上层建筑债台高筑，社会负债累累。20世纪30年代，凯恩斯主义的财政猛药在紧急纾困的同时给英美埋下了苛政的"毒丸"。那些曾经以"小即是美"装饰门楣的民主国度却似乎要改换门庭，向着高赤字、大政府的方向跃进。对此，美国管理和预算公署前署长詹姆斯·C. 米勒（James C. Miller）指出，宽松的宪法约束下所存在的代议制政府、多数票表决制、不完美信息以及组织精良的受益集团，正是造成上述问题的原因。

在对凯恩斯主义的众多批驳者中，恐怕没有谁比詹姆斯·M. 布坎南（James M. Buchanan）更加一针见血。这位出身美国田纳西州的一个农民家庭的智者，曾遭到来自"东部当权派"的歧视。他曾梦想成为一名律师，而大萧条使这一梦想幻灭。幸运的是，正是那些歧视的目光让他放弃了哥伦比亚大学，而选择了芝加哥大学攻读经济学。虽然法庭上缺少了一位律师，但世界多了一位伟大的经济学家。正是蹉跎的岁月让这个来自美国南部的穷人对世事的评判更加鞭辟入里，造化的揉捻使他兼具着圣徒与骑士的荣光。作为公共选择理论的主要奠基人，布坎南教授成功地构建起经济学与政治学之间的桥梁，为政治决策提供了经济学基础和分析工具，他也因此成为1986年诺贝尔经济学奖得主。在他看来，凯恩斯主义经济学并非改善了经济运行的机制，而是"存在弊病，长此以往将毁灭民主"。在实践中，布坎南式的减赤法案则成为纠正凯恩斯主义弊病的良药。

作为对凯恩斯主义国家干预的反驳，布坎南引用克努特·维克塞尔（Knut Wicksell）的话说，传统的财政研究隐含着这样一种假设，即"一个仁慈的专制者，一个中央决策权威，'华盛顿或白厅（Whitehall）里的人'，他们以某种方式知道什么对于其他社会成员而言是'最好的'"，而这种统治经济幻觉是与实际的民主过程相悖的。因此，要找到与现实民主国家相契合的理论方法，就必须引入个体主义模型，将公共选择理论运用于对公共财政问题的分析。《民主财政论：财政制度与个体选择》的旨归正在于此。

全书分为"制度对财政选择的效应"和"财政制度的选择"两篇。其中，第一篇包括前十三章，主要从税收和支出两方面探讨不同的制度如何影响财政选择；第二篇包括后六章，在引入个体选择行为的基础上，主要探讨了具体税制和公债制度等问题。全书体现出鲜明的问题导向性，逻辑严谨、论证精辟，不仅极具理论性和前瞻性，并且具有很强的指导意义。

个体选择的"私"和财政制度的"公"之间的矛盾，是布坎南立宪式民主财政问题的核心。首先，他明确了财政制度所具有的公共物品属性，提出私人所面对的问题包括公共物品的不可分割性、不对称信息下的委托代理问题、"搭便车"等。他假设各种财政制度外生性地强加于个体，这成了他分析制度如何影响选择的逻辑起点。进而，他将传统财政理论的财政外生性和市场选择内生性进行了拓展，引入了个体选择财政制度的行为，这为"立宪式"决策机制提供了前提。他指出，个体的财政选择分为三个重要层次，即选择支付方式，选择公共物品或服务的数量，以及对集体决策结果的反应。特别地，个体对税收制度的选择将依赖于他对公共物品数量和组合的选择，以及他对集体财政结果的私人反应。由此，民主财政的组织准则是允许个体通过集体决策制度，以某一方式"购买"公共物品和服务，并体现出与私人市场之间进行权衡时的"中性"。因此，他指出，民主财政应当是一种立宪式的投票表决过程。

布坎南在具体的论述中使用了大量生动的例子，旁征博引，使读者从中领略到大家小书所独有的见微知著感。例如，在比较纯集体物品和准集体物品时，他分别列举了北极星号潜艇提供的防务和城市公园。在论述"税以旧为佳"这一格言时，他引入了物理学的惯性定律，论证了美国在越战后应渐次削减军费开支而不应幅度过大的原因。为了论证不能将个体"吃光"资本等同于一开始就不积累资本，他引用哈姆雷特的名言——病未病不如病已病①。对于本书的核心概念——"立宪式"决策，他则将其比作打扑克，指出正是这种规则既定但结果不确定的情形，使就规则达成一致意见成为可能。总之，生动而不失严谨，构成了布坎南式的语言风格。至于书中精髓，我们希望读者品味出各自心中的"哈姆雷特"。

翻译此书，历时两年多。为了能将这部经典著作打磨成经典译作，从释义到翻译，再到译校，并最终成书，我们付出了诸多心血。这期间，我们不仅认真研读了这部书的英文原著，还进行了大量的讨论，这也使我们切实经历了翻译研讨过程中的个体选择与集体决策。其中，特别要感谢中国人民大学出版社王晗霞老师的大力支持。在翻译过程中，王老师提出了诸多宝贵而中肯的意见。尽管我们的翻译周期十分漫长，但她仍以最大的热忱和耐心包容着我们的进度。此外，我还邀请了我曾经的学生、现为北京第二外国语学院翻译专业研究生的李冬旭同学，参与到书稿的讨论和译校工作中，她提出了一些很有价值的建议，在此一并致谢。

鉴于该书早先已有两个中文版本，分别为商务印书馆和上海三联出版社的译本，且均堪称经典，这给我们提出了更高的要求，因此我们丝毫不敢松懈。其间，我们不仅参考和借鉴了以上两个中文译本，还广泛查阅了布坎南其他著作的中文译著，如《宪则经济学：人类集体行动机制探索》（中国社会科学出版社，2017）、《宪政经济学：西方现代思想丛书14》（中国社会科学出版社，2004）、《同意的计算：立宪民主的逻辑基础》（上海人民出版社，2014）、《原则政治，而非利益政治：通向非歧视性民主》（社会科学文献出版社，2004），以及《新帕尔格雷夫经济学大词典》（经济科学出版社，1996）等。前人众多的译本为我们提供了大量可借鉴之处，从而让我们能够站在巨人的肩上，但与此同时，

---

① 这句话引自莎士比亚《哈姆雷特》第三幕第一场中最精彩的桥段，朱生豪将"ill"译为"折磨"或"痛苦"，另有译者译为"苦难"或"厄运"。之后奥菲利亚（Ophelia）问道"我的好殿下，您这许多天来贵体安好吗？"在这里"ill"可谓是一种纠葛于"生存抑或死亡"的心病。在本书第五章结尾处中，布坎南提到"… but his statement applies also to benefits or pleasures"，该句中的"but"和"benefits"，似乎作者不仅局限于心理上，还涉及资本积累，因此也是一种成本和收益的纠葛。

鉴于此，我将其引申为"病未病不如病已病"，包含了身心两个方面，为使其能像莎翁的经典语录，语言风格则模仿了中医的"不治已病治未病"。类似地，对经济治理而言，还有"头疼医头、脚疼医脚"之说。另外，有一种说法叫"以病治病"，如果从心病角度讲，对于治愈痛苦则可以引申为"以毒攻毒"，即用新的痛苦抵制旧的痛苦。综合上述因素，我考虑多次后采用了"病未病不如病已病"这种译法。

也经常使我们陷入贾岛"推""敲"的焦虑之中，有时又不免咬文嚼字一番。

以 constitutional 的翻译为例。可以说，从某种程度上，如果能将 constitutional 搞清楚，也就掌握了全书的法门，但这并非易事。在翻译过程中，我们几乎翻遍了布坎南的所有著作及部分译本，发现对该词的翻译版本众多，且差异较大。例如，将 constitutional 译为"制度""宪政""宪则"，而本书早前的两个中文译本则将其译为"立宪"。在法律的语境下，该词则无可争议地被译为"宪法"。有鉴于此，我们在法学和经济学之间勾勒出一条轴线，根据分布选择最为合适的词语。由于本书并非一部法律或法学著述，其所论述的要旨在于民主宪政下的财政制度或规则，以及在一系列制度规则下的个体选择，因此"宪政""宪法""立宪"均与这一主题距离较远，"制度"则本该为 institution 的中文译本，"宪则"虽较为接近，但其出于古语，今人多不知所云，尤其是对使用共同语言进行学术交流难免造成障碍。翻译要做到合情达理，实属不易。合情者，既要考虑到译文读者的认同与认知，又要到学术交流的障碍"最小化"；达理者，既要忠实于原文，又不能拘泥于一孔之见。因此，我们选择在"法学—经济学"这一轴线上尽量与法学语境距离较远并更接近于经济学语境的词，将其译作"立宪式"。式者，如模式、范式、格式等，体现出一种标准化构件体系，这将体现出此财政制度实为标准民主制度中的一个关键构件，一种整体"立宪"规则下的具体规则。自然，为搞清楚何为"立宪式"，读者非通读全文、领会要义不可，而此处的赘述，读者权当抛砖引玉罢了。

无论是在翻译过程中，还是在讨论和译校的过程中，我们都感到，在财政学领域，布坎南似乎正是柏拉图所谓的那个率先走出"洞穴"的人。起初的我们曾一直沉浸在传统财政理论的洞若观火之中，而正是这一遍一遍的阅读与思考成了我们逐渐回头甚或转身的过程。最终，当我们随着他的召唤走出传统的"洞穴"时，无不为洞外的崇山峻岭所吸引。当然，学问之道，还要横看成岭侧成峰，避免一隅之见。总之，翻译这部经典，我们感受到一种"野旷天低树"之美，也愿读者从中领略到豁然"洞"开之妙。

译　者
2019 年 12 月 25 日于大连

序　言

美国管理和预算公署前署长　詹姆斯·C. 米勒Ⅲ

　　20 年前，当本书首次出版时，我正在弗吉尼亚大学攻读经济学专业研究生。在这所学校，詹姆斯·M. 布坎南的影响无处不在。[①] 虽不能说那时同处一校的其他师生和行政人员不够优秀，但若将此处称作"他的"院系倒也无可厚非。布坎南显然有着无人能及的学术影响力。他才华横溢，善于激发求索精神，并为自己和周围的人设定了高标准，这不仅吸引了名家学者们的目光，还极大地激励着那些追求真知的研究生，他们对杰斐逊（Jefferson）先生所倡导的"学术村"满怀热忱。

　　那时，我和我的研究生同学都意识到，一场学术革命正在系里酝酿。这场革命并不在比较经济制度方面（尽管这方面观点的提出已有些时日），也不在传统公共财政方面，而是注定要发生在将经济学逻辑应用于公共领域方面，即对人们如何选择以及由此产生的市场组织的研究。与许多首创思想一样，这一研究起先也是很难被人理解的。一旦你领会了它的要旨，你便会反问道："我怎么就没想到？"

　　对布坎南公共选择理论的阐述，本书或许是最为凝练的一部。它并不像布坎南后期一些作品那样条理清晰，也并未强调此后几年被布坎南引入前沿领域的立宪式规则。此外，它还不具备他同时期作品中那种强

---

　　① 严格讲，我在弗吉尼亚大学时还算不上是布坎南的学生。我只选修了他的一门课程，还旁听了另一门。（旁听布坎南的课要比选修他的课轻松些，因为大家都知道他每周都要求交论文，而当旁听生时你就不必交了。但我想我们本不该这样抱怨的，因为这里面有很多论文得以在专业杂志上发表，而我的第一篇论文就是这样发表的。）然而，我们都以不同的方式受到布坎南的影响——要么是间接通过他的同事，要么是在研讨会上目睹他对知识永不止息的睿智——探索、提问，抑或提出建设性批评。

1

烈的规范语气。但这一分支学科的基本方法和研究范围都在本册书中得以体现。

众多研究生已就本书中的理论纷纷发表论文，但尚未穷尽其中奥义。至于其中的可检验假说，则足以让后继者们倾尽多年努力。无可否认，这便是首创作品的特征之所在。

就在去年秋天布坎南刚获得诺贝尔奖之后，我便立即收到记者们的大量询问，他们有的知道有的不知道我曾师从布坎南，并一直追随其左右以得真传。他们总是一遍遍地问我："什么是公共选择?"我的回复无外乎是要他去看本书的导言，尤其是第一段。

下一个问题总是问："给我举个公共选择的例子吧。"我想，正是**社会科学**的特征使得大众传媒提出这样的问题。无疑，几乎不会有人想要诺贝尔化学奖或物理学奖得主举例说明怎样把他们由以获奖的理论成果用于实践，更不大会有人据此证明他们所获殊荣是当之无愧的。但，如果他们问得紧了，我会说最近的《格拉姆-拉德曼-霍林斯（Gramm-Rudman-Hollings）减赤法案》正反映出布坎南的学说，尽管他并未参与该法案的起草和批准工作。

在某种意义上，《格拉姆-拉德曼-霍林斯减赤法案》是为弥补市场失灵而采取的典型的政府干预措施。在既有制度下——代议制政府、多数票表决制、不完美信息、组织良好的收益集体的存在，这些都存在于宽松的宪法约束下——政府会变得过于庞大，并使财政达到总体而言无效率的赤字水平。尽管就某些具体条款而言，《格拉姆-拉德曼-霍林斯减赤法案》远非完美，但在我们的公共决策过程中，它能够对从基层层面所察觉到的问题予以反应。针对我们所选出的决策者，通过改变最初影响他们行动的动机，以期改变他们的行动。即使这种观点不是布坎南的，至少也是布坎南式的。

但我的这位上了年纪的导师可能并不同意我的这一观点。他可能会提醒我，政客们是惯于朝令夕改的。的确，我们已然看出狡诈的立法者们正力图避免使自己戒律加身。或许布坎南会争辩道，唯有修正宪法才可能永久改变这些人的动机。

我想本书的读者都会就公共选择理论找到他们自己的例证。此类题材着实广泛——从教师委员会会议到公司董事会议，到市政厅会议，再到美国国会会议。无论涉及何种情形，我都坚信，凡是读过本书的人，不仅会对公共财政，还会对集体决策有更深入的认识。

前　言

　　讨论财政理论，本书所采用的参照体系与惯常所论迥然有别。这一重点的急剧转移搅乱了正襟危坐的正统范式，而那些用以衡量合理论证的范围是否已然过度的准则也所剩无几。出于必要，本书的研究方法要求我将那些用以传达、结合和转换个体选择的一系列过程视为集体结果。在这一领域所进行的严谨学术研究才刚刚起步，还只得依赖一些粗简的模型，这正是本书具有的探索性之所在。

　　我的研究生对我观点的批评至为中肯，其中评论最多的主题是关于政治秩序的个人主义者—民主模型的非现实性问题，这正是我的分析基础。在现实世界中，个体似乎并不像模型所说的那样进行财政选择。他们似乎只被允许选择"领导者"，再由后者进行财政选择。在现代政治结构中，个体在"选择选择者"时既已满意，这一观点十分流行，并足以为某些讨论进行辩护，甚至在其早期也是如此。当然，在生活中的某些方面，个体选择"专家"并授权他们做出最终决定既有意义又有效率。人们对医疗方面的例子或许最为熟悉。在挑选医生时，个体会让他所视为比他更有资格的人代为决策。然而，个体这样做仅仅是因为双方均对健康这一终极标准表示认同，并能够据此进行合情合理的客观衡量。

　　政治也像医学那样吗？我们愿意选择一些为我们做决定的"专家"吗？我们准备接受一个"民享"而非"民选"的政府吗？显然，它们之间存在着根本区别，总的来看，这与缺乏一致同意的客观标准有关。除非情势所迫，我们并不愿意让那些被选出的政治"领导们"为我们做决定，因为我们在应该选什么这一问题上本就分歧严重。在某种意义上，人们在战时紧急状态下会偏离标准的民主程序，这印证了民主的基本假设。因为只有在这种时期，民众才会对集体目标达成充分共识，同意授予专家（或者所谓的专家）最终决策权。当这种紧急状态不存在时，将最终决策权授予专家（或者所谓的专家）的做法则有悖于我们的自由社会观。人们无法对标准达成共识，集体行动的范围也很宽。如果个体并不愿意将其私人选择的权柄拱手于人，那么他又怎会愿意将公共选择的权力授予所谓的专家？

此处论及的授权选择与**代议制**政府不同。当然，在某种程度上，任何一个大型民主政体中的当选代表都为其选民做出选择。然而，只要他们的选择是在选民终极愿望的约束和引导下进行的，这些民主模型就依然契合。

人们对个人主义者—民主模型的集中批评部分表现为内省式，这源于人们对自己与"国家"间的疏离感。单一个人对其与政府间首要的心理关系表现为某种强迫性，而一旦认同此点，他便怠于谈及甚或思考这一过程中那些唯意志的方面。只要将疏离度控制在适当范围内，这一反应机制就未必具有破坏性。实际的民主过程和实用的理论化，并不是要让每个公民都感到自己总得不断参加公投。个体不同程度地认识到，他没有能力控制抑或影响那些庞杂的政治性政府机构。然而，他必须承认，他和他的同胞们掌控着某种终极选择权。如果个体与国家的疏离度超过这一点，如果个体感到他在确定政治行动的权限方面无能为力，那么实际的民主过程将不复存在，而本书中提出的各种模型也将不再适用。

在此情形中，分析应适当从选民—公民—纳税人—受益人的行为转向决策者和执行者的行为，前者不仅收益有保障且无须承担成本，后者仅在选举统治者时承担成本且收益有保障。政治—财政过程的影响因素体现于一个两阶级模型，且对这两个阶级集体的行为必须予以考察。对一些观察家而言，美国民主的发展或许意味着向这种模型的转移。然而，描述性现实主义方法常常存在欺骗，而个人主义者—民主模型则有望提供恰当的预测效果。若非如此，我们至少还应该愿意考察其他替代方法。

我们对社会—政治制度的概念性分析与我们对下面这个为人熟知的梯状图的视觉反应基本类似，这难道没有可能吗？我们可以通过两种视角中的一种观看此图，却不可能同时通过两种视角观看。人们只有通过改变其视觉想象才能看出阶梯是上行还是下行，这本身就是一个有趣的精神过程。

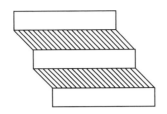

我们对于财政过程的概念似乎与此十分类似。这一过程在统治阶级、"建制派"或政治秩序的强力模型中所进行的解释和分析是一致的。并且，如果本书能够如我所愿提出一些建议的话，那就是这一过程也会通过个人主义者—民主框架得到一致性的解释。在任何一个按照西方观念被广义地描述为"民主的"现代制度中，这两个概念都具有解释潜力。我们不仅不必讨论这两个模型的相对有效性，也不必论述那些隐含的规范性意义。在公共财政方面的正统讨论反映出混用这两种方法的不确定性，以及理想主义者—民主准则的治标不治本。如此导致了结果的不一致，这并不令人惊讶。本书如能使人们注意到公共财政理论中政治决策过程的重要性，则不违此作之初衷。

本书的基础草稿于 1962 年、1963 年和 1964 年夏季写就，手稿于 1965 年 2—8 月间进行了全面修改，并于 1966 年初进行了最后修改。感谢政府财政全国委员会、布鲁金斯学会对我的研究给予的支持和资助。弗吉尼亚大学托马斯·杰弗逊政治经济学中心，特别是贝蒂·蒂尔曼女士（Mrs. Betty Tillman）在文案方面也为我提供了有益的帮助。埃米利奥·贾尔迪纳（Emilio Giardina）、查尔斯·戈茨（Charles Goetz）、W. C. 斯塔布尔宾（W. C. Stubblebine）和戈登·塔洛克（Gordon Tullock）对早期的书稿提出了一些有益的评论。詹姆斯·S. 科尔曼（James S. Coleman）、安东尼·唐斯（Anthony Downs）、罗兰·N. 麦基恩（Roland N. McKean）和威廉·N. 赖克（William N. Riker）等编辑为书稿修改提供了宝贵意见。

夏洛茨维尔
1966 年 3 月

目　录

第一篇

制度对财政选择的效应

我的诸多讨论可能被看作是闭门臆想，对此我情愿接受。事实上，我还是乐于接受的，因为通过这一做法不仅能博采众长，还能构建出一个包容、内洽的体系。为此，我从不担心实施我的理论会造成何种外部后果。至于理论有多少——或者是否会——在不远的将来付诸实施，那得由实践者们决定。如果我尽力将实践中所有可能的评判都考虑到的话，那我就变得跟他们一样了。

——克努特·维克塞尔

the Preface to *Finanztheoretische Untersuchungen*

(Jena：Gustav Fischer，1896).

第一章　导言

人们无论是各自还是以集体方式，都会就经济资源的使用做决策。他们以至少两种身份如此行事：首先，在有组织的市场中充当物品和服务的买方（卖方），其次，通过有组织的政治过程充当物品和服务的"买方（卖方）"。经济理论发展到今天，在很大程度上解释了有组织的市场如何运转的问题，并且训练有素的经济学家认识到分散决策何以能够相互协调，以产生内洽的分配结果。经济学家，特别是英美经济学家，很少投入时间和精力解释第二种决策过程中的个体行为。[1] 个体参与集体决策的问题尚未得到全面分析，并且分散的私人选择以何种方式相结合从而产生"社会"或"集体"的结果，这一问题仍未得到认真且具有批判性的研究。只要有组织的市场在分配问题上依然相对重要，从某种意义上讲，侧重强调私人市场中的互动过程便是合理的。但是，当四分之一以上的商品注定要被用于集体而非私人目的时，研究的侧重点理应予以修正，甚至对于那些假设为非集体主义的经济体而言亦是如此。

不存在"集体选择理论"，也不存在"集体物品需求理论"，这些理论类似于新古典经济学中为人熟知的定理和命题。我们对于个体参与集体选择时的行为知之甚少。在民主社会，即使从这一高度模糊的概念的最广义层面上讲，个体也必须被假设为参与了"公共"决策的形成。当然，他们可能间接参与，并在一些阶段被置于具体分配选择之外。他们可能受到集体收益而非私人收益的激励，而且可能对公共选择的巨大收

---

[1] "将收入应用于赋税是收入分配一般原理的具体例证。"吉诺·博加塔（Gino Borgatta）在为一部译丛所写的总结性序言中提出，对上述观点的认识是意大利人对公共财政理论的主要贡献。（Gino Borgatta. "Prefazione," *Nuova Collana di Economisti*，Vol. IX，*Finanza*〔Torino：Unione Tipografico Editrice Torinese，1934〕，p. xxxi. ）

益漠不关心。然而，复杂的现代政治制度和官僚体系不应掩盖根本的现实，如果个体对公共决策的参与和反应遭受忽视或嫌弃，结果就会导致广泛的误解。世界上不存在全知且仁慈的暴君，尽管人们有时会真心拥戴他，而科学地讲，他并非尊者。出于使分析合意的目的而假设暴君的存在，不仅会使问题纠缠不清，还会令致力于理解和解释的科学家一筹莫展。

政治决策是一个复杂且烦琐的过程，比市场制度中的非政治决策复杂得多。约束个体选择的规则在两种场合中必然是不同的，而这些规则和根本目标的不同体现出这一性质，因此私人成本和收益之间的简单对应关系，这一市场选择机制的基本特征，在政治中并不存在。然而，在某一最终阶段或层面，个体总须在资源的私人和集体使用方式上有所"选择"。分析到最后，个体必须"决定"政府预算的适度规模，以及该预算在各构成项目上的分配。最终，公民个体必须对公共教育支出的规模以及退伍军人医院的数量做出选择，尽管他对此的无知是人所共知的。

这并不意味着个体在选举过程中只以选民身份，甚或以主要身份，进行集体选择。个体通过他所隶属的专业组织、支持的出版物以及得以施展才华的公共和私人机构，对公共选择施加影响。集体结果产生于众多以各种个体身份行事的人的效用最大化行为。这些结果与个体行动紧密相关，即使除一些个案和孤案外，他并没有意识到他是在为社会做出选择。即使他或许意识到他正在赞成或反对着具有高度不确定性的一揽子方案，他却极少有机会对税收或支出方案表现出具体的好恶。然而，我们的分析将删繁就简，假设个体进行具体的选择，考察个体成本和收益的计算问题，并以此为起点，这似乎是必要的。

如何将个体进行上述决策时所考虑的私人"成本"进行分离并加以分辨？那些有望抵偿私人成本的私人"收益"是如何决定的？甚至，提出此类问题便意味着研究目标必须有所节制。常识告诉我们，那些将成本和收益摆在私人公民面前的制度会影响他的决策。在公民看来，政府服务的直接成本表现为**税收**（taxes），而征税方式可能会显著改变他对扩大或缩小此类服务的态度。本研究的目的在于，初步预测各种财政制度对个体（即公民—选民—纳税人—受益人）决策计算的影响。应当强调一下这一目的的局限性。在研究完成时，我们在整合"财政选择理论"方面仍任重道远。但是，在分析过程中，有望提供一些基本要素，检验一下不成熟的假说，在此过程中对改革即有财政结构形成规范性意见。

公共财政的传统做法

作为古典经济学、新古典经济学乃至凯恩斯主义政治经济学的一个分支，公共财政理论旨在分析私人经济中不同的财政制度对个体或集体行为的影响。为了确定税收和支出对个人、家庭、公司和其他自发型组织的影响，人们通过理论分析和实证的方法对其进行了个体或整体上的研究。所得税对个体在工作和闲暇间进行选择的影响、营业税对管理效率的影响、农业补贴对产量的影响、公路支出计划对交通发展的影响，以及预算赤字或预算盈余对收入、就业和物价的影响，所有这些，与很多大同小异的题目一起，成为我们所熟知的在传统框架下撰写的论著章节。

这是一些重要的课题，并且前人的研究已然硕果累累。当前和今后一段时期的研究致力于增强我们在分析方面的实力。然而，须指出的是，公共财政理论中有一个重要方面尚未涉足。个体的确有权利选择挣钱还是不挣钱，而他的选择势必要受财政制度的影响。但作为民主政治社会中的一个公民，个体还要选择如何在私人使用和公共（或集体）使用之间分配其潜在收入。财政制度的结构也必然会以一些重要的方式影响这一选择，即使个体对此类选择的参与看上去既不深入又不直接。传统意义上，公共财政理论对个体行为的研究着眼于其行动所表现出的**私人**方面，但对**公共**方面并未给予足够的重视，尽管对选择进行研究的落脚点仍在**个体**，无论决策规则为何。

具体目的

本研究并非旨在提出一个综合的"财政选择理论"，甚至不在于个体参与层面。其首要目的是分析特定财政制度如何在集体选择情境下影响个体选择，并意在预测，当个体需要对经济资源的公共使用进行决策时，诸如所得税之类的财政制度是如何影响其行为的。

本研究分为两部分。首先，在第一篇中，我们假设各种财政制度外生性地强加于个体。换言之，假设个体是在一套他认为没有能力加以改变或修正的制度下调整其行为的。在研究的初期，对于那些在假设个体

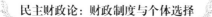
有权选择制度的条件下变得更为繁杂的问题，我们不予涉及。在第二篇中，我们的研究将进一步扩展。

经济理论中的类似研究

在正统经济理论中，并没有现成的类似研究可供使用。在此类理论中，对于进行选择的个体而言，成本和收益间存在着直接的一一对应关系，这被认为是显而易见的，并进而假设选择是基于对各种选项具有的完备知识。人们认为，那些为行使普通市场交易之职而不断变化身形的制度因素并不会对个体的选择行为造成重大影响。对于选择者而言，价格反映私人成本，而价格就是价格，仅此而已。在某种广义的实用性概念意义上，任何税收也都是个体或社会为获得由集体提供的公共服务所支付的"价格"。然而，姑且不论将社会整体分解为"个体或私人价格"的困难，各种征税形式则会影响选择行为。并且，与通过市场进行选择不同，个体无权选择他最为中意的支付方式。通常，他必须按照统一规定的方式履行财政义务。

在分析消费者行为时，我们似乎应提出这样的问题，即**支付制度**本身是如何改变选择模式的。假设个体可以使用现金无限量地购买商品A，而通过信贷方式为法律所禁止。在另一种支付制度下，他却只能通过信贷方式购买商品。现对其在这两种情形下的行为进行比较。我们假设，按现值计算的"价格"是相同的，而且能够得到相同的实物商品。然而，在这两种情形下，一般（代表性）消费者的行为可能会大不相同，这在经验上已为法律限制耐用消费品分期购买所带来的影响所印证。

当我们开始在这一参照体系内审视财政结构时，似乎可以明显地看出，那些将集体行动的成本和收益情况呈现给个体的制度，能够显著地影响他对此类成本和收益流的评价和反应。

财政选择中的个体理性

在何种程度上，财政选择过程中的个体行为将被假设为"理性"？显然，在此必须定义一些术语。在一种极端的情况下，我们可以构想出某一全知个体，他可以无成本地为自己和集体中的其他全体成员迅速且精准地确定每一项集体决策的成本和收益。接受这一基准，我们于是有可能将出于此种计算得出的行为理想地定义为"理性"，而将所有与之相背离的行为定义为"非理性"。当然，个体并非无所不知，甚至包括那些自以为是者。确保各种制度预期效果的信息是一个成本高昂的过程，甚至在具有相当确定性的世界里亦是如此。承认这一点，则个体在基于不太完美的信息进行决策时，其效用最大化行为仍具"理性"。决策中的个体在其思忖的每个阶段，都会对调查和分析进行某种"最优的"投入。

支付制度可能改变在信息收集和分析方面投入的"最优"水平。在一套财政制度下的"理性"行为可能会要求个体接受较之于其他制度下更大程度的漠然无知。通常，个体只被允许在一套财政制度下做出选择，从这一点上看，财政选择是受到约束的。因而，个体无法选择那些似乎是最便捷或最有效的特定支付方式。

当然，基于"理性无知"的行为不属于"非理性"，除非纯粹与上文所述的那类基准进行比较，即全知者"无计算成本的理性"。但是，建立在此种可能会被理性接受的无知和不确定性基础上的行为，并不能轻易与那些由于对既有制度抱有幻觉和错误观念而做出的行为区别开来。因此，有必要从两个方面考察制度，即它们对集体选择中最终的个体参与者所提供信息的程度，以及它们在导致个体产生幻觉和错误信念方面的预期能力。"财政幻觉"（fiscal illusion），这一被公共财政领域的某些意大利学者所强调的概念，则变得与我们的分析密切相关。

尽管承认这些困难，但在研究之初假设不存在财政幻觉则是一种权宜之策。换言之，假设个体能够在其选择中所固有的不确定性限度内准确地衡量成本和收益。只要他的行为直接指向最大化自身效用，则在这一意义上假设其为"理性"。

研究纲要

第二章考量了公共物品的需求，而只有在对该章节中出现的模型进行讨论后，我们的方法才变得清晰。在建立原始模型后，第三章和第四章考察了现实税制的抽象模型，大体分为直接税和间接税两种方式。第五章介绍了财政制度的一些时间性问题，并考察了那句耳熟能详的格言

"税以旧为佳"。税收选择对支出选择的依附程度明显地影响着个体的决策过程。我们在第六章论述了这一点，包括对指定用途税的正规分析。

第七章探讨了财政决策何以分为税收选择和支出选择，以及财政制度又是如何对这些明显割裂的因素进行调和的。只有在那种对预算平衡要求严苛的制度下，税收决策才与支出决策存在直接关系。由于此类平衡不必体现出财政结构的特征，因此考察潜在失衡对所出现的决策类型有何影响是有益的。第八章意在探讨这一问题。

多数情况下，公共服务旨在为集体中的所有成员提供"普遍"收益。很难搞清楚每一个人分了多少。那么这种不可分割的普遍收益在多大程度上使个体勉强放弃其私人物品以换取公共物品？"搭便车"问题又在多大程度上妨碍人们做出理性的财政选择？第九章对此进行了详细论述。

第十章探讨了财政制度对纳税人—受益人个体造成幻觉的倾向。本章对意大利学者在这一课题上的主要贡献进行了最为广泛的英文概括。

个体直接或间接地参与集体决策的形成，但他不能以个体身份决定该决策过程的结果。因此，只有在讨论了决策规则后，分析才算完整。这就开拓了一个不同的分析领域、一个不可能探索得通透的领域。至多能提出一些十分简单的决策模型。第十一章致力于此。

第十二章针对理论联系现实过程中遇到的一些问题，从方法论的角度进行了探讨。第十三章总结了那些貌似与既有财政制度的研究方法相适宜的研究成果。

本书第二篇着眼于第二层次的选择问题。现假设个体能够挑选那些体现整体财政结构特征的财政制度。假设个体和其同伴一起决定了"财政规章"。第十四章探讨了此类选择问题的设定场景。第十五、十六、十七和十八章在制度—选择框架下探讨了一些为人熟知的财政制度，并得出了有趣的结果。人们在这一领域的探索甚少，而我们的探讨意在启发思考。然而，我们的研究方法本身就为财政改革提出了一整套准则，其对伦理价值的阐述要比传统方法所要求的更少。

第十九章，即本书最后一章，对这套准则进行了概括，并就如何进一步改进并合理阐释这些准则提出了建议。

第二章　公共物品的个体需求

本章的分析旨在得出"公共物品和服务的需求理论"。然而，当我们刚一开始从此类视角思考公共物品和服务时，困难便出现了。个体是怎样产生对公共物品的需求的？什么是公共物品？

就我们的目的而言，**任何**集体或社会，无论出于何种原因，通过**集体**组织提供的任何物品或服务都被界定为**公共的**。这一包容甚广的概念既可以包括保罗·A. 萨缪尔森（Paul A. Samuelson）等经济学家所界定的"纯集体的"，又可以包括具有从 0 到 100％ 不同程度"公共性"的其他物品或服务。定义宽泛是适当的，因为我们的目的在于分析提供公共物品的**组织**，而非排除组织因素去给特定的物品和服务进行恰当的分类。我们的目的不是要回答：公共物品应为哪些物品？

纯集体物品

然而，正是由于政府所提供的物品和服务（即使有的话也）很少是完全集体性的，因此我们在探讨需求时会遇到问题。回忆一下萨缪尔森对纯集体物品的定义①，即必须由集体中的所有成员平等消费的物品。如果集体中的任一成员可以得到 1 单位的公共物品，那么根据定义，该集体中的其他每位成员也可以得到 1 单位。这些收益是整体而不可分割

---

① Paul A. Samuelson，"The Pure Theory of Public Expenditure，" *Review of Economics and Statistics*，XXXVI（November，1954），387 - 89；"Diagrammatic Exposition of a Theory of Public Expenditure，" *Review of Economics and Statistics*，XXXVII（November，1955），350 - 56.

的。只有在此类极端情形下，公共物品的"量"才能得到明确界定。在这一极端模型中，个体对公共物品潜在的成本和收益进行比较，同时他也明白公共物品面临人人平等的道理。在此情形下，我们便可以探讨个体需求，而不必考虑当部分收益在个体中可分割时的复杂问题。

为便于分析，我们将公共支出决策视为在边际上或以递增方式进行。集体对所提供的单位数量每次做单独决定，并连续进行。不可以全选，也不可以不选。从概念上讲，这样便可为集体中的每一个人绘制出一个边际评价的图表或曲线。假设只考虑一个公共物品。如果我们忽略收入效应，那么其需求图表或需求曲线就与私人物品或服务的几近相同。如图 2.1 所示。纵轴以美元为单位衡量个体对公共物品的边际评价。横轴衡量每一时期个体潜在获得的物品数量，且集体成员彼此机会均等。

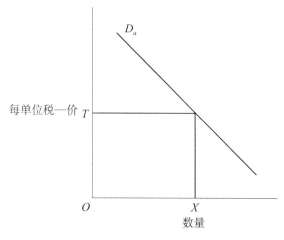

图 2.1

在简图中，我们完全不考虑收入效应，并将该需求或边际评价曲线视为一个指标，反映参照个体对公共物品的最优需求量，它产生于个体所面临的一系列不同"每单位税—价"中的各个阶段。为简单起见，我们可以假设"每单位税—价"相对于数量始终保持不变。换言之，对于选择中的个体而言，每单位的"边际税收"总等于每单位的"平均税收"。通过这一约定，我们可以认为个体所面临的是公共物品的一系列水平"供给曲线"，这类似于标准的私人物品需求曲线。对于本章的大部分分析，我们没有必要引入更为复杂的模型。然而，对于那些对我们忽略收入效应表示关切的人而言，需要指出的是，通过制定单一的税—价图表，即通过确定个体所面临的公共物品"供给曲线"，我们可以确定唯一的边际评价曲线。在此阶段，我们没有必要损坏这些迂回的过程。

在图 2.1 中，D_a 代表在特定的（与私人经济下相同的）支付制度下个体对单一公共物品的需求。在每单位税—价 OT 处，如果个体的私人愿望得以满足，那么他将"购买"OX 数量的公共物品。当然，并不能保证个体通过购买公共物品能够达到甚或接近其偏好之处，即他的私人"均衡"。物品的最终供给量必须由全社会通过复杂的制度过程进行选择。单一公共物品的需求曲线使我们能够更为清晰地理解个体是如何参与此类决策过程的，即使我们承认他通常不会在如此抽象的情境下面临财政备选方案。

假设个体知道，所有人都平等地拥有公共物品，该物品的资金通过某一特定税制提供，而该税制将强行对其个体每单位征税 OT。他大多会同意所有将物品供给量增至 OX 的支出方案。类似地，他也倾向于"投票否决"所有超过 OX 供给量的方案。记住我们的假设，不存在全选或全不选的情况。应当指出的是，这一需求曲线所描述的个体计算是一目了然的。他没有动机去"隐藏"其对公共物品或服务的真实偏好。我们忽略这方面的行为，因为我们已假设特定的税收方案是已预先选好的，外生于选择者，而且他自身的行动不能改变其获取公共物品时的每单位税—价。就此方法，我们到第九章再从方法论角度加以解释。

假设该集体物品是北极星号潜艇提供的防务，并且其供给量由执行任务的潜艇数量衡量。每一个公民可获潜艇数量相同。进一步假设，此特定防务任务的资金通过征收均等的人头税筹集，并且提供更多潜艇的边际成本等于平均成本。在这一抽象模型中，纳税人—受益人个体可以估算他在各个水平的潜艇防务所提供的集体收益中"私人"或"个体化"份额，还有他自己在该防务所体现的税收—成本中的"私人"份额。现假设供给量由公投过程决定，即允许个体从 1 单位开始，按照不断增加的数量依次对支出方案进行投票，直至达成某项集体决策。他将倾向于支持达到 OX 潜艇量的支出方案，而否决超过该数量的所有方案。正如此前所强调的，个体是不被允许独立进行数量调整的；根据定义，他不具有与其他任何人不同的消费量。仅仅是出于这一原因，甚至在这一高度抽象的公投模型中，个体的偏好也不可能由集体决策的结果予以充分体现。但这一结果，无论所处模型复杂与否，都只能通过分析个体参与者的选择加以确定。

现在，我们让个体对公共物品履行其财政义务，用以考察税收制度如何对个体选择行为施加影响。假设图 2.1 中所示位置体现出个体在人头税制下可预见的反应。现在让我们对征税制度加以改动。假设同样的集体物品，即潜艇防务，其资金通过征收公司净所得税而非人头税的方式筹集。这一支付制度上的变化将如何影响单一选民—纳税人—受益人的私人决策？我们可以看到有三种可能的影响。第一，如果完全不考虑个体对其在总赋税义务中所占份额是否确定或是否了解，则新的支付方式对个体而言是具有几分"便利的"。换言之，任何个体对向政府履行赋税义务的各种方式都会有其偏好次序，即使他在每一方式下都必须支付相同的净税额。普通的市场选择极少涉及偏好的度量，因为个体被认为可以自由地选择任何方式进行支付。他不需要采取如其通常在财政过程中所为的任何特定方式履行义务。

为了将对个体选择行为的初次影响进行分离，假设个体持有一定数量的公司股票或消费一定数量的该公司产品，而且他预计到自己的税负与图 2.1 中所示的人头税下的税负相同。然而，假设他"偏好"在公司税而非人头税制度下付清这一税负。为使他计算决策，供给曲线（或税—价线）会受其影响而向下移动，即使在两种情形中所附净税额相同。由于不同的支付方式存在各种非货币形式的优劣势，个体会在各种不同制度环境下（甚至面临相同的净税额时）各行其是。对其选择的影响与税—价下降所造成的影响是一样的。这一非货币形式的或称便利效应看起来不大可能较大程度地影响个体对公共物品的需求行为。我们在此对其进行简要介绍，以确保分析的完整性。

以上提到的制度变迁的第二种影响，也是更为重要的影响，并非源自个体对特定支付方式的好恶，而是由于个体既无法确定也不知道自己在总税负义务中的份额，并且不同的制度也会对此产生影响。纳税人可能知道自己持有多少公司股票，也可能知道自己从公司购买了多少产品。但他或许根本不会知道，在每增加 1 单位北极星潜艇防务上的成本中自己的那部分份额有多少要按公司所得税制度缴纳。而我们已假设个体在人头税制度下是能够对自己的税负义务有合理且准确的预判的。两相对比，似乎很明显。个体对公共物品的"私人机会成本"进行预判总体而言可能会出错。这一介绍性的例子表明，财政制度对个体信息模式的影响理应得到认真考察。

财政制度对个体行为第三种可能的影响源自这样一个事实，即在大多数税收方案下，他在与税务部门打交道时能够影响税—价和交易条件。通过改变私人收支模式，或者通过参与集体决策，个体可以改变其眼下单位公共物品的净税—价。这第三种影响在均等人头税制度下并不存在，后者在此处用作基准。但该影响在其他大多数制度下是存在的。如果对税率结构的选择并不依赖对公共物品供给量的决策，那么我们仍可认为个体面临的是一条水平的"供给"曲线。作为集体选择过程中的直接参与人，他的行为不能改变每单位税—价，尽管这一行为当然能够改变税负总额。然而，如果税基与他在私人经济中的行为密切相关，那么他将会通过改变该行为的方式改变税基，进而，由此改变他同其他人一道可"购买"公共物品的每单位税—价。例如，在个人所得税下，个体可以通过避免挣得应税收入的方式，稍微提高其他每一社会成员获取公共物品的税—价，而同时降低自己的税—价。因此，他对眼前税—价的自我估算将有赖于对自己以及其他人私人行为的某种预测。很明显，在计算个体决策时还引入了不确定性。

这些互不相干的效应在影响个体对单一公共物品需求的行为时是如何联系起来的？如图 2.2 所示。我们得到的不是描述个体最偏好处的那个唯一确定的"均衡"点，而最多算是不确定性的整体范围。当我们允许个体"口味"在一个相对狭窄的范围内变动时，我们可以考虑在有效供给曲线上的微小移动。而当个体的信息模式在各种财政制度下发生改变时，我们可以按较大比例考虑这一移动。个体在这条供给曲线上进行实际选择，当税收制度变化时，该曲线会落在图 2.2 中阴影区域内的任何地方。很明显，当个体参与集体决策过程时，其行为将明显有赖于税单是如何呈现给他的。

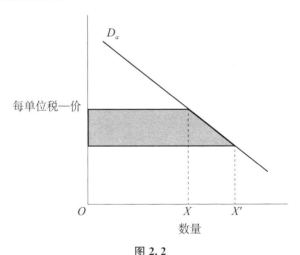

图 2.2

如图 2.2 所示，甚至在这一高度简化的模型中，选择范围也是较宽的。在不考虑税收制度的条件下，个体将赞同所有 OX 以内的支出计划，而反对所有超过 OX' 的支出计划。在 $OX—OX'$ 这一较宽的范围内，他可能会赞同或反对那些扩大或缩减资金的方案，这依赖于特定的支付制度。

这一初步讨论旨在得出一个基本观点：支付制度在财政选择中对个体选择行为的影响比在市场选择中更为重要。总结本研究的第一篇，意在对这些效应做出初步的预测。个体在所得税或支出税条件下将选择扩大公共开支吗？我们在可以直接回答这一问题前还必须分析哪些变量？

准集体物品

仅仅在纯集体物品的极端例子中分析个体对公共物品的需求还是相对简单的。当然，我们清楚，从任何描述性的现实意义上讲，此类物品极少存在，而政府部门提供的物品和服务在不同个体间收益的可分割度是千差万别的。我们通常不会一视同仁地处理个体所占的份额，也没有必要让每一个人在可获公共物品数量上做到雨露均沾。只要我们将不同个体间收益的**任何**可分割性引入其中，则一个人的消费就必定减少集体中其他人的可获得量。借用马斯格雷夫（Musgrave）的术语①，排他性而不是非排他性，至少在一定程度上，适用于绝大多数公共物品和服务。

鉴于绝大部分公共物品和服务具有部分可分割性的事实，我们有必要引入**两种**不同的需求因素。第一种是对物品或服务的私人需求，也就是基础经济理论不厌其烦地进行探究的那种需求。在其他条件相同的情况下，对这种物品可分割部分的需求是其直接使用者所支付价格的反函数。在标准的消费者选择理论中为人熟知的那些命题同样适用；就算是供应者碰巧是一个集体组织也没关系。个体可以调整数量，或者他只是有这种潜质，并且不同人的消费量也可能是不一样的。

然而，这一对集体物品可排他（或可分割）部分的个体（或私人）需求，并不是本研究所关注的个体需求。根据定义，可分割性意味着从个体和私人角度，可以对那些相互分离的单位有所需求并进行消费。然而，由于我们关注的焦点在于购买和消费公共物品的**集体**决策中个体的

---

① R. A. Musgrave, *The Theory of Public Finance* (New York：McGraw-Hill，1959)．

选择和行为，因此上述行为不属于我们的论述范围。对"私人"或可分割部分的需求也不属于此间论述的个体行为。在公共物品的需求量问题上，个体如何参与政治选择过程，以及个体如何对税—价（而不是使用者价格）做出反应，这些都成为与本研究有关的行为因素。

我们举个例子以方便理解。考虑一种同时具有"集体"和"私人"特征的物品，例如城市公园服务。就有关公园服务的数量和质量的问题，必须通过一套旨在达成政治—行政决策的制度规则进行集体决策。个体参与这些决策，而这一参与正是我们的研究对象。然而，此过程中的行为可能依赖于对公园服务的**私人**需求，而反过来，这一需求还可能与直接使用者对使用这一设施所支付的价格呈函数关系。然而，在决策过程中，只要集体对私人所表达的需求不做直接且自动的反应，即只要不使用纯市场标准，我们就得在个体决策的计算问题中考虑其他需求因素。这些（或许应该）反映出该设施所体现的真正不可分割的部分。而且，我们可以用与分析上述纯集体物品相同的方法来分析这些集体物品的需求情况。

比方说，决定向公园的直接使用者按每次入园 25 美分的价格收费。全体公民都平等地享有以 25 美分/次的价格在公园里散步休憩的特权，毋宁说，在他们做出集体决策的那一刻起便享有这一潜在的特权了。这一城市中的社会成员，即个体，会认为花 25 美分便可游园一次，这在极端意义上的确是集体性的。可以说，出于分析的目的，我们通过将直接使用者定价融入制度本身的做法，似乎可以将所有准集体物品和服务都归入纯集体物品之列。实际上，这样做相当于把公—私混合物品拆分为两种构成要素。一旦我们得到了使用这些可分割部分的价格，我们就可以着手为集体物品构建需求图表或曲线了。如果一个人知道他将为使用该设施支付 25 美分，那么这势必会影响到他如何估算该设施的递增所产生的税—价。尽管在使用程度相同的情况下，他可能会认为不向使用者收费的设施比向使用者收费的设施，其集体部分价值更高。但他也得承认，从后一种情况下使用者定价中所征之税将减少该设施中须通过税—价融资的份额。我们将把直接使用者价格作为对税—价的部分替代加以对待。

我们在图 2.3 中加以说明。D_a 表示假设在获得公园服务的使用者价格为零的条件下个体对这一**集体物品**的需求，D_b 表示他在公园使用费为 25 美分的假设条件下对服务的需求曲线。如图所示，整条曲线位于 D_a 下方。这一关系并非普遍成立。如果公园的拥挤情况足够严重，个体可能会认为收费的公园服务比不收费的公园服务价值更高。他在第二种情形下估算需要支付的税—价明显高于第一种情形。如果 OT 是无须支付直接使用费便可获得公园服务时的预估税—价，那么私人"均衡"位于 E 点，对应最大偏好量（即设施规模）OX。OT' 表示评价较低的税—价，跟随需求曲线 D_b。此时，均衡点移至 E'，对应偏好量 OX'。图 2.3 的几何图形表明，在引入直接使用者费用后，个体"均衡"可能沿横轴向上或向下移动。即使没有出现过度拥挤，在那些提供准集体服务并向直接使用者收费的公共设施上，集体决策过程也很可能会产生比在不收费的设施上更大的整体投资。在那些向公园直接使用者收费的城市里，公园的规模可能比那些不收费的城市大。

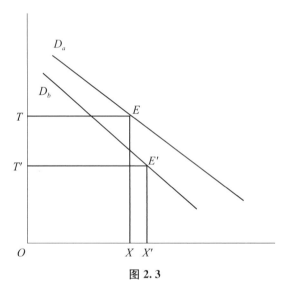

图 2.3

上述分析或许适用于具有任何程度"公共性"的物品，从纯集体物品到纯私人物品。考虑这样一种物品，它要么是通过普通的市场制度提供的，要么是通过一个完全按盈利标准运营的公共公司提供的。甚至在这一情形中，我们还是有可能设想这是一种将该物品作为集体物品而非私人物品的个体需求，这与对那些尤具可分割性的部分的需求相去甚远。当然，在市场制度下，个体预期支付的税—价为零，因为人们希望用直接使用者费用（市场价格）对物品的整体供应融资。然而，可能有一种对（作为集体物品的）物品的个体需求图表，且该图表或被用于反映各种税—价，它们总是高于市场价格，即个体为能获得该物品而准备以**市场价格**支付的费用。在模型中，出于分析的目的，个体按既有市价进行无限量购买的权利变成了一种纯集体物品。然而，由于我们希望针对个体的"供给"曲线能够反映零税—价情况，因此个体的偏好量指那些通过市场制度产生的量。

　　需要指出，不管物品依据标准划分为整体或部分地是"公共的"，还是根本不是"公共的"，任何物品的需求要素都可分解为**私人的**和**集体的**两个方面。[①] 承认了这一点，我们就有可能用萨缪尔森的极端模型对那些由任何物品或服务所提供的集体收益方面的个体需求加以分析。我们可以提出与前一节中相同的问题。对于那些必须一视同仁地提供给所有集体成员的公共物品和服务，支付制度（即征税的形式）是如何影响个体对它们的需求的？

---

　　① 伯顿·A. 韦斯布罗德（Burton A. Weisbrod）在他的论文，"Collective-Consumption Services of Individual-Consumption Goods," *Quarterly Journal of Economics*，LXXVIII（August，1964），471 – 77 中，以稍有区别的方式提出这一观点。

第三章　税收制度与个体
财政选择：直接税

引言

　　从本章开始，我们将对各种**税收制度**进行考察。目的在于搞清楚它们如何通过参与政治决策过程影响个体在公共服务需求中的行为。为便于讨论，我们会使用某些简化的假设，这些假设最多用于助益分析却并非实质。考虑单一集体物品或服务，并假设其全部收益就像在独立的个体间那样是不可分割的。我们假设集体并不试图"有效率地"提供这一物品或服务；换言之，在税—价制定过程中，并不打算满足帕累托最优的必要边际条件。① 从更现实的角度出发，我们假设该公共物品或服务的资金通过某一与特定公共支出决策无关的具体税收制度提供。这种制度要求纳税人对总成本的分摊通过某种**不**与他们分别进行的边际评价直接关联的方式进行，除非这些评价反映在个体参与总支出的集体决策上。在此设计中，个体能够就所提供公共物品的每一预期量预估他本人的税负成本。我们还假设该公共物品的成本—价格对数量保持不变。换言之，可以以不变的边际成本（平均成本）供给该公共物品。

　　在这些假设条件下，我们将分析一些人们熟知的税收制度，以考察

---

　　① 该假设仅仅指不直接将边际条件用作财政过程的分配准则。为满足此类条件，不同的人必须依据他们对物品所分别进行的边际评价支付不同的边际税—价。我们很难想象在现实世界会存在任何一种可能提供这一解决办法的税收方案。

那些个体被强制进行的支付和他所期望获取的收益之间存在的可能关系。正因为个体的税负意识可能会受财政结构的影响，我们的研究重点便在于此。

不变税—价

无论哪种税收制度，现实的还是想象的，其所包含的变量数对于描述具体问题都实为必要，即使这会令人有繁文晦涩之感。我们所要分析的第一种制度的特征描述如下：

    1. 新征税负；

    2. 税收收入被明确指定为单一公共服务融资；

    3. 该公共物品或服务所获收益于当期被享用；

    4. 个体对每单位公共物品或服务的税负额与其本人或他人在集体选择中的行为无关；

    5. 个体对每单位公共物品或服务的税负额与其本人或他人在市场选择中的行为无关；

    6. 个体的税负总额严格依赖于社会所选择的集体物品供给量。

在现实的财政结构中，符合以上描述的制度即使有的话也是极少见的。不过，将其作为分析的出发点还是有用的。只有那种体现出上述特征的支付制度才允许个体在面临公共物品融资问题时，大体上像他在市场中那样以私人物品的可能买方身份行事。记住这一比较将有助于我们对原始模型的每一特征进行详细考察。

当一个人发现自己身处私人物品和服务的市场中时，作为一个潜在的购买者—消费者，他会意识到，为确保消费该物品所带给他的应得收益，他必须发起行动。他必须"放弃"或者"牺牲"一定量的一般性购买力。但是，对于这一为他所想购买的单一物品提供潜在资金来源的一般性购买力，支付制度对其选择将之用于何处没有任何限制。在将一般性购买力转让给卖方和获得所购物品或服务之间，存在着一种直观的一一对应关系。在完全竞争市场中，个体无法改变他可以获得私人物品的条件。他在行为上的变化都无法改变他所面临的价格；他是价格的接受者。

当然，身处财政情境下的纳税人个体不会处于完全相似的地位。公共物品的性质，以及由其衍生出的政治过程的性质，一并使得他在这两种情形中的地位注定不同。然而，在不变税—价这一原始模型下，仍保留着市场选择的一些特征。我们规定了，个体可以对新征税负予以考虑。只有集体发起行动，其所有成员才可获利。当然，单个成员是不能自行发起行动的。但他可以在集体选择过程中根据已大体界定的偏好等级行事。作为第二个特征，我们规定了，该制度所涉及的是向单一的特定公共物品或服务融资，而不是向整体预算束提供。纳税人在进行选择时知道，在某一增加税收收入的一般性社会决策与向全社会供给该物品或服务之间存在着一一对应关系。当然，就市场意义而言还是不可能确保个人或个体化的一一对应关系。没有人可以向他保证，只要他同意纳税，他就能再多得些公共物品。他最多也只是知道，如果他的偏好与足够数量的其他成员一致（准确数量和同意方式由集体决策规则决定），那么与他所支付税款相伴的是公共物品供给的增加。

这一初始税收制度的第三个特征是当期享有来自该公共物品或服务的收益。在私人市场过程和政治过程中，都可以用当期支付方式购买那些能够在未来及当下提供服务的物品，并随即进行"消费"。反过来，当期支付方式可能还为弥补在过去消费服务的成本所必需。这一时间上的限制主要出于简化的目的。

第四个特征要求，在集体选择过程中，无论是个体自己的行为还是其他人的行为，都不会影响他所面临的每单位公共物品的税—价。这一"税—价"代表个体与税务部门之间的交易条件，并且规定他作为公共选择的参与者不能通过自身行为改变此税—价。个体不能通过"投票"赞成或反对扩大或缩减公共物品开支比率的方案来改变他面临的每单位公共物品的税—价。必须表现出这一特点，以保证个体在参与集体选择时并非依策略行事。类似地，其他人的行为也不应影响个体面临的税—价。对公共物品的供给量进行集体决策，不应影响个体面临的税—价。

第五个特征将这一关系扩展为市场选择中的行为。我们规定，个体不能通过改变他在私人市场经济中的行为对他面临的税—价施加影响。任何收支行为的改变都不能改变个体与税务部门之间的交易条件。这表明，我们的原始模型，即不变税—价制度，类似于人们熟悉的税收福利分析基准，即人头税。然而，为避免混淆，我们必须指出它们之间的异同。人们对传统的人头税一以贯之，以至于个体无论如何行事，其总税负额保持不变。在我们的模型中，仅有每单位税—价的设定场景与个体行为无关。正如第六个特征所明示的那样，个体的总税负依赖于社会选择供给的公共物品数量，而只要个体对集体结果施加某种影响，他便可能影响自身的总税负，即使这一影响很小。

注意，第四个和第五个特征所涉及的是两种不同类型的个体行为，一种发生在集体决策过程中，而另一种发生在市场过程中。无论是在哪一个过程中，不变税—价制度都不允许个体通过改变自身行为来改变其与税务部门之间的交易条件。他不仅没有动力在"投票"时策略行事，也没有动力去改变自己的挣钱或花钱习惯。

我们的参考制度类似于个体在普通市场定价中所面临的情况，此处的市场表现出完美的运行状态。在市场完美运行情形下，个体不能直接影响其所购买物品和服务的条件。当然，他可以通过改变购买量来决定在一项商品上的总支出，正如我们允许社会对公共物品所采取的行动那样。

我们应该讲清楚原始模型的目的所在。在给定的假设框架下，较之于其他任何可以从概念上描述的制度，该模型允许个体选民—纳税人—受益人"感到"或意识到，在其本人的税负和预期收益之间存在着更为直接的关系。在我们修改该模型中所提到的每一具体特征的过程中，个体税收—成本与个体的集体物品收益之间的这一联系必然会越来越间接。随着税收制度变得愈加复杂，个体要对备选制度进行全面彻底的了解，成本会越来越高。效用最大化行为必然包含针对保障信息获取和进行所需计算方面的成本做出反应和调整。随着政治—财政选择制度变得更加复杂，人们会因一些成本上的考虑故意牺牲有关备选制度的信息。另外，一些真正不确定的因素便以种种难以预料的方式影响个体行为。

我们的分析一开始便假设了一种允许个体成本和私人收益之间存在最直接联系的财政模型或制度，这不应被解释为我们暗示个体无论是在私人市场选择中还是在政治过程中，必须甚或通常在对其所做备选之用的各项制度有了充分了解后行事。他显然没有这样做，而他还会因许多原因出错。私人物品市场（即使有的话）很少是完备的，也几乎看不到接近经济理论模型的私人物品市场。消费者不应也不能为确保他充分了解备选制度而进行必要的个人投资。在其他方面，通过现代广告媒体和促销行为竞相售卖，所产生的压力很可能会使个体难以准确掌握信息。所有这些我们都必须承认。然而，事实上，此类选择体现了私人成本和私人收益之间的直接对应关系，这正是我们要在此强调的，也是个体在集体决策过程中进行选择时需要在不同程度上予以弥补的。正是市场选择这一核心特征，而不是任何背后的理性假设，使在有组织的市场中的个体行为成为一种有用的基准，从中我们得以着手对集体选择制度进行评价。

当然，在我们最初讨论过的那个高度限定的财政模型中，并没有假设个体是"理性"行事的。不必为使我们将该模型用作比较分析的起点具有合理性，就做出"最优理性"这一假设。除非从系统上可以看出，原始模型具有某种能够抵消变化所带来的预期影响的特征，我们似乎才可以认为原始模型会在其他条件相同的情况下最小化个体财政选择中的不确定性。以此为基础，我们进而可以在疏于某种"理想（制度）"的语境下讨论各种财政结构。讨论时，我们可以不用示意其他有待考察的制度孰"优"孰"劣"。在这方面，我们进行的是严格的实证分析，并且没有必要对有关最终的财政改革做出规范性评价。规范性评价或许仅仅在介绍具体的价值标准时做出，并且这些标准对个体选择问题的扭曲能够做到最小。由此，我们的分析可能关乎政策，但分析的过程并无规范性的延伸。

财富税

我们现在要对一种税收制度开展研究，该制度在绝大部分基本特征上类似于不变税—价模型，但也可能存在于现实世界的财政结构中。那种以净财富或资本价值为基础对个体征收的比例税便符合以上描述。其他限制条件不变。特征如下：

1. 新征税负；
2. 税收收入被明确指定为单一公共服务融资；
3. 该公共物品或服务所获收益于当期被享用；
4. 个体对每单位公共物品或服务的税负额与其本人或他人在集体选择中的行为无关；
5. 个体对每单位公共物品或服务的税负额，**在某种程度上，依赖于其本人或他人在市场选择中的行为**；
6. 个体的税负总额依赖于社会所选择的集体物品供给量，以及他所需上缴的每单位税—价。

需要指出，前四个特征与我们之前用以描述不变税—价制度的内容相同。仅第五个特征有所改变（见加粗部分），当然，第六个特征也因此改变。向个体征收的每单位公共物品税—价并不完全独立于他的行为。个体不只是简单地以自然人的身份存在，他还是一种税基。从而，当个体改由这一不同的身份行事时，他便可以改变面临的税—价。在考察个体对公共物品的需求时，我们便不能再将他简单视为一个回应不变税—价的数量调节者的概念，就像市场中私人物品的购买者那样。他对自己必须缴纳的税—价保留一定的控制权，尽管目前力度可能还很小。

然而，净财富的税负显然具有更高的税—价固定值。当然，个体可以通过改变其本人净财富或资产价值规模的方式改变他面临的税—价。此价值是通过对未来一段时期预期收入流进行现值折算估计出的，由于财富的不断积累需要历经一段时间，因此任何当期的行为变化相对而言对税基没什么影响。例如，考虑以年收入的十倍衡量某人的净财富。假设税前，他每年将自己一半的收入进行储蓄。假设对净财富征税，并且个体希望以最大可能的限度降低其税—价且又不至实际"吃尽"资本。他可以在当期收入期间将储蓄额减至零，但他的税基最多只能减少5%。只有当他愿意在当期消费自己的财富时，他所面临的税—价才会发生巨大变化。我们预测几乎不会有人对征收财富税产生如此强烈的反应。因此，任何人都可以较为准确地衡量他将面临的税—价，前提是他可以衡量全社会的净财富，即总税基。以上全部分析揭示出，净财富的真实税负必然隐含着相当高的"成本确定性"。

如果该税种如其在任何现实制度中所通常期待的那样应被置于非人力财富下，那么以上特征在一定程度上就不那么明显了。个体还会以其他改变自身行为的方式应对税收，并以此降低公共物品的税—价。他可以在不改变积累率或消耗率的情况下将投资从非人力资本转向人力资本。由于个体将认定这无论对他本人还是对其他纳税伙伴而言都是可能的，因此无论他怎样估算自己面临的既定税负的真实税—价，他都会面临更大的不确定性。

当然，无论以何种方式征收财富税，个体在长时间内都可以实质性地改变税基。然而，由于我们的考量已限定在具体的短期决策上，涉及用当期所纳税款为某一具有当期收益的公共物品融资，因此这并不会影响在此处分析中该制度的相对地位。事实上，一段时间以后，个体会根据税负调整他们的净财富，这一事实与我们的问题没有直接关联。我们的问题仅与他们在所考虑的决策期内调整税基的能力有关。

这一点引出了一个不容忽视的资质条件，即使在简要论述资产税或财富税时也必须提及。模型的限制条件要求我们只对新征税进行考察，且该税仅在某段时期内征收。换言之，这种财富税是一种一次性征收的资本税，而不是经常性征收的。这一限制使我们不用讨论涉及税收资本

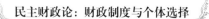

化折现的一系列复杂问题。

还需指出，这里的分析仅限于财富的比例税问题。如果现在引入累进税率结构，则会造成进一步的扭曲；这些问题我们到分析累进所得税时再讨论。

个人所得税

本节分析最为人们所熟悉的财政制度——个人所得税。我们仍保持总模型的限制条件，并且该税种的各个特征与上述财富税或资本税的特征相同。这两种税制的唯一区别在于个体在给定的决策期内可能做出的反应的程度。在个人所得税下，个体比在财富税下更有能力改变其面临的税—价。我们将首先考虑一个时期的个人所得税征收问题，它根据单一的标准比率将期内测算的收入作为税基，换言之，即比例所得税的征收。

比例所得税。个体在此税收制度下必须支付的总税额由两个因素决定。第一，对公共物品的供给量进行集体决策，并假设个体直接或间接地参与其中。第二，税负额由他的个体收入额决定，具体由税务部门界定和计算。如果以上两个变量已知，我们便可计算个体的总税负额和每单位公共物品的税—价。回忆一下，在不变税—价制度下，个体对税—价的了解与其总税负额无关，同样，在比例所得税制下，后者决定于对物品总供给的集体决策。

必须强调，即使在这种十分普遍的税负中也存在着相互依赖性。就像不变税—价那样，既不可能一边向个体分派每单位公共物品的具体成本份额，一边又允许他根据自己具体收入的所得税税率进行调整。如果事先将税—价固定，那么他的所得税税率就只剩由总税基的规模决定。总体而言，税基的潜在可变性会改变为任何数量公共物品融资所需收入的税率，或者反之，这一潜在可变性会改变以任何给定税率进行融资的公共物品数量。

考虑个体在财政情境下所面临的问题。如果他赚取应纳税收入的行为受该税种影响，那么他必定会根据对此税率的预测进行决策。然而，如果他既预测了这一所得税又做出了相应的调整，同时如果他还预测了每单位公共物品的具体税—价并做出了相应的调整，那么这便不能自洽。由于他与其他纳税伙伴一道拥有改变税基的权力，这就不能确保可以以任意税率征税。从而，也就不能确保用这一税收收入购买的公共物品的数量。反过来讲，如果可以预测某一公共物品数量，那么只要财政结构允许个体通过其自身的市场行为改变税基，就无法确定以怎样的税率才能为该数量下公共物品的所需资金提供充足的税收收入。

为便于讨论，我们举个简单的例子。假设一岛屿上的渔民正在考虑集体建造一座灯塔。当然，这是一个标准的集体物品的例子。假设之前已有某项协议或规则规定了，个人所得税按比例征收，所得收入则按某一经过认可的方式计算。我们考虑个体渔民如何权衡取舍。该渔民参与了有关征税数额和建造灯塔的支出问题的最终集体决策过程。假设衡量灯塔的建造成本用高度来加以量化，且每单位高度的成本不变。我们将得到该灯塔服务的个人需求图，并且可以用之前所讲的惯用方式画出。但是单个渔民如何决定"供给价格"，即他在力求通过投票达成决议时所必须考虑的每单位公共物品的税—价？如果我们能够假设其个人所得税**税率**的设定场景**独立于**对公共物品供给量的集体决策，那么问题便会得到极大简化。此处，我们可以认为该渔民分别做出两个彼此独立的决策，即为应对税收做出的关于赚取收入的决策和关于对集体供给的公共物品的适当数量的决策。毋庸置疑，经济理论对个体就其赚取多少收入的决策行为已进行了大量的讨论，于是这方面的思考对我们而言至少从边际角度相对容易。我们不容易理解的是个体的第二个决策。他不可能在对其须以个体或私人身份上缴的税—价未做估算的情况下就能决定集体物品的最优偏好量或"均衡"量。极端些讲，他可能会全然不顾成本地行事，而只要收益在不断增加，他就会赞同所有的支出方案。然而，此类行为似乎不太可能发生，因为个体肯定知道税负成本和其收益之间存在着某种联系。

在理想情况下，这两个决策必须同时做出。个体必须根据其在每一水平公共支出上的某一所得税税率的百分比，努力估算出他所需支付的税—价，然后决定赚取多少收入，以及他将在政治选择过程中赞同多少公共支出。他不能把决策的这两方面割裂开来，因为他是选择赚取应纳税收入还是选择享受闲暇或赚取其他非纳税收入，这必须依赖于其所提高的确定性收入的边际价格（由税率决定）和总收入水平。

在一人集体中，这种选择的同时性被公认为一种理性决策的特征。个体如此行事的目的在于，使花在每一备选方案上的个体所能赚取的每一美元具有相等的效用。他将同时购买闲暇和"公共"物品，并且他的各项选择是相互依赖的。展开讲，可以将"公共"物品的成本说成是在不改变那些简单的消费者行为原理的情况下征收的所得税税率，当然，在一人集体中，"公共"物品和"私人"物品是一样的。

这里我们的兴趣并不在于作为一人集体的个体。个体自行购买闲暇以及其他私人物品，并独自消费；他协同政治社会中的其他成员一道"购买"集体物品并进行消费。消费者选择原理不再直接适用。这要求我们以一种截然不同的全新方式计算个体决策。我们都不能把公共物品的成本（无论是总成本还是单位成本）简单地说成是个体面临的私人税一价。公共物品"购买者"不可能具有类似于市场物品购买者的身份，甚至连不变税一价所允许的那种可比性都没有。

如果我们允许任何个体通过改变其行为的方式改变自身的税负以达到改变税基的目的，那么我们也必须允许该集体其他成员这样做。因此，任何单一个人或家庭的税负都有赖于其他集体所有成员的反应。个体与税务部门之间的"交易条件"，即个体可以"购买"公共物品的条件，不可能事先被准确预测到，即使他决定不去为改变税基而改变自身行为也不行。换言之，即使这一个体自己的收入应由外生因素加以固定，由其他集体成员的行为可能引起的税基也有可能改变税一价。那些由独立的个体所做的各种财政选择必然是相互依赖的，姑且不论他们还必然共同参与集体决策并共同享有公共物品的收益。

然而，尽管存在着这样的相互依赖，我们仍需指出，有时候被我们强调的某个行为要素并不包含在模型之中，特别是对那些人数众多的集体而言。面对同胞，个体并没有策略行事的动机。在集体决策活动或在响应税收的私人市场中，个体并不试图掩饰其对公共物品或服务的真实偏好。只有当他认为自己的行为在改变其他集体成员的行为方面举足轻重时，上述行为才会发生。这在人数众多的集体中是不可能发生的，因为个体纳税人—受益人没有权力决定（至少无权直接决定）税负如何在其他集体成员之间分配。税负的分配由税收制度本身决定，即我们所假设的通过某种准立宪式程序事先选定的税制。当然，个体可以通过避免赚取应纳税收入的方式改变他面临的税一价。他的这一减少税基的行为，即使动作很小，也会提高其他所有人的税一价。然而，他不会很清晰地承认这一间接影响重要到具有鲜明的"策略性"。他的行为只是对他所发现自身处境的一种直接的条件反射，而且也不存在讨价还价因素。①

----

① 个体为应对这一制度或其他任何制度而减少税基，这好像是说在财政账户中征税方是完全独立于支出方的，这一行为完全类似于我们在公共物品理论中已反复讨论过的"搭便车"行为，而事实上就是后者的一个方面。我们会在第九章中对这一问题进行一般性分析。

表3.1可能会提供一些帮助。为简化分析，我们假设最后所决定的是税率而不是公共物品的供给量。这使焦点集中于税—价的不确定性上。一旦社会选定了公共物品的量，个体就会知道他能从中得到一些。他并不会知道他将支付的税率。本例中，假设有一10人集体，他们各自赚取收入的机会相等。通过改变自身行为，每个人都可能在相应的考察期内赚取100～150美元的收入。集体以100美元/单位的固定边际成本（平均成本）获得公共物品。所有公共活动都是通过对所计算的收入征收比例税获得融资的。由于每一社会成员都可以以相似的方式改变自己赚取收入的行为，因此其他人（而不是参照个体）的应纳税收入有可能在900～1 350美元区间内变化。

表 3.1

公共物品的单位	公共物品的总成本（美元）	个体的应纳税收入（美元）	其他人的应纳税收入（美元）	税率（%）
1	100	100～150	900～1 350	10～6.7
2	200	100～150	900～1 350	20～13.3
3	300	100～150	900～1 350	30～20
4	400	100～150	900～1 350	40～26.7
5	500	100～150	900～1 350	50～33
6	600	100～150	900～1 350	60～40

在这一假设的例子中，表中第五列显示出对任何人所征收的比例所得税税率所处的有效区间。如果集体通过政治过程决定仅供给1单位公共物品，并且如果全体成员选择赚取最高的应纳税收入，那么比例税税率会低至6.7%。在另一个极端情况下，如果个体在我们对他的权衡取舍进行考察时同其他人一道选择赚取最低收入100美元，那么税率将是10%。当集体中的各个成员调整他们赚取收入的行为时，实际税率便会在上述限度内变化。当然，从税率角度考虑，必须设定不同的税率区间以涵盖公共物品每一可能的供应水平。通过采用每单位公共物品税—价可以避免这种复杂性。不管个体对征税的反应如何，只要全体成员步调一致，则税—价将保持在10美元不变。如果所有人的收入都是150美元，则意味着为每单位公共物品融资所需的税率为6.67%。如果所有人的收入都是100美元，则意味着税率为10%。

然而，如果我们现在允许这些集体成员通过决定如何赚取收入来对税收做出不同的反应，那么税—价便不再固定不变。假设这一参照个体选择赚取最低收入 100 美元，而他的所有同伴都继续赚到 150 美元，即其他人的总收入为 1 350 美元。该社会的总收入现在是 1 450 美元，所需比例税税率为 6.9%。其中，该参照个体的税—价为 6.90 美元，其他所有人的税—价为 10.35 美元。在这一极端的例子里，个体通过选择少赚取些收入的行为将他自己的税—价从 10.00 美元降低到 6.90 美元，而同时将其他每个集体成员的税—价从 10.00 美元提高到 10.35 美元。

再举一个极端的例子。考虑当其他人都将自己赚取的收入降低到可能的最低水平而个体仍选择最高收入水平时，他所面临的税—价会受到怎样的影响。他会继续赚取收入至 150 美元，而其他人为 100 美元。集体收入为 1 050 美元，且为每单位公共物品融资所需的比例税税率为 9.5%。其他所有人的税—价从 10.00 美元降低到 9.50 美元，而个体继续赚取最高收入所需支付的税—价为 14.25 美元。在本例中，个体会发现，如果与其他人一样行事，他便会将所面临的税—价降低 4.00 美元以上。

这一带数值的例子虽然极端而且过于简化，却显示出在应对财政工具时个体行为和其同伴行为之间存在着一种实质上的相互依赖关系，甚至对于那些类似人们熟悉的比例所得税那样具有高度普遍性的税种也是如此。当然，我们在此例中显然是夸大了个体能够通过调整自身行为以改变其所面临税—价方面的限度。只要赚取收入的制度（如工作周时长）被禁止调整，我们在此提及的那些效应就不会发生，而比例所得税会更接近不变税—价。此外，如果在某种程度上闲暇的价格需求弹性，或更一般地讲，非纳税收入的价格需求弹性，相对缺乏，那么通过改变行为以降低税—价并借此获利的潜在机会成本会增加。本例在某种意义上清楚表明，纳税人个体可以在宽松的限度内改变应纳税收入量，也可以在不发生重大效用损失的情况下用应纳税收入代替非纳税收入，这给他在公共物品的交易中提供了"议价筹码"。对这一命题显然可以开展一些验证。我们应当期待具有以上特征的个体或集体会相对支持扩大公共支出计划。

当个体被问及是否赞同扩大或缩减公共支出数额时，他将如何决定？甚至在上述简化的例子中，我们也未触及这一核心问题。这一参照个体将赞成还是反对某议案，比如说，供给 4 个单位而不是 3 个单位的公共物品，从而使每期的预算支出从 300 美元提高到 400 美元？再来看一下表 3.1。让我们假设先前一个阶段的每期预算支出为 300 美元，并且每位集体成员都根据公共支出额所隐含的比例税税率全面调整他赚取收入的行为。为简化起见，我们可以假设，这一调整导致每一集体成员将应纳税收入从150美元（假设他不需纳税时的收入）降低到145美元，后者意味着比例税税率为20.7％。进一步假设，所有人的反应是相同的。在这些情况下，每一个体所面临的每单位公共物品的税—价自然是10美元。

现在有人提议把支出费率提高到400美元，目的是多供给1单位公共物品。如果个体在我们对其权衡行为的考察下在税—价为10美元处达到私人"均衡"，那么他是否应当反对此类扩大公共物品供给的提议？只有当他预料到集体中的其他人将以跟他一样或比他程度更高的方式对隐含的税率增加做出反应时，他才应当反对。带数值的例子有助于说清楚。如果在对所要求的更高税率做出反应时所有人都整齐划一地行事，那么税—价仍为10美元，并且，由计算可得，在我们假设了他在前一税—价处的"均衡"状态后，该税—价将超过个体对每单位新增公共物品的边际评价值。然而，假设个体预料到，就个体而言，针对新的资金需求所要求的税负增加，他将能够比他的同伴们做出更大的反应。假设他预测自己可以将应纳税收入进一步减少到比如说140美元，而他的同伴们将继续赚取145美元的收入。在此情形下，所需税率提高到27.66％，但这一参照个体实际支付的税—价则降至9.68美元。如果有足够多的人做出这样的预测，那么集体—社会就很可能做出扩大支出的决策。

反观上述情形，很像是人们更为熟悉的那种"搭便车"行为，这一行为导致个体在自发地向那些共同分享的物品或服务融资时所做的贡献量低于最优值。给定此处假设的制度安排，每个人都可能会被引导着去赞成某个公共支出总额，这一支出水平超过他可能以"最优"原则进行的选择。他如此行事的前提是，他认为集体中其他所有人的行为都是外生决定的，而他本人的行为只能为应对不断提高的税收增幅而改变。还应指出，出于计算个体选择的目的，即使他的预测理应被指出是错误的也没有关系，除非是对未来的选择具有惩前毖后的意义。

个体如何应对公共支出费率的修改方案以及所征税率因此发生的变化，将部分依赖于他如何将整体财政过程理解为与自身行为相适的条件。这里确实需要进一步研究，但有一点从直觉来看还是有些道理的，即很多人（或许会是大多数人）是按极为原始的惯例或随意的经验法则行事的。其中，最有可能被用到的惯例或许就是简单比例法，即个体可以将公共支出费率提高10％理解为他自己的纳税额提高10％。从遵循这一比例法则的意义上讲，即使税—价理应随公共物品数量的变动而变动，个体也能像在税—价固定不变的情况下那样行事。从个体在财政决策过程中遵循此类法则的意义上讲，并不存在因试图预测税率变化的不同反应而可能引起的不确定性因素。

上述分析比带数值的例子多少能使模型更为准确，或许还能使后面的讨论更加明确。然而，个体在估算税—价时面临的核心难题仍必然存在。他很可能会忽略那些可能存在差异的反应，但他必须要对某一总体反应进行预测，才能合理计算出自己在公共支出议案中分摊多少成本。从某种意义上讲，如果他确实对税—价进行了估算，那么他的问题也就解决了。尽管不确定性仍会广泛存在，但这些是不应该被夸大的。个体可以在试错和不断调整中领悟。如果这一税收—支出制度还将存在一段时期的话，最初的估算错误就会被纠正。此外，在总体估算层面，个体可以向专业领域的能手咨询。利用专业知识对变化税率下的总税额进行估算，准确度较高。个体如果愿意，他可以直接求助于这种估算方式。① 综上所述，比例所得税，作为一种制度，如果按财政过程中的潜在"理性"对各种税收方案排序的话，它必然居于前列。

累进所得税。对比例所得税的分析可沿用于累进所得税，并可对结果进行预测。这两种制度具有不同的税率结构，这必然会改变个体在评价其本人的成本—收益状况时所面临的不确定性。而且，即使是在这种不确定性的限度内，累进制也必然增加对税—价进行任何尽量准确估算的成本。当然，累进制产生这一不同效应的原因是，具有收入前景而不赚取应纳税收入这种"边际价格"上的变动。

在累进制下，较之于比例税制，个体通过改变自身税基能够更多地改变总体真实税基，并以此改变别人而非其本人的有效税率。我们或许可以改一下早先用过的那个带数值的例子来说明这一点。假设在我们的十人集体中，每人赚取最高收入150美元，相应的税率为20%。总税收300美元，并供给三个单位的公共物品。进一步假设，根据税率结构要求，如果收入降至100美元，则税率降至10%。现在考虑某人将其收入从150美元降至100美元有何影响。该集体总支付会从1 500美元降至1 450美元，降幅为3.33%。总税收下降20美元，降幅为6.67%。与比例税制相比，公共物品供给量必然下降更多，或者其他成员的纳税

---

① 有关专业估算步骤对个体财政选择的重要性方面的讨论，参见 Charles J. Goetz，"Tax Preferences in a Collective Decision-Making Context," Unpublished Ph. D. dissertation，Alderman Library，University of Virginia，1964。

额必然升得更高。

还需指出，在累进制下，通常必须把对税收变化的不同反应加以考虑。纳税人不能依据简单的比例法则便如此迅速地计算出自己的税—价变化。如果他能够以某种方式保证不同预算水平上的累进份额固定不变，那么他就有理由使用简单的比例法则。然而，个体能够假设固定份额的累进制，这是缺乏根据的。在累进制下，具体的税率结构通常只规定了在一系列不同的应纳税收入水平上每一个体在集体总税负中分别所占的份额。个体一旦了解了这一税率表，便会不由自主地按照适合他的权衡比例所要求的那样调整自己赚取收入的行为。只要他能得到有关总税收收益的估计值，他便还可以大致估计出，在之前讨论过的所有限制条件下所支付的每单位公共物品的税—价。就其"购买"公共物品而言，他可能会发现自己或低于、或接近、或高于他的私人"均衡"点。我们所要考察的是他在对较高或较低的支出进行"投票"时的行为。

让我们假设，纳税人的估算提示他，在他支付这一税—价时，他应当赞成大幅度提高对公共物品的预算支出。如果他按照税—价相对供给量的增加将保持不变这一假设行事，那么他将倾向于给增加支出的提议"投赞成票"。然而，现有的税率结构根本不会告诉他在不同的以及更高的预算水平上累进模式是怎样的。公共物品数量的变化或许会显著改变他本人在公共物品成本中的份额。我们在那个带数值的例子中假设个体的收入为 150 美元，相应的税率为 20％，合计总税额 30 美元。假设他的同伴中有四位的收入为 150 美元，而另有五位的收入为 100 美元，且都按 10％的税率纳税。所征税款用于购买费用为 200 美元的两个单位的公共物品。这一参照个体现在必须决定是否应该赞成支出比率翻倍方案。如果有人向他保证他所面临的税—价将保持 15 美元不变，那么我们就说，他将对此投赞成票。然而，当预算从 200 美元变为 400 美元时，他便没有根据说份额累进将不会改变。他本人的税率并不会如固定性所隐含的那样从 20％提高到 40％，而是会提高到 45％这一更高水平，此时税—价将从 15.00 美元提高到 16.85 美元。相比之下，他的那些低收入同伴的税率将从 10％仅仅提高到 13.5％，而税—价也相应地从 5.00 美元**减少**到 3.37 美元。

这一带数值的例子表明，在上述假设条件下，个体在理性基础上，可能会被引导去支持或者反对公共物品供给量（预算支出）的变化，这很大程度上是由于他所面临的税—价受到了影响。这一模型与私人物品市场中的购买者情况相似，后者所面临的是一条向下或者向上倾斜的供给曲线。基本的价格理论告诉我们，在私人物品市场上，理性行为依据边际供给价格，而不是平均供给价格。从而，面临向下倾斜的平均供给曲线的购买者将使购买量超过"最优"水平，而面临向上倾斜的供给曲线的购买者将把购买量限制在"最优"水平以下。[①]

我们或许可以用图 3.1 说明这一点。其中，按照标准的惯例，我们假设有可能出现增加的变化量。假设个体根据自己的最佳估算发现他处于 A 点。他与其他所有集体成员一道，享用 OX 所示的公共物品数量的收益，而他为此支付的税—价为 OT，假设它是按累进所得税征收的。进一步假设，个体对公共物品的边际评价曲线为 ME。于是，在 A 点，他对公共物品的边际评价值超过了他所支付的税—价。如果他确信，无论预算如何扩大，该税—价都会保持固定不变，那么他将支持把预算扩大至 OX' 量的方案，这于是成为他最偏好的量。然而，在累进税下，即使他能准确预料到他的同伴对税收做何反应，他也很难预料到税—价会像这样固定不变。除非有规定要求，应在固定一份额累进制的限定范围内增减预算，否则他是不可能假设税—价不变的（不考虑他本人在收入等级上的相对位置）。

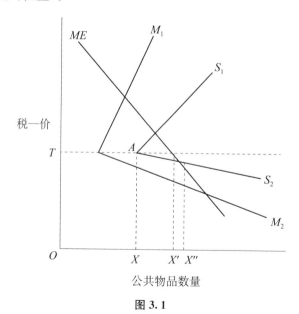

图 3.1

---

① 其中一些观点，参见我的论文 "The Theory of Monopolistic Quantity Discounts," *Review of Economic Studies*，XX（1952 - 53），199 - 208。

考虑这样的情况，即税负征收的增加伴随有份额累进率的提高。换言之，与较低的预算水平相比，相对富裕的个体在较高的预算水平下会承担更高比例的公共物品成本。在本例中，相对富裕的个体所面临的平均税—价曲线如 S_1 所示。其所对应的边际曲线为 M_1。显然，这里按照理性行为的要求，尽管边际评价高于平均税—价，他也应反对所有扩大支出的方案。

对于处在相反地位的个体而言，比如说来自相对贫困的阶层，他会面临（在不同水平上的）一条类似 S_2 的平均税—价曲线；其所对应的边际税—价曲线为 M_2。他自然将支持所有高于 A 点的支出扩大方案，而且还会继续支持费用超过 X''，尽管实际上，在高于这一水平时，他本人的边际评价略微低于平均税—价。

这一几何图示清楚地表明，除非保持固定份额累进的做法，否则累进制度将改变税收工具的第四个特征，以至于对个体而言，每单位公共物品或服务的纳税额可能会依赖于他本人或其他人在集体选择中的行为。

正如本例所示，预算规模决定于某一集体选择过程的结果，它能够影响个体"购买"公共物品时的税—价。然而在比例所得税下，改变的是与市场行为有关的第五个特征，第四个特征依然如故。在比例税率结构下，个体所面临的税—价相对公共物品的不同数量而言保持不变。在累进税制下，只有规定了固定份额累进，这一不变性才成立。

除非保持某种份额—比例，否则在参与有关公共支出规模的集体决策时，个体在进行权衡时会潜移默化地间接考虑分配问题。这一影响是存在的，当然，还有我们之前讨论过的所有那些与以任何准确度估算税—价时的困难有关的影响。

分析显示，即使是在一些最为熟悉的税制中，甚至于是在有关财政账户中税收和收益两方面关联的最为严格的假设下，个体如果极力参与选择所期望的公共物品和服务的水平，他便不可能在对备选方案有了任何相当充分的了解后行事。此外，制度结构或许会引导他以非最优或低效的方式进行选择。

支出税

我们还需对直接税中的一个主要制度进行考察，该制度近些年来再次引起了人们的兴趣。个税往往是对消费支出而不是收入或财富征收。假设我们保留前三个特征所规定的限制条件，就可以把研究直接扩展到这一税种上。在支出税下，由于替代的可能性更大，个体能够对税基进行比在对应的所得税下更大的控制。他可以在较宽的范围内改变自己的税负，并且由于全体成员都可如此行事，因此与在其他所考察的直接税制下相比，任何人所面临的税—价都会更为依赖于他人的行为。税负变得越具体，个体行为的这些"外部性"就越多。税—价在更大范围内变得不确定。这一点对于比例支出税和累进支出税都成立，而二者的差异与有关所得税方面的讨论结果相似。

结论

只要想分析一般税制，甚至其中为数不多又最为人熟悉的税制如何影响个体在集体财政选择中的行为，就必须包括正统税负归宿理论的几乎全部内容，尽管对该理论的运用在此变得相当不正统。在一定范围内，除一些特殊情况，对税制进行排序，要根据它们允许个体理性选择公共物品边际供给增量的潜力，这与根据它们提高市场或私人物品部门理性的效率进行排序是一致的。那些造成"税负过重"问题最明显的税种，姑且不论其次优问题，有可能是给我们此处所用民主模式中选民—纳税人—受益人的选择行为造成最大困难的那些税收。应当指出这一分析与正统分析之间的异同。当一种税制除了给特定数量的公共物品提供所需资金外还造成了净福利损失时，便产生了"税负过重"。正统理论没有对这一数量是否合适进行考察。相比之下，这里主要强调后一个问题。因此，只要在这两种情形下排列大体一致，正统的"税负过重"分析法就与我们的方法相辅相成。无论是进行公共选择还是私人选择，只要是以"效率"为准则，上述示例在税收中的普遍性就会大为加强。在把这一分析扩展到间接税制度上时，上述结论便更为明了。

第四章　税收制度与个体财政选择：间接税

回忆一下税一价不变的限制性模型所表现出的那些特征：

1. 新征税负；

2. 税收收入被明确指定为单一公共服务融资；

3. 该公共物品或服务所获收益于当期被享用；

4. 个体对每单位公共物品或服务的税负额与其本人或他人在集体选择中的行为无关；

5. 个体对每单位公共物品或服务的税负额与其本人或他人在市场选择中的行为无关；

6. 个体的税负总额严格依赖于社会所选择的集体物品的供给量。

上述分析表明，如果允许个体通过改变自身行为来改变税基，这就违反了第五个特征；其结果是改变了第六个条件。此外，在累进税率结构下，第四个条件不可能达到。

第三章中所考察的每一种税制一般都被归类为"直接"税。假设那个被赋予财政负债的人正是该集体**意欲**中的最终纳税人。假设就有关总税负如何在不同个体和集体之间分配这一问题进行决策时，并不直接考虑个体可能会在一定范围内改变其自身税负的情况。相比之下，在"间接"税下，假设有法定税负的个体或实体不需要对最终所负税额做到先知后觉。征税的根据是对此类直接负有纳税义务的人的行为反应做出一些有几分把握的预测，这些反应旨在将最终的负担转移或转换到其他社会成员身上。因此，假设税收的归宿最终会落在那些仅受到税务部门**间**

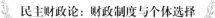

接影响的个体身上；换言之，落在那些因被直接评价的集体中其他人市场行为的改变而被赋予了净税负的人身上。很现实地讲，后一种集体中的成员扮演着财政部门收税员的角色；任何人的税负都**直接**依赖于这些中间人。有鉴于此，即使最终纳税人一方不存在任何反应行为，我们的第五个描述性特征也必须修改，如此：

> 5a. 对个体而言，每单位公共物品的税负额直接依赖于其他社会成员在市场选择中的行为，即使这与他自己在市场选择中的行为无关，并且与其他人对市场的间接反应也无关。

当然，我们知道，这一条件的后半部分在人们熟悉的间接税制度下是无法得到满足的。然而，该条件可以用作比较的基准。向某一对全体成员具有零价格需求弹性的消费品所征收的消费税近似满足 5a。

首先，我们将集中分析条件 5a 的前半部分，以说明之前所介绍的那种额外的相互依赖性是如何增加个体的不确定性的。正是支付的间接性保证了这一结果。个体作为那些公共物品和服务的实际成本的承担者，并不是直接地或自行纳税的。他们没有那种通过直接向税务部门交钱以"换取"公共物品的深切感受。要想产生一种形同直接纳税人的设身处地之感，就必须进行某些形式的转换。通常，他会部分意识到他进行市场选择的条件被税收改变了。但是，为了计算他本人的税负，除了进行相仿的直接税制度所要求的所有计算外，他还必须进行其他一系列的计算。首先，他必须对税前和税后的市场选择条件进行辨别。然后，他必须将这些区别转换为相应的成本（或税—价）。即使我们假设他的动机出于理性，个体也会发现根据对备选方案进行的任何合理且准确的评价行事几乎是不可能的。一旦我们对各种税收制度进行更为全面的考察，以上初步结论将变得更加清楚。

公司所得税

在现代财政制度中，对公司收入征税是满足税收需要的重要手段。如果按照严格意义上的法律术语将商业公司看作一个人，这一税种便属于直接税，而且公共财政领域的学者们也经常是这样划分的。然而，出于研究的目的，我们不能以此看待公司税。回忆一下，我们研究的主题是集体财政选择过程中的个体行为。如此，公司是不直接参与的。尽管我们将公司收益可能影响政治决策当作次要的考量，但公司是不投票的。尽管如此，公司在私人经济部门和在公共经济部门中的行为仍然根本上是不同的。如此，公司的确在市场中与私人个体和家庭一道用手中的货币"投票"。他们在进行公共选择时并不直接"投票"。出于这一分析目的，我们必须将公司所得税列为间接税。

像之前那样，如果有可能，我们想把那些影响单一选民—纳税人—受益人进行决策权衡的变量分离出来。我们继续保留早前那些模型的限制条件。指定新征税负收入用于某单一公共物品上的支出，该物品可为全体成员所用。假设一些先前达成的"立宪式"决议已选定公司所得税作为税收工具。我们起先并不想触及在不同集体间的分配差异这一问题，而是想把注意力集中在个体对公共物品的选择上。为此，我们可以假设个体，其权衡计算在我们的考察下具有真正的"代表性"，而且他的私人经济行为可描述为他所持有的公司股份和他从公司部门进行购买的货币金额。

这种人在对公共物品的"需求"中将如何行事？他将如何估算出在哪一"价格"处他能得到此类物品？

首先，让我们假设，避开与税负的短期归宿有关的所有复杂问题。假设税负只向公司的股东征收，而且这是众所周知的。这一税负不影响公司产量。换言之，让我们假设这是一个"理想的"的税制，征收的税基是纯经济利润，而这一利润正是所有公司力争最大化的。

如果税率事先确定，那么在一定的范围内，这一代表性股东便可以在上述严格的限制条件下估算出他在公司税中所占的份额。然而，正如我们在对早先那个模型进行讨论时所指出的，税率的决定不能独立于有关将要供给多少公共物品的决定。如果我们考虑集体通过其他某种方式对有关公共物品支出的各种方案进行投票表决，那么我们就必须允许对税率进行调整。或者，换言之，如果我们考虑集体对所征税率进行"投票"，那么我们就必须允许公共物品数量仍有赖于对税率的决策。无论哪种情形，个体都必然会对总税基的规模进行某种估算。在这一极端模型中，税收征缴基于纯经济利润，公司一方不存在直接的行为反应。然而，即便如此，税基的这种独立变动性也会给该代表性个体所面临的选择问题带来很大的不确定性。这一情形大体类似于个体在个人所得税下对他所得到的收入量没有控制权时所面临的情形。然而，公司总利润的波动性越大，公司所得税下的不确定性也就越大。

一旦我们对模型进行修改以允许公司一方做出某种行为上的反应，就会带来其他一些不确定性因素，类似于那些我们在个人所得税下所考察的。个体税基和总税基的波动性都会增大，并由此加大了个体所必须进行的任何财政选择的不确定性。而且，在每一情形下，个体都必须将公司税负转换为个体税负去理解。他必须从对非个体的税负所预见的作用中计算出个体的税负。

所有间接税的这一显著特征可以通过简单比较公司和个人所得税体现出来。在后一种税制下，个体通过改变他所赚取的应纳税收入数额来改变其本人以税一价表示的税负。他本人能够如此行事，还意味着他所面临的税一价间接依赖于其他那些能做出类似反应的人的行为。在减少税基的同时，每一纳税人对其他所有纳税伙伴都造成了外部不经济。在一定程度上，这种人与人之间的相互依赖性在公司税制下依然存在。在一定范围内，个体可以通过撤回向公司的投资来降低每单位公共物品的税一价；而且任何个体成员最终的税负都会变得与其他也如此调整资源配置的所有人的行动形成相互依赖关系。在这一方面，两种税制仅存在反应程度上的差异。公司税所需引入的另一个因素是个体和公司实体之间的"桥梁"（bridge）。是必须赚取应纳税收入的公司，而不是个体，负有纳税义务。而且公司为了直接减少所需上缴的税负，必须减少应纳税收入。因此，个体为了估算出他自己的份额，即使其本人并不能影响公司，他也必须预测公司自身将如何行事以应对税收。换言之，在个体和税务部门之间又多了一个决策实体。必须对介于二者之间的这一机构（即公司）的决策过程进行一系列新的预测，这些决策过程本身涉及的是集体决策而非个体决策中的绝大部分问题。

就像在其他模型中那样，可以通过设计一具体的选择情境来把核心特征说清楚。假设个体必须决定如何对一公共支出方案进行投票，该方案要求税负收入仅来自对公司净收入所征之税。现假设不考虑公司部门净资源的流入和流出情况。为简化说明，考察一旨在用征税所得扩建全国的公园设施的方案，该方案所要求的比例税税率要在社会做出预算决策后得以决定。我们的参照者应当支持还是反对这一扩大公共物品供给的方案？显然，他必须对这种方案所涉及的税收—成本进行某种估算。无论是否考虑公司对该税的反应，这一估算都将依赖于他为他自己的这家公司（或几家公司）的净收入所做的预测。因此，他必须预测其他人（而不是他自己）的行为，即使完全不考虑那些彼此独立的纳税单位之间所必需的相互依赖关系。

如果投资于公司所有权相对有利，那么他就会发现自己正在为那些可获得的公共物品支付着相对高昂的每单位税一价。相比之下，如果他的投资相对而言并不成功，那么他就会发现他以"低廉的税—价"取得由集体供给的物品。在为公共物品支付实际税—价时那种因人而异的歧视性将直接伴随他们的公司投资收益率一起变化。就对公共物品和服务的个体需求行为而言，这一关系应当得出一些可检验的假设。如果此类物品表现出正的收入弹性特征（这一点似乎可通过经验描述），那么在其他条件不变的情况下，个体在公司所得税下比在可比照的个人所得税下对公共物品的需求量更大，而后一种税自然是直接对收入中所剩无几的那部分征收的。当然，对这一假设进行实际检验难度极大。因为我们在这两个制度中要面临信息和不确定性方面的差别，走出迷宫需要披荆斩棘。第二个概念上可检验的假设是，给定公司比例所得税制度，在其他条件不变的情况下，那些投资组合所体现的"风险性"相对较高的人比那些体现的"风险性"较低的人，将更倾向于让公共物品的支出稍高一些。这两个假设均得自一个分析，类似于多马（Domar）和马斯格雷夫①第一次在对公司所得税和风险的讨论中让财政学者们熟悉的那个分析。根据这一研究，比例公司所得税会把单个股东对公共物品的"购买"变成一种涉险。

就上述观点而言，我们还未对分配问题给予考虑。这在有关公司所得税方面完全是不现实的，因为这种税的一个基本特征就是缺乏普遍性。有必要对这种税区别对待，而这反过来又意味着，必须考虑个体在经济过程中的位置才能对预料之中的财政选择方案做出反应。进而，这要求我们对公司税的归宿提出更为具体的模型。正如以上假设所言，如果最终的税负归宿大部分落在股东身上，那么只要预期收益为正，非股东将倾向于赞成所有开支扩大的方案。如果假设最终的税负归宿不同，或者更为重要的是，假设对税负归宿的应有态度不同，那么就会得出不同的结果。此外，一旦开始考虑分配，就需要建立集体选择模型以预测选择行为。尽管这些扩展是进行全面分析所必需的，但在研究的初步探索阶段，我们姑且不予考虑。选民—纳税人—受益人在公司所得税下所面临的财政选择问题，即使是在那个最为简单的"代表性"个体模型下，要提出那些在更加复杂的制度中或许会出现的问题也是非常困难的。

---

① Evsey D. Domar and Richard A. Musgrave, "Proportional Income Taxation and Risk-Taking," *Quarterly Journal of Economics*, LVIII (May, 1944). 再版于 *Readings in the Economics of Taxation*, ed. R. A. Musgrave and C. Shoup (Homewood: Richard D. Irwin, 1959), pp. 493 – 524。

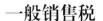

一般销售税

另一种主要的间接征税制度——**一般销售税**将是我们的考察对象。具体而言，我们将审视对私人市场所有零售物品和服务的价值所征收的统一税率税或比例税。当然，简单修改一下模型可以允许在不同阶段免税或征税。我们仍保持之前所讨论的税收模型的那些实质性特征，将其想作新征税，并为单一物品提供融资。

与公司所得税相似，任何个体选民—纳税人在努力就他所偏好的公共物品作出理性决策时都一定会面临一些困难，表现为就该税的实际归宿存在分歧，甚至在专家之间也是如此。如果只是在谁确实为那些用一般销售税收入所购买的公共物品"花钱"这一问题上，那些专门从事税负归宿理论的财政经济学家都达不成一致意见的话，那么不仅在很大的不确定情况下，个体在其他情况下又能如何进行选择？

个体应当认识到，这种税在消费品价格和生产性服务价格之间砌入了一个楔子。不考虑货币调整的问题，相对于最终产品的价格水平，要素价格必然下降，结果是，要素销售收入的实际购买力将下降。在完全竞争的经济中，一般销售税的效应不应与个人所得比例税或个体消费支出比例税的效应有太大区别，这依赖于税基中是否包括了投资品。纳税人甚至可能提前以某种近似的方式预见到所有这些情况。但是有必要回忆一下，这一市场过程的竞争模型是为解释这些效应的**一般**模式而设计的。而对于生活在真实经济中的人，以及必须要在给定销售税融资条件下决定如何给支出方案投票的人而言，即使他明白这个模型，它也帮不上什么忙。对于这一选择而言，销售税既有别于比例所得税，又有别于比例支出税。无论在后两者中的哪一种税下，个体都能合理准确地估算出他的税基并用以计算税负。此外，由于这两种税是面向个体的，他便可以自主决定如何调整以应对征税。这些步骤在间接税制度下会变得更加错综复杂。

他将认识到，自己不会被要求以个体身份向税务部门缴纳税金以"换取"公共物品。税负只向卖方征收。只有当个体以零售商身份起到某种职能作用时，他才会意识到这种直接的财政转移。不起职能作用的个体则必须尽力估算出税前和税后的市场机会之间有何区别。如上所述，他或许会接受这一假设，即要素价格将会相对于产品价格下降。然而，无论是从职能或空间上还是从时间上讲，该税的这种一般效应并非在所有市场中都完全一样。在承认了这一点之后，个体必须尽力预测出该税对他本人收入份额所产生效应的实际价值。同其他因素一道，这些效应将依赖于体现他本人的生产性服务市场的特定供给条件，以及开展这些服务的行业组织。他在此处必须预测出经济中除他以外许多决策单位的行为反应。人际间的相互依赖性和外部性，即使是在比例所得税下也显得十分重要，在一般销售税下则变得极为复杂。其他个体和公司的行为，如赚取收入、分配资源、制定产品和服务价格、购买最终产出以及针对价格变化的调整等，都需要与销售税对个体的效应相适。充其量，预测顶多算是没有把握的"猜测"。而即使想达到经济学家的预测水平，用投资于知识的方式注定也只能望尘莫及。个体在做出最终财政决策时所必须面临的不确定性一定极为广泛，而且大多数人有可能依赖于非常随意的经验法则，这或许是从新闻媒体那里得到的，而且还是以非常简单的均值表述的。

　　然而，尽管存在以上所有这些困难，个体也必须进行选择，或者选择默许别人为他进行的选择。由于假设个体能够对其确实可得的收益进行某种粗略估算，因此便能合理地直接得出公共物品的需求曲线或边际评价表。然而，就税收或成本而言，他对这一税制强制其支付的税一价，要么是整体上低估了，要么是整体上高估了。这一分析似乎并没有显示出他具体偏向哪个方向。相对于不变税一价模型而言，个体在销售税下可以选择多一些或少一些公共支出。在稍后的讨论中，我们会在引入财政幻觉的可能性时再次考察这一结论。

特定销售税

　　其余重要的间接税制度有部分消费税制或歧视性消费税制。很多实际的消费税制是对一些产品或产品组合的销售、使用或消费征收的，将上述一般销售税和特别或部分消费税的要素融合在一起。就当前分析而言，只考虑这些极端模型就够了。

　　这里我们考察在通过只对一种物品征税来为一种新的公共物品融资时，单个的效用最大化者如何行事。他如何估算出集体性供给的公共物品对他征收的税一价？在这种明显具有歧视性的税收模型下，要想把对相互独立的个体和集体的不同影响搁置一旁则是更难办到的，但即便如此，我们仍可以在开始分析时忽略这一点。为此，我们可以一开始就假设，全部集体成员购买和消费的是应纳税的单一产品，比如说威士忌或烟草，而且不同的消费模式不足以导致迥异的反应模式。

在此类模型下，特别是像在每一种间接税模型下那样，个体对每单位公共物品所必须支付的税—价直接依赖于其他人在过度复杂的经济依赖链中的行为。为估算这一税—价，他必须预测出那些法律规定首先负有纳税义务者的反应。必须预测出零售公司的行为，以及资源供给者和产品需求者的总体反应。做出准确预测的困难是显见的，但还是应当指出，正因为此税种具有选择性，这些困难并不像本章前面所考察的两种税制下的困难那么大。教科书式经济学就是这么讲的。预料之中的初步调整是通过被征税物品的价格上涨进行的。一般而言，要素价格调整的意义通常被认为是相当次要的，尽管这一调整在一定程度上可被预测到。如果市场具有适度的竞争性，如果资源不是高度专用的，并且如果供给调整的时间允许，那么潜在纳税人在直接预测单位预期税收额对增加物品价格的效应时，就不会显得天真。这种天真的预测能够使该潜在纳税人就人们对此税种的反应做出一些自己的预判。所有纳税人在总税基方面表现出的相互依赖性仍然存在，但只要预测到所有人都会行事相仿，我们就能够对税—价做出某种准确估算，至少与其他可替代性税制相比是这样的。

在预测集体内部和集体之间的不同反应时，对个体化的税收—成本的估算会显著地表现出更大的不确定性。在此，个体必须考察他本人在被征税物品上与其同伴间的相对需求。显然，非消费者，伙同那些对税收引致的价格上涨能够做出最有效的自行反应的消费者，将总是能确保拥有"议价筹码"。

应再次强调，我们的注意力集中在公共选择或集体选择中的个体行为，这与在私人选择或市场选择中的个体行为正好相反。我们关注的是公共物品的供给量。在这一将部分消费税用作融资工具的模型里，特别容易被说成个体在市场选择中的行为是其"集体"决策的一部分。这等于说，他在购买 1 单位被征税物品（比如说一瓶威士忌）时，他知道自己正在购买的东西包括两部分，即直接饮用的威士忌，以及由该税收收入融资的公共物品。然而，此类混搭风格的模型存在误导，因为个体会继续购买私人消费品（例如本例中的威士忌），直到他对该物品本身的边际估价等于边际价格（含税收）。个体还对由该税收融资的公共物品进行估价，这并不影响他对私人物品选择的边际量。他压根儿就不能通过他的市场行为调整公共物品供给的边际量。这种选择只有在个体以选民—纳税人—受益者身份，而不是以独立行事的购买者—消费者身份进行参与时才会出现。

总结与结论

在本章和前一章中，我们考察了一些人们熟悉的税收制度，以期确定它们对个体努力估算公共物品成本时必然存在的信息不确定因素的相对影响。我们还未详细分析这些制度，也还未探究每一广义分类中可能介绍到的许多亚模型，尽管其中一些只有在确保进行特殊处理后才能得到充分证明。然而，即使通过有限的分析，也会得出某些结论。

不变税—价模型表现出独树一帜的本色，而与它相似的人头税在基于采用帕累托效率标准的更为正统的税收理论中也像它一样独特。当然，尽管本研究的方法与税收制度的福利分析关系密切，但不应忘记它们的差别。同样，此处也无意按经济效率给税收制度排序。不变税—价只用于我们的方法，这并非是因为它不对个体的市场选择行为施加影响（即不存在"税负过重"这一传统条件），而是因为只有在不存在这种影响时，个体才能在充分比较各个备选制度的基础上进行财政选择。

总体而言，那些通过传统福利分析所表现出的产生相对较少"税负过重"情况的税制，与那些允许个体通过参与集体选择过程更理性地进行选择的税制是一样的。然而，就像部分消费税或歧视性消费税所摆明的那样，这一规律存在例外。传统福利分析指出，此税比更为一般的消费税更易扭曲私人物品消费者的选择模式。然而，如以上分析所示，与更为一般的消费税相比，个体在部分消费税或歧视性消费税下能够在对备选方案进行更为理性的思考的基础上选择所偏好的公共物品数量。他能如此行事，或许是因为此税的歧视性属性使它比更为一般的消费税具有更确定的影响和归宿。从而，如果结果的可预测性更强，那么财政选择中的"效率"（依赖于个体参与者获知决策的可能性）就会使得市场选择中的扭曲更大。公司所得税提供了一个甚至更加戏剧性的例子。实际上，如果公司所得税可以对纯经济利润征收，那么就不存在对个体或公司的市场行为的短期影响。此税并不改变帕累托最优的必要条件。然而，分析表明，甚至是这样一种税也会给个体所面临的财政选择问题带来很大的不确定性因素，并因此在个体最终选择介于私人物品和公共物品之间的某些最为偏好的混合型物品时，必定造成"无效率"。

在用财政选择法和正统福利分析法所得出的结论之间存在一重要差别，这涉及次优理论。次优理论的各种形式都指出，除非有某种保证使得不再违反最优化的必要边际条件，否则不可能根据帕累托效率将某一单一的扭曲判定为非最优。从而，即使是人头税（或我们模型中的税—价不变）也未必可以比其他数额相当的税产生更大的整体效率。在一定范围内，当整体审视"效率"时，该原理正确。与之相对，在研究的分析中，较之那些可比制度，不变税—价所明确允许的财政选择更有"效率"。只有在此制度下，集体选择中的个体参与者才能以各种程度的准确性对集体行动施加于他本人经济地位的影响有所预料。

在第三章和第四章中对税收制度讨论的核心特征是，财政制度的两面性必然导致人际间的相互依赖性。在某些情形下，明确指出了个体对征税的反应所固有的"外部性"。这说明，可以在理论福利经济学家所熟悉的"外部性"这一术语范围内进行更加正规的分析。①

---

① 就以上文字的一般性讨论，参见我的"Externality in Tax Response,"*Southern Economic Journal*，XXIII（July，1966），35－42。

第五章　既有制度及变迁：
财政决策中的时间效应

"税以旧为佳"

至此，我们已在某些严格限定的假设前提下探讨了人们所熟悉的税收。我们仅考虑了一些为当期尚未提供的公共服务融资的**新税**。本章致力于对税收的这一单一特征进行考察。税负是新是旧，这一事实如何影响集体选择过程中的个体行为，并通过这一行为影响最终的集体决策？无论是在坊间还是在学界的讨论中，这一特征的重要性已得到了广泛认同，至少是间接地认同，而且被总结成一句谚语："税以旧为佳"。这句谚语在多大程度上且凭什么是正确的？

首先必须说明描述性词语"旧"和"新"的意思。在前几章所用的"新税"这一标题下，所谓财政选择指征收某一先前并不存在的税来为公共物品的供给融资。这一限定并不要求税制是新的。只要此税是为新的服务融资而征收的，则既有税率的提高就符合这一"新税"标准，尽管这些还可能代表既有服务的增加。需要符合的条件是，新供公共物品和服务所需的融资资金来自为私人物品和服务提供的融资资金。集体决策，以及个体参与集体决策，必须反映出资源向公共物品供给的分流。

与这种情况形成对照的是，公共物品和服务的融资资金来自由既有税负（即"旧税"）产生的岁入。大多数正统财政分析都隐含着一个假设，即选择是在每一财政期期初受全权委托做出的。在这一假设下，集体在每一财政期期初不仅决定着融资方式，还决定着公共物品和服务的范围和数量。可以这样说，在每期期末清算得一干二净，在下一期期初一切重新开始。在这种模型中，新旧税是不予区分的。

如果要进行更为现实的分析，就必须认识到旧税和新税之间的区别，并且必须将财政制度当作制度基础。"旧税"是一项以前已获准为公共物品融资的税，还是一种如果愿意就可能继续存在的税。早期的法规不需要包括整个税负期内超出单一财政期的内容，尽管它通常是包括的。相反，则需要分流进新的资源以改变现状，包括对税前状况的改变。换言之，如果界定跨期收入流和产品流的**状况**保持不变，那么在其他条件相同的情况下，t_0 期的融资—支出模式（包括公共的和私人的）将在 t_1 期重现。

假设社会在 t_0 期征收一种新税以为新的可获集体物品或公共物品融资。与 t_{-1} 期的情形相比，供给公共物品的决策把资源从私人物品的供给中分流到公共物品的供给上。那些参与这一决策的人，即选民—纳税人—受益人，多少会有意识地去了解新生产的公共物品的实际"成本"，这首先需要解决好之前在不同税制下讨论过的估算问题。给定任何一种税，将这种意识同 t_1 期期初单个集体成员的意识进行比较，此间的选择是否适当关系到这一税收—支出过程能否继续。在此，决定在 t_1 期再次供给相同数量的公共物品并按照旧的（或既有的）税负图表为其融资，这不会因时间差异给个体施加正的真实成本。与 t_0 期的情形相比较，既有的财政制度可能会继续发挥作用，集体中也没有任何人的经济地位发生改变。按照客观可测量单位，在这两种情形下供给公共物品会使牺牲掉的私人物品成本相同。然而，主观上，由于这一成本影响个体选择，并进而影响集体决策，因此在相同的税收制度下向相同数量的公共物品融资时，旧税比新税的机会成本可能要低得多。

当然，此处讨论的现象并非唯财政选择所独有。任何对"动态均衡"位置的偏离都将需要比延续既有流动模式几分更大的推动力。[①] 用最一般性的术语论之，适合比作物理学中的惯性定律。流动一旦开始，延续它要比最初启动它更为容易。要想使这一点与个体决策的权衡相符合，只需对选择的时间序列有所了解就够了。

这里的分析集中在财政选择方面。如上所述，与个体选择相契合的机会成本必然是主观性的，而且对这些成本的衡量不能独立于选择本

---

① 这里的行为要素与肯尼思·博尔丁（Kenneth Boulding）在其公司同步静态理论中所讨论的内容虽说并不完全相同，但联系紧密。参见 Kenneth Boulding, *A Reconstruction of E-conomics*（New York：John Wiley and Sons, 1950），尤其是第 2 章。

身。这些成本只在决策时存在于个体选择者心中。[①] 在任何征收新税的情况下，这些机会成本作为个体进行积极选择的障碍，是预见到在未来所牺牲的以与**当下使用**的相同方式享用的资源。在选择提供新公共物品时必须牺牲掉的心理上的收入，对选择者而言是清晰可见的。他必须减少在私人物品上的消费，以确保能从税款有望资助的那些新增公共物品中取利。相对而言，在旧税（或既有税制）下，这些机会成本尽管客观上一样，但在选择者眼中却因人而异。此处它们表现为对出售给私人的资源现在不买而留在以后享用。在旧税情形下，公共物品的机会成本是对私人市场中新增资源的潜在享用，而非对当下及时行乐的牺牲。在为公共物品融资的决策与这一选择的成本之间的联系，必然不如新税情形下更为显见。重复一遍，旧税下的成本是一些心理上的收入，即没有以相同方式在当下享用的收入，而且这些收入从概念上讲，只有在此税不再继续征收时才会出现。

如果此处分析正确，那么在其他条件相同的情况下，两种制度下的正向选择间就会存在一个临界值。从而，如果观察到供给等量的公共物品，那么新税下对公共物品的边际需求必定超过旧税。换言之，在其他条件相同的情况下，个体在旧税融资方案下比在新税融资方案下将倾向于"投票赞成"扩大公共支出。根据在第二章中介绍的简单图形，这一临界值现象表现为旧税制（或既有税制）下有效税一价曲线的向下移动。

当然，这里的行为差别并非唯财政决策过程所独有，也未必来自参与者一方的非理性和幻觉。只要分析模型包含了决策成本，这种行为差别就与个体选择中的理性一致。参与者无论是在私人选择还是在集体选择情形下对备选制度进行选择，其决策成本都是高昂的。他必须投入时间和资源以确保能得到可选对象的信息并对此信息进行评价和分析，否则他就不得不为更可能出现的错误付出额外成本，这还是一些必然由决

---

① 这一主观性机会成本概念，不同于客观衡量的机会成本，还未被适当地收进经济学家手中那个标准的"工具箱"，尽管与伦敦经济学院相关的组织已做了大量工作。更一般性的讨论，参见 L. Robbins, "Remarks Upon Certain Aspects of the Theory of Costs," *Economic Journal*, 44 (March, 1934), 1 - 18; J. Wiseman, "Uncertainty, Costs, and Collectivist Economic Planning," *Economica*, XX (May, 1953), 118 - 28; G. F. Thirlby, "The Subjective Theory of Value and 'Accounting' Cost," *Economica*, XIII (February, 1946), 32 - 49; "The Rule," *South African Journal of Economics*, 14 (December, 1946), 253 - 76; "The Economist's Description of Business Behavior," *Economica*, XIX (May, 1952), 148 - 67; "Economists' Cost Rules and Equilibrium Theory," *Economica*, XXVII (May, 1960), 148 - 57。

策过程引致的成本。一旦认识到这些决策成本，则在起初做出明确决定之后的各个时期，与**改变**决策相比，重复选择显然会大大降低成本。在此限度内，如果其他条件不变，其后各个时期重复或延续选择的边际成本为零；除非修改了一些参数条件，否则没有必要在信息收集和评价上进行新的投资。要想在一段时间内实现决策成本最小化，往往意味着对行动墨守成规，对既有规则和制度一以贯之、因循守旧，不肯纳新。在选择新旧制度间犹如砌入了一枚"楔子"，堆出了一个界槛。

在研究公共财政的传统方法中，如果说"好"的标准就是纳税人"负担"最小化，那么"税以旧为佳"这一谚语可谓是文理俱惬。在这一方法中，公共支出的决策是外生性的，或者至少是独立于税收决策做出的。由于上述原因，旧税比新税在这里给纳税人带来的负担要轻。这一谚语可为"政府"作规律之用，后者被认为在司法层面有别于个体。旧税比新税引起的反响小；遵循这一规律能够筹集更多的资金。因此，在这一特定用途上，基础的政治模型能够得到类似的结果。来自旧税收入的支出不需要满足通过新税融资时那类严苛的"效率"标准。当然，这一事实得到了支持公共支出计划的压力集团和政客们的广泛认同。面临的主要难题是确保支出方案**在一开始**就获得批准，即为确保第一个决定获批而进行"攻坚"。[1] 接下来一段时间的拨款问题便再不会如此难有保障了。

经验表明，为满足战时或其他紧急情况下的财政需要而临时提高的税负和公共支出比率，在战后或紧急情况结束后的一段时间内仍会保持比以前更高的水平，这几乎是一种普遍现象。艾伦·皮科克（Alan Peacock）和杰克·怀斯曼（Jack Wiseman）已对这一结果做出了解释，涉及所谓的"置换效应"。[2] 紧急情况改变了集体对税负的容忍度。这一解释密切关系到，并且依赖于，对新旧税差异的某种认识。这两种解释可以轻易地被诠释为同样的假设。战时的支出需求在于，用新征税负或大幅提升既有税目税率水平的方式越过决策的临界值。从机会成本角度讲，这一由扩大支出计划所引起的新增实际成本在紧急情况下是可以接受的。然而，一旦这些需要消失，社会就会偏向继续高水平的公共活动，而不是回到紧急情况发生前公共部门和私人部门之间的某种平衡。

---

[1] 这一点在 Walter Heller, "CED's Stabilizing Budget Policy After Ten Years," *American Economic Review*, XLVII (September, 1957), 649。

[2] A. T. Peacock and Jack Wiseman, *The Growth of Public Expenditure in the United Kingdom* (National Bureau of Economic Research, 1961).

个体不必因为这一新税融资而明显牺牲实际资源，因此较之于紧急情况发生前的财政制度，他会更愿意赞成在紧急情况后的一段时期继续提供服务方面的支出。当然，可以推出一个假设，即紧急情况越持久，这一效应越显著；换言之，税负历时越久，制度程式化越深，其继续存在的可能性就越大。

此处所考察的制度影响可能对 20 世纪 60 年代后期和 70 年代早期的国家政策具有重要意义。一旦裁军协议真的达成了，联邦政府就可以大规模削减军事或国防开支，关切点在于公众及其政治领导人可能对此做何反应。如果货币当局制度僵化，那么支出的大幅削减，以及与之相伴的税收减少，对稳定的影响可能的确很严重。然而，此处的分析表明，联邦支出计划从整体上讲不会大幅减少，特别是冷战期间的高水平支出已持续了如此长的时间。有效率的裁军会立即对扩大联邦非军事支出计划产生很大压力，而且此类计划不再有新增税负的障碍。在约翰逊（Johnson）政府前期，军费的有限削减伴之以国内计划支出的大幅增加，这更加证实了以上假设。一旦裁军得以有效实施，"福利国家"的实现将变得更加来日可期。

岁入弹性与财政选择

一个更为重要并且是近年来已被广泛（至少是间接地）认识到的问题，涉及一种税收结构对公共支出的影响，该结构使岁入随总收入的提高而自动提高。现实世界中几乎所有重要的税收制度都直接或间接地将收入作为基础，并进而必须在一定程度上满足以上要求。然而，在岁入弹性超过既有支出计划的需求收入弹性的情况下，这些效应最为剧烈。例如，一方面，假设在国民收入增长期间，既有的公共支出计划可以按支出增长为收入增长的 1/2 的比例关系继续实施。另一方面，假设最初指定为这一公共服务计划融资的税收制度，按照既有税率所得岁入的增速是国民收入增速的两倍。将这些情况相结合，则相对而言，集体财政决策会偏向于支持新的支出计划。与要求通过新税融资的情况相比，新的公共支出方案将更可能确保有利的政治反应。从而，姑且不考虑收入弹性问题，只有在岁入具有高收入弹性的税率结构下，国民收入提高时期的公共支出计划才会比国民收入稳定时期的相同计划得到更多纳税人的支持。这一结论对于那些目睹了 20 世纪五六十年代美国的财政经历的政客和压力集团领导人来说也是显见的。此处的财政选择分析要将人们熟悉且明显的制度经历放在前后一致的理论框架下。

各种税收制度有着明显不同的收入弹性。因此，必须要对获得岁入的主要类型进行某种区分。在国民产出快速增加时期，如果其他条件相同，表现出最高弹性特征的税制更可能引起最大的公共支出量。鉴于此，累进所得税、公司所得税，以及向具有高收入弹性的特殊消费品征收的消费税，都是可以考虑的岁入来源。因为采用了累进的税率结构，个人所得税在对收入变化做出反应时能够产生较后者更大比例的岁入增长。因此，其他条件相同，当国民收入提高时，这一税制将倾向于使公众比在大多数可对照的财政制度下更加看好扩大支出计划。然而，这一结论不能拓展得太远，不要忘记，此税仍是一种直接税，因此，它的影响在一定程度上比直接程度较弱的税目更容易被纳税人感觉到。与比例所得税相比，累进税确实有使扩大支出计划更能在政治上被接受的作用。与此相关，还需特别提到公司所得税。不仅由于公司利润具有残值特征，公司所得税收入对总收入的变动高度敏感；而且此税对个体财政权衡还具有间接效应。

当然，这里概括的制度性偏离是可逆的。如果国民收入下降，那么只要财政博弈的规则要求岁入与支出相匹配，岁入的灵活性就会变成使新支出计划的颁布更为困难的因素，甚至对维持既有计划也是如此。在一国政府拥有权力创造货币的情形下，如果不直接遵守平衡预算法规，那么这种可逆性不一定会发挥作用。在国民收入下降时期，可以维持甚或扩大公共支出，而无须征收新税或提高既有税负的税率。我们将在下一章全面讨论"职能财政"及其对个体财政选择的意义。

多期选择与税收的资本化折现

在我们初期的分析模型中，尽管假设所征之税为**新税**是我们进行上述讨论的限定条件，但是无论是税收还是获利，所考察的财政选择只限于当期。换言之，我们隐含地假设了这样一个观点，即所提供的公共物品或服务仅在当期享用，而且用于对为这些服务融资的税款进行分期征收，而不管这是新税还是上述意义的旧税。限定当期条件的原因是显见的，即与在一系列时间段内所知的收益和（或）成本条件下个体所面临的情形相比，他在一个时期内所面临的财政选择情形的复杂程度要小得多。

现在考虑一个多期模型，但仍然沿用我们的标准个体参照系—选民—纳税人—受益人；即将个体作为民主政治过程中的最终选择者。这一条件变化会导致我们必须对选择行为的分析做出哪些修改？最明显的修改是有必要将未来各个时期预期产生的成本和收益转换为现值单位。贴现或资本化折现过程成为个体决策权衡中的基本要素，并且这在单期模型中完全不存在。由于这一过程本身就增加了不确定性，因此对个体而言，做决策的难度变得更大、成本更高。

还有一些扭曲现象的出现与已经过考察的新旧税之间的差异紧密关联。如果能够精确地知道收益与税负二者的时间模式，那么这一贴现过程可以直接应用于账户两侧，而且未必会引起方向上的偏差。然而，如果不能按照确切时间完成未来的税收和收益，抑或这一进度因所涉财政制度的性质而要么不可能、要么没道理，那么资本化折现法就未必能通用于账户两侧。假设出于为一职业教育计划融资之目的通过一方案向社会中居民房产的资本价值征税。（此处我们忽略集体间的分配问题。）我们想看看业主，即潜在纳税人，如何行事，同时，他还是该计划所提供的公共服务的潜在受益人。他将如何选择自己所偏好的税率，以及如愿的公共服务量？相对而言，在当期模型中这一问题就概念而言是简单的。并且，即使是在多期模型中，如果这两个时间模式都可被精确地预测到，那么就没必要进行更多我们之前的讨论了。例如，如果该税的时限为五年，即所规定的支出计划期限，并且如果每年所资助的服务量相同，那么贴现过程便不会令人厌烦，也未必会扭曲财政选择。然而，我们假设，比方说，所提交的立法案存在时间"敞口"。换言之，税收和支出计划都是无限期地有效的。此处在个体决策权衡中所引入的复杂性就变得显著了。当该税达到了能专门体现个体经济某一具体特征的程度时，并且当它还有望延时存在一段时间时，就会进行资本化折现。需要纳税的业主将在该税生效的同时经历该房产资本价值的一次性削减，将在初始时期对该税各期的"负担"集中进行一定程度的资本化折现。相似的过程也将在支出一侧进行。未来的受益人认识到，当下发起的这一计划将会继续。从而，在进行有效社会决策的那一刻，他们就应当体会出或"感受到"这是一笔意外之财，它代表着对预期收益流进行某种转换后的现值。

然而，在此例中，具有纳税人和受益人双重身份的个体俨然更可能对所纳税款进行的资本化折现比针对抵销性收益流所做的计算更为全面。如果他如此行事，那么就会对他所面临的备选方案的主观评价有所扭曲。他对账户两侧的处理存在着预料之中的差异，其原因在于，被征税的资产和所享有的收益具有不同的市场适销性。在此例中，征税对象是居民的不动产。此财产归业主个体所有，且每套都是按当期市值计算。业主无论何时做出自我选择，都可以按市价处理其房产。税负的作用在于将此资本或市值减至经过资本化折现后的水平。此外，尽管个体与其他人共享收益流并由他作价，但这并不会提供一种能让他自由支配流动资金的可进行私人市场交易的资产。从而，尽管事实上，就净值而言，账户两侧可以折合为一样可供客观衡量的现值，但个体更可能将高估税额或成本。他将认为他的流动性会被税负减少，却不会因预期收益流所提供的一定补偿而增加。因此，在此例中，个体的财政选择更可能与支持征税并且为职业教育支出计划融资的方案相左。此处对在长期收益项目上的支出将存在着一种制度上的偏见。此处的偏见或扭曲是因在税收和收益之间存在普遍性差异所致。如上所述，税收的资本化折现要根据该税种的具体情况进行，而且此现象在资产税的应用方面已在传统意义上进行了讨论。另外，在此例中，假设收益可供全体成员分享，不可分割且不可独享。当这种不对称性如此作用时，财政决策可能对产生一般性收益的长期项目的支出展示出制度上的偏见。

然而，如果这一不对称性可逆，就会出现相反的偏见，这可用另一不同的例子说清楚。假设所征之税是一种一般性税负，比如说比例所得税，而支出计划包括向财产所有者提供的特定且可转让的收益，比如说免费的灌溉用水。在此模型中，预期收益应立即换算为土地的现值，而税收并不会倾向于换算成任何可予比较的水平。相应地，作为公民一纳税人一农民，个体将倾向于大力支持在此类安排下所资助的长期项目的启动。在这些条件下，将会出现一种支持公共开支的制度性偏见。

为进一步强调这一点，我们对上述两个例子中个体所处的具体情境进行考察，个体计划在一段时期以后，比如说他在做出最初的财政决策的三年后，离开当地的这个集体。在第一个模型中，他将发现自己必须出售的财产的资本价值已经因预期的税负而被向下调整了，他却不能在相同程度上把预期收益流的资本化现值"卖给"未来购买他土地的人。要想以后一种方式行事，他只有能够以某种方式出售其在集体中的"成员资格"。如果个体在做出最初决策时承认这一点，认为自己会搬离这一地区，那么他在进行财政决策时当然将更倚重税负一侧，而非收益一侧。与之相对，在第二例中，收益比税收更具体，个体将发现他可以按照为囊括灌溉用水的预期收益而既已上调的资本价值出售他的财产。另外，那种为反映税收而对资产价值进行的相应下调或许尚未发生。

不应当让这些阐释性例子使其所持观点的重要性言过其实。在某种程度上，任何地方政府的财政行动都是具体的，而且在这一程度上，可以进行某种资本化折现。如果进入当地社会的唯一方式就是成为房产主，那么税收和收益就都要进行资本化折现。然而，所得出的这些隐含条件适用于更为现实的情境，在那里非房产所有者被允许同房产持有者一道参与财政决策。此处的分析显然得出了一些可接受经验检验的假设。

两侧不平衡的资本化折现可能会在多期财政选择中引起制度扭曲，这种扭曲仅适用于对税收—支出方案赞同与否的最初决定。当提出改变既有计划时，又会产生另外一些重要的制度性影响因素。这些完全类似于之前所讨论的那些新旧税因素。

假设社会对居民房产征税以向职业教育计划融资，见上述例一，但是在授权这一立法案的过程中并没有包括这一计划的截止日期。我们假设，在做出最初决策时，客观衡量的收益流现值超过了税收成本的现值。然而，我们现在假设，已经过去了一个或两个时期，而且已然清楚的是，最初的预期收益值是错误的，实际收益远低于预测值。客观上讲，该计划应被取消，该税法应被废止。然而，如果该税收已被所有应纳税资产的所有者进行了有效的资本化折现，那么继续这一计划的机会成本将"貌似"很低。当然，"实际"成本在于废止那一刻可能出现的意外之财。但这一机会成本因素似乎并不可能如其在通晓一切时的行事那般对财政选择施加影响。不能做出废止税收的决定，如果衡量得当，则涉及的是一种与最初颁布税则时无异的机会成本。但是个体并不"感到"这两种机会成本是一模一样的，1美元对应1美元，或者大体相当。因此，这一税收资本化折现制度似乎会使财政决策偏向于继续那些已经启动的支出项目，尽管事实上这种偏向在最初考虑时可能是背道而驰的。当然，此结论仅适用于第一类模型，其中的税收比收益更为具体。在相反的模型中，收益比税收更为具体，对收益进行的资本化折现会相对更大，而且在每一时期对任何既有税负的继续征缴都会招致更为强烈的反对。在此情况下，如果支出计划被证明是完全无效的，那么由于政客们受到来自个体的压力，它们将很可能被取消。

结论

本章所提出的有关财政选择情境中的个体行为的基本假设，只要证明是可能的，就应当接受经验检验。然而，这些假设比较一般化，而且还有很多被普遍认可的论述，尽管事实上它们或许还未被完全纳入标准的经济理论体系。古典经济学家将利息概念当作为"等待"支付的报酬进行探讨，纳索·西尼尔（Nassau Senior）将其改为"节制"。从心理学上讲，这两个词的意思是不一样的，而且这一不同正是本章假设中所强调的。"等待"暗含着为积累资本而搁置当期收入、暂缓当期消费的成本。"节制"也有此含义，但是，此外还意味着避免"吃光"既有资本的成本。当然，从逻辑上讲，搁置当期消费等同于避免消耗已投入的资本，即避免转换为当期消费。但是个体并非如此行事，亦如"吃光"资本等同于起初便不积累资本。而且，从我们在本章中既已考察的原因看，他们的行为未必是非理性的。持有资本的机会成本完全类似于继续一种存在已久的税收或实质上已被资本化折现的税收的机会成本；这些成本在于没有在**当期**流入个体的那些潜在可用的备选方案。从心理学上讲，这些成本不会如它们在以**当期享用**的服务流单位中经可比性衡量得出的成本那样，以相同的程度限制个体决策。如果个体没有对不确定性进行积极度量，那么这种反应就个体而言是理性的，与决策成本本身相去甚远。哈姆雷特（Hamlet）曾说，倘若不是因为惧怕不可知的死后，是它迷惑了我的意志，使我宁愿忍受目前的折磨，不敢向我们所不知道的痛苦飞去，但他的此番言论也适用于收益或快乐。决定发起行动就意味着，为换取那些注定不确定的选项而放弃已知的收益。行动一旦开始，决定继续前行则恰恰会变得南辕北辙；继续行动变成安于**现状**，而阻断岁月流转，则不确定因素会自然浮现。

第六章 指定用途资金与一般用途资金的融资比较：分析与效应[①]

引言

在早先的模型中，一种**单一**税制为一项**单一**公共服务融资。假设每次决定一个公共服务偏好量，并假设每项服务的成本由一种税收度量。然后将该模型一般化，这需要对限制条件进行修改。现实中的财政结构很少以这种程度表现出分割性或指定性税源的特征，尽管指定用途税制相对而言也是相当重要的，对州—地方政府尤其如此。[②] 显然，该方面的制度框架对财政选择中的个体行为施加影响，应对这些影响予以分析。

当然，除了用单一目的或指定用途税源为公共服务融资外，还可以采用**一般用途资金融资**。在一种情况下，即指定用途资金融资，个体"投票赞成"用指定用途税为具体公共支出融资。在另一种情况下，即一般性资金融资，他"投票赞成"用相同的税收向包括若干服务的预算束融资，而非一项单一的服务，假设该预算束的准确构成由某一权威预

---

① 尽管基本理论模型的提出有几分不同，但本章提出的模型包含在我的论文"The Economics of Earmarked Taxes," *Journal of Political Economy*，LXXI（October，1963），457 - 69，另见 No. 73，Studies of Government Finance Reprints，Brookings Institution，1963。

② 税收基金会最近的一项调查指出，在 1963 年财政年度，州所征税的 41％左右为指定用途税。参见 *Earmarked State Taxes*（New York：Tax Foundation，1965）。

算部门独立决定。仅仅是财政制度中的这一个区别如何影响个体？哪种制度会为他比较不同的选择方案提供更为准确的基础？他是在指定用途制度下还是在一般性资金制度下更容易支持较大数额的整体公共支出？而且，如果通过经验观察到他是如此行事的，那么必须满足哪些特征条件？

在这些问题中似乎只有一个问题相对而言易于回答。如果个体可以就每一公共物品计划分别进行财政选择，从概念上讲这是指定用途税结构（直接或间接地）允许他做的，那么他就会对他所面临的各个备选方案有所了解，至少在支付制度所允许的程度上如此，并且当然要服从在先前分析中所指出的那些资质限定。他所面临的不确定性显然要小于对一"束"公共物品或服务所进行的类似决策，由该束中各独立部分形成的组合则通过另一独立决策过程或通过指定的预算部门授权决定。如果这一组合未提前向选民—纳税人公布，那么他就必须尽量预测出另一决策过程的结果，而他能否参与其中未尝可知，这一过程在税源具体明确的、更为简洁明了的指定用途模型中根本没必要存在。

指定用途制度与个体选择者在私人物品市场上通常所面临的制度十分相似，而且，在某些场合，我们已用后一种情形来评价个体行为模式中存在理性的潜在可能。在私人市场中，个体通常（尽管并非一贯如此）一次购买一件物品，且互不相干；他决定，比如说，按他的消费计划每周购买一定量的糖，这与他购买一定量汽油或啤酒的决策并不相干，尽管它们之间当然会存在互补性和可替代性关系。但是只有表现出税收实质上完全互不相干特征的财政体系，才会允许个体作为政治决策的参与人，取得一种与他在私人市场中所面临的那种类似地位，甚至是一种粗略的近似。[①] 一般用途资金融资类似于某种市场情形，在那里个体被迫购买一束物品，其中各个部分组合的决定独立于他本人的偏好。捆绑销售类似于一般用途资金融资，即非指定用途方式。在私人市场中使用垄断捆绑销售理论，我们可以提出一般用途资金融资理论，而且，

---

① 此处的分析，亦如本研究中的其他地方，仍以选民—纳税人—受益人作为个体参照系。如果该参照系改为有权决定物品成分组合的预算部门，而且如果该实体被视为一个"人"，那么指定用途制度与市场制度就不相似了。私人通常不会将特定收入源限制在某些特定消费上。这说明，将参照系由预算部门改为作为选民—纳税人的个体，会导致分析出现极大差异。在预算理论文献中那种对指定用途做法近乎一边倒的批驳只能用这一差异予以解释。

反之，则是指定用途资金融资理论。[①]

个体财政选择模型

考虑单独一个人面临财政选择时的情形。社会可以得到的集体服务成本不变，而无论是单独提供的还是联合提供的，而且这一成本在集体内的分摊是以一种每人还面临一个固定供给价格（或税—价）的方式进行的。我们可以将这些物品的资金来源看作早在第三章中所描述的那种以某种不变税—价制度所征之税；个体无力影响他自己与税务部门之间的"贸易条件"。我们还假设这些悬而未决的服务或物品在社会总收入中所占份额相对较小，这足以使我们在分析个体行为时忽略收入效应。我们尝试着分析个体选择其在公共物品或服务上最为偏好的支出时的行为，当然，同时需要承认该模型所提供的，最多只显示出对展示给政治团体做决策之用的支持方案的投票行为。

正如早先讨论所体现出的，在独立地考虑某一公共物品时分析是直截了当的。我们可以得出个体边际评价图表或曲线，即此例中的需求曲线，采用的方法与得出私人交易的物品或服务的需求图表或曲线相同。个体面临的供给曲线，即税—价曲线，是一条在不变税—价处的水平线，即在公共物品的社会总成本—价格中的某种事先预定的个体所占份额。个体或私人"均衡"处于边际评价或需求—价格等于税—价之处。

我们尝试着将此模型的结果与从相对应的另一模型的结果进行比较，后者要求个体所选并非他对单一公共物品或服务所偏好的支出，而是他对两个及以上服务所偏好的支出，这一束服务中的组合成分是独立决定的。为简化分析，我们将仅基于两个物品建立这一一般用途资金模型。为使此处颇具表现力，假设我们正在考察的是个体对城市警务和消防服务的选择。社会以集体形式提供这两种服务，我们尝试着确定这两种相互替代的预算体系对个体选择行为可能产生的影响。如前所述，一般用途资金融资就个体无法准确获知预算束内容这一意义来讲会带来更

[①] 最近一些对捆绑销售理论的论述，参见 M. L. Burstein, "The Economics of Tie-In Sales," *Review of Economics and Statistics*，42（February，1960），68-73；"A Theory of Full-Line Forcing," *Northwestern University Law Review*，55（1960），62-95。另见 Ward S. Bowman, Jr., "Tying Arrangements and the Leverage Problem," *Yale Law Journal*，67（March，1957），19-36。

大的不确定性。然而，我们暂时不想考虑这一点，而是假设在任何概念上的投票过程之前，该预算组合便已设定并且已为所有参与者所知。预先给定这一组合，个体可以准确预测出通过预算所最终决定的税收是如何分配的。此例中，我们尽力回答的问题是：较之于个体在概念上对此两项服务进行独立投票形成鲜明对比的模型，他将投票支持更多还是更少的公共支出？将指定用途预算变为一般用途资金预算的做法所扩大的这一组合中的服务是二选一还是两者都扩大？

此处的这些问题依赖于预算捆绑方法的具体形式。用服务的实物单位定义这一捆绑形式是可能的，例如，要求每次雇用一名警察就要雇用一名消防员，反之亦然。然而，如果我们在这两项服务间的预算分配方面界定这一捆绑，那么描述看起来会更真实，分析更方便。换言之，一般用途资金融资的形式是将总预算中的一个特定比例分派给这两项服务。这将有一个这样的预算分配，它将确保在这两种财政制度下的解一致，当然，这仅限于所考察的个体进行权衡的"解"。换言之，总会有这样一个预算比率，使个体在一般用途资金融资制度下"投票赞成"的两项服务的相对数量和公共总支出，与在完全指定用途方式下"投票赞成"的相同。这一唯一解对于个体而言可称为"完全均衡"，而且这一解可被用作进一步分析的起点。

几何分析

通过几何方法进行分析是方便的。在图 6.1 中，数量单位沿横轴表示，但以特殊形式定义。在捆绑协议下，1 单位的量被定义为用 1 美元（即 100 美分）可获得的两项服务的实物组合。如此，美元的总支出额与横轴上的距离成正比。我们首先假设存在"完全均衡"的预算组合，且界定为 40：60。换言之，在每 1 美元预算支出中，有 40 美分用于消防服务的支出，有 60 美分用于城市警务的支出。现在我们可以得到消防和警务的需求曲线，分别为 D_f 和 D_p。为简化分析，我们在此使用线性关系，但这不会使结果改变。这两条曲线得自与由预算比率表示的实物量大小。1 实物单位的消防服务指个体以 40 美分税—价得到的量，而 1 单位警务服务指个体以 60 美分税—价得到的量。（注意，这并不意味着个体有能力像普通市场那样私自调整数量；个体能够获得相应税—价的服务量仅仅意味着这是他投出观念上的选票的基础。他能否实际确保得到这些结果依赖于是否有足够多的人与其意见一致。）

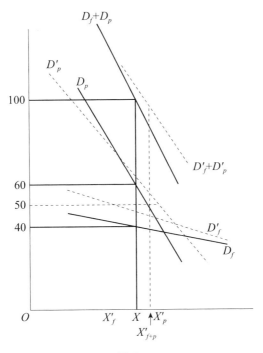

图 6.1

这两条曲线 D_f 和 D_p 纵向相加得到综合需求曲线，标示为 $D_f +$ D_p，它代表对以 40：60 预算比例进行组合的两项服务的需求束。这一需求束指个人在一般资金方案条件下参加集体选择时认为自己处于"购买中"。根据我们"完全均衡"的定义，该综合需求曲线与度量各自独立选出的消防量和警务量所沿的纵轴相同，并与综合供给曲线相交于 1 美元处。（在这一几何构图中存在着一些迂回因素，但因其仅为阐释之用，故这些因素无碍分析。）

在图 6.1 所示的条件下，按 40：60 的预算比率对两项服务进行指定用途和一般用途资金的融资不会产生不同的影响。个体无论处于两种制度形式中的哪一种之下，对相同服务量和相同总公共支出额，要么予以选择、投票赞成，要么通过政治权力加以促成。如果分别表示，那么他内心将偏好于 OX 量的消防服务，单位为 40 美分，这当然可以轻易转换为其他任意的实物形式。与之相似，他会在心中选择 OX 量的警务服务，单位为 60 美分。抑或，如果他被迫在预算束中选择这两项以 40：60 比率组合的服务，他选择的量将是 OX。在任何一种情况下，他都将"投票赞成"图 6.1 中与水平距离 OX 成正比的预算支出总额。

　　只有当个体在一般性资金融资计划中面临的预算比率并非"完全均衡"条件所要求的时，这两种明显不同的财政制度才能产生不同的结果。为考察这些不同的结果，现假设既有制度为分离型融资制度，但酝酿将其转变为50∶50预算比率的一般性资金融资制度，需求条件同图6.1中所述。为确定这一转变的影响，首先有必要将两条需求曲线 D_f 和 D_p 加以转换，即个体在50美分处可获得的实物数量。新的需求曲线位于两个50美分水平处，用 D'_f 和 D'_p 表示。除实物有别外，这两条曲线与 D_f 和 D_p 完全相同。可以显见，在该单一非均衡比率下进行的一般性资金融资现在对消防服务产生着不同的有利影响。依常理论之，与在分离条件下相比，在捆绑制下，对消防服务产生的需求更大，而对警务服务的需求更小。在新的数量水平上，OX'_f 表示"完全均衡"或对消防服务的指定需求量，而相似地，OX'_p 表示对警务服务的相应需求量。换言之，这些是 OX 在新水平上对应于旧水平的数量。在新的50∶50预算比率条件下的一般性资金融资将产生一个受偏好的捆绑量 OX'_{f+p}（如新的综合需求曲线 $D'_f+D'_p$ 与综合供给或税—价曲线在1美元处的交点所示）。①

　　至此，结论便显而易见了。对"完全均衡"所要求的预算比率进行任何改变都会使一般性资金融资对个体选择模式造成某种扭曲。强迫个体成套而不是分开"购买"一项以上的服务将使他在潜在可能的效用界面上移到某个次优偏好的位置上。既然对每一项服务或产品可以进行独立调整，那么在此条件下，如果个体愿意，他便总可以选择新水平中 OX' 所标示的量，而如果他并非如此行事，则意味着这个新组合不如在指定用途下的组合受其青睐。这种扭曲会使他希望在这两项服务中，一项扩大至高于"完全均衡"量，而另一项缩小至低于该水平处的某一量值。相对而言，那种扩大的物品或服务将是该预算比率所惠及的。然而，在仍有问题悬而未决时，这一分析仍存在不足。公共支出总额将如个体所愿地增加还是减少？条件何在？那些因有利的一般性资金融资比率而最有可能大幅增加的物品或服务，其特征何在？

　　图6.1表明，当非指定用途资金融资体现的是非均衡预算比率时，公共支出总额在指定用途和非指定用途下无须相同。图示还表明，转变的方向可能依赖于需求函数的结构。对该模型的考察得出以下结论：如果该比率的转变有利于完全均衡量下具有较大需求弹性的服务（如此处

---

① 图6.1中的几何构图基于本章附录中所阐释的特定数理模型。

几何图例那样），那么公共支出总额会受到个体的青睐，并因融资从指定用途转变为一般性用途而扩大。反之，如果一般性资金融资下的预算比率有利于在完全均衡量条件下所衡量的需求弹性较小的服务，那么公共支出总额将因财政制度变化而缩减。这些结论仅当从"完全均衡"处偏离度相对有限时才总能成立。相对税—价弹性可能会在捆绑均衡改变时发生变化。更为一般的结论是，只要由预算比率所体现的税—价的相对变化有利于需求弹性较大的服务，这一弹性分别以两种服务的捆绑均衡量衡量，则总支出将如我们所考察的进行权衡的个体所愿增加。反之，如果该比率有利于以类似方式衡量出的具有较低税—价需求弹性的服务，则总支出将减少。

图 6.2 阐释了一些有关关系，该图基于与图 6.1 中相同的潜在条件。横轴所衡量的是在捆绑预算安排中消防支出从 0 到 100% 的百分比。纵轴所衡量的是两项服务一起或分别的总支出，它由个体需求方式和假设的成本条件决定。同前，在所有情形下，不同的数量值仅指那些由决策过程在我们分析之下的单一个人的偏好量。如前所述，图 6.2 的结果与图 6.1 为同期所得，体现为线性需求函数，而类似的一套关系还可以根据任何假设的个体需求条件轻易得出。此前按 40：60 规定的完全均衡比率，在捆绑条件下必然产生一种令人心满意足的总支出，它等于通过指定税收安排分别"购买"两项服务所偏好的支出和。如果预算比率中的消防支出为 0，则总支出将全部用于警务。反之，如果消防支出为 100%，则所有支出都用于消防。因此，如果忽略收入效应，则纵

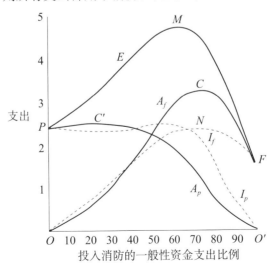

图 6.2

向距离 E 在 40：60 比率条件下，必等于 OP 和 $O'F$ 两距离之和。

当比率从 40：60 处向有利于消防服务的方向变化时，对捆绑组合中的两项服务进行的意愿总支出会扩大，如图 6.2 中 E 的右侧最上一条曲线的上升部分所示。在这一变化继续进行的同时，所偏好的总支出将一直增加到最大值点 M，并随后迅速降至 F。当比率从 40：60 处向另一个方向，即现在是有利于警务的方向变化时，捆绑组合中人们进行的意愿总支出会下降，如最上一条曲线 E 的左侧所示。它一直降到 P 点，此处没有预算分配给消防服务。

图 6.2 中四条较低的曲线将所偏好的总支出分为这两项服务之间的情况以及实际支出与估算支出之间的情况。在一项服务上的实际支出通过用横轴上的比率所表示的在总支出中的占比是容易算出的。当然，这两条实际支出曲线之和必等于捆绑组合的支出曲线，且此两曲线必在 50% 处相交。在一项服务上的"估算支出"指在含有该服务的组合上所偏好的总支出中的一部分，它是个体在每一特定捆绑均衡条件下所分配给该项服务的。在一项服务上的估算支出只有在完全均衡预算比率处和图 6.2 中两种极端情形中的任意一种时才等于实际支出。对其他所有比率而言，估算支出与实际支出不同，这一差异反映出非均衡预算比率所产生的"盘剥"程度，有正有负。在预算组合中受青睐的那项服务上的估算支出低于实际支出；而在另一项服务上的则高于实际支出。如图 6.2 所示。在 40% 的右侧，在消防上的估算支出 I_f 位于实际支出线 A_f 以下。在 40% 的左侧，二者关系相反。当然，由于这两个估算支出还必等于在组合上的总支出，因此在警务方面的关系与在消防方面的关系相反。[①]

总支出在 M 点取最大值。当该比率超过该点时，尽管总支出中用于消防的部分继续增长，但意愿总支出却在降低。在 M 右侧的某一点 C，这两个因素相互抵消，且只有消防支出具有最大值。将综合预算中消防支出的占比提高至"关键比率"之上将造成很少有资源分配到消防上，这总是基于这样一个假设，即考察选民—纳税人—受益人的权衡计算，他们的愿望会影响集体结果。

当该比率反向变化以有利于警务服务时，在此模型中，总支出不断下降。然而，因为这一预算份额的提高，对警务服务的偏好量会提高到

---

① 实际支出和估算支出之差可以用图 6.1 中捆绑均衡处与各需求曲线上的对应点之差表示。只有在完全均衡条件下，差值才会消失。

某一关键比率 C'，此处只有在此项服务上的实际支出达到最大值。[①]

对财政选择的意义

分析表明，通过指定用途和一般性用途资金融资所产生的不同影响，关键依赖于一般性资金预算安排在一些公共服务或商品的备选组合中分配岁入的方式。这引出了这样一个问题，即如有预测可能，则就有关一般性资金预算的构成当如何预测？假设预算部门对选择哪种组合的决策完全独立于民众的偏好，在此程度上则不可能进行预测。然而，如果我们审视一个略有不同的问题，则可以进行一些有趣的预测，并且由此能够暂时窥探出这些备选的财政制度所具有的广泛影响。如果将指定用途资金融资和一般性资金融资方式作为两种备选制度，那么，如果我们对人们如何选择它们有所了解的话，我们便能对它们的影响进行一定的预测。在哪些条件下社会更有可能从指定用途资金融资变为一般性资金融资，而反之亦然？这种转变反映出对集体压力的哪些回应？

在任何政治型社会中，具体的个体和集体都发现，促进供给这一项或那一项公共服务的实施会带来特定利益。使用我们用以解释更一般情形的双服务模型，可以对这些彼此独立的集体的预测行为进行检验。一旦如此行事，便可以就这些制度对财政选择方式的影响进行推演。假设这两种服务最初都是通过指定用途税源进行融资的；且选择彼此独立。上述分析清晰表明，**如果**集体可以预料到结果会产生明显有利的预算比率的话，那么无论其是为支持哪项服务而组建的，都会有向一般性资金融资转变的激励。然而，除非二者之一在预测政治反应时完全错误，否则两个集体不会同时希望确保此类有利的比率。需求特征造成从有利的一般性资金融资方案中所确保的预期收益显著不同。相对而言，为支持需求弹性较大的服务而组织起来的集体通过有利的捆绑以确保收益更多。从预算组合中所捆绑的需求弹性较小的需求中可以获得大量"纳税

---

① 需要对图 6.2 左侧 I_p 曲线的上升部分进行一定的解释。当预算组合向有利于警务服务变动时，在两项服务上的估算支出都下降，如图所示。然而，随着消防支出占比逐渐减小，警务服务消费者的盘剥程度会达到某一最大值。高于该点，捆绑所引起的"相对税一价的减少"逐渐消失。

图示内容通过数学分析更为清晰，详见附录。然而，应强调的是，一般性结论既不依赖于具体例证，也不依赖于由此得出的曲线形状。

人剩余"。①获得支持的服务在每一笔支出中将得到较大份额，不仅如此，在两项服务上的总支出也会提高。因此，支持该服务的集体能够付得起在一般性资金融资方案中选择不利预算比率带来的风险。比较而言，支持相对无需求弹性服务的压力集团将不能确保从捆绑比率相对有利的变化中占据更多优势。尽管人们愿意从每1美元预算中获得更高份额，但潜在有利可图的"纳税人剩余"是十分有限的。该集体在从制度向税收合并的变化中将获利较少，且很可能损失更多。因此，它将倾向于选择继续使用或引入分离的预算账户。

此时的假设是，向一般性资金的财政安排转变的原因多在于，对那些支持从此类安排中收益最多的服务所造成的压力作出何种反应。如果该假设有效，且如果这种政治反应正如这些集体所料，那么改变指定用途资金融资的制度变化多少会导致总公共支出的提高。这一一般性结论在具有鲜明组织性的纳税人集体的行为和官僚机构的行为中得到进一步证实。以压低税率为目的组织起来而对公共服务收益熟视无睹的纳税人协会，可能会支持保留指定用途税收。与之相较，那种有组织的官僚机构则与纳税人的收益截然相反，且其兴趣在于扩大公共部门规模，于是貌似可能支持一般性资金融资。该影响超出了那种最大化预算部门权力的预算目标，当然，该部门支持一般性资金方案的理由甚至更明显。

当然，以上概述未必适用于所有情形，而经验检验会对我们通过分析所提出或暗示的基本假设进行反驳。整体而言，从个体自身的参照体系看，在指定用途资金融资和一般性资金融资下，哪一种财政制度的"效率"更高？这一问题尚未予以考虑。分析尚未考虑政治决策的成本，并且，如果将这些囊括其中，则一般性资金融资作为一种制度会变得相对更具吸引力，因为它使减少这些成本成为可能。在这一部分的研究中，暂不考虑上述性质，因为我们已假设制度的选择外生于个体。

---

① 通常，这一结论与伯斯坦（Burstein）有关垄断者捆绑销售的结论一致。如他所指出的，垄断者售卖一种必然具有价格弹性的产品时，将寻求搭售一种无需求弹性的产品。当然，该垄断者可以控制相应的比率。参见 Burstein, "The Economics of Tie-In Sales,"*Review of Economics and Statistics*。

此处对一般性资金融资的分析，比对垄断性捆绑销售的类似分析简单。在我们的模型中，服务无论是一起提供还是分别提供，其单位供给成本总等于向"购买者"征收的税—价。政府不追求盈利。对垄断者而言，单位成本和价格之差虽不必包含于财政模型中，但却是一核心变量。

第六章的数学附录

图 6.1 和图 6.2 中的几何图形根据这里所解释的数理模型画出。

Ⅰ. 构建两个线性需求方程，一个为消防服务，一个为警务服务。这两个方程的标准形式为：

$y=a-bx$，但必须满足以下附加条件。

当 $x_f=x_p$ 时，$y_f=40$ 且 $y_p=60$。

这些条件是由 40∶60 预算比率下"完全均衡"的定义所要求的。

Ⅱ. 消防服务的需求方程定义为

$$y_f=50-0.25x_f \tag{1}$$

求解该方程中的 x_f，当 $y_f=40$ 时，我们有 $x_f=40$。

现在求满足 Ⅰ 中附加条件的警务服务需求，如下：

$$60=150-40b$$
$$b=2.25$$

求得

$$y_p=150-2.25x_p \tag{2}$$

Ⅲ. 这两项服务的需求方程（1）和（2）是在以下数量单位下定义的：

1 单位消防服务指"个体以 40 美分的成本价格可获得的实物量"。

1 单位警务服务指"个体以 60 美分的成本价格可获得的实物量"。

Ⅳ. 由方程（1）和（2）构建出综合需求方程（3），

$$y_c=200-2.5x_c \tag{3}$$

这是在 40∶60 预算比率下 1 美元服务"组合"的需求方程。

Ⅴ. 在"完全均衡"处计算消防服务和警务服务的**总支出**。计算每项服务的**实际支出**，以及每项服务的**估算支出**。这些结果填入表 6.1，与 40∶60 预算比率相对。注意，根据完全均衡条件的定义，每项服务的实际支出解必等于估算支出解。

Ⅵ. 改变"完全均衡"所要求的预算比率。取一新的比率 50∶50。

在适当情况下改变两个需求方程中的**数量维度**，得到转换方程（1）′和（2）′，

$$y_f=62.5-0.39x_f \tag{1\ '}$$

$$y_p=125-1.56x_p \tag{2\ '}$$

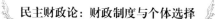

Ⅶ. 从方程（1）′和（2）′得到新的综合需求方程，

$$y_c = 187.5 - 1.95x_c \qquad (3)'$$

于是得到 50：50 预算比率下 1 美元服务"组合"的需求方程。

Ⅷ. 求解方程（3）′中的 x_c，当 $y_c = 100$ 时，即该"组合"的"成本价格"，得到：

$$x_c = 44.87$$

Ⅸ. 现在求解方程（1）′和（2）′中的 y_f 和 y_p，当 $x_f = x_p = 44.87$ 时，得到

$$y_f = 44.8$$

$$y_p = 55.2$$

Ⅹ. 从Ⅷ和Ⅸ中所得数值得到每项服务的**实际支出**和**估算支出**以及两项服务的**总支出**，并将这些结果插入表 6.1。计算如下：

总支出＝44.87×100＝4 487 美元

消防服务的实际支出＝44.87×50.00＝2 243.50 美元

消防服务的估算支出＝44.87×44.80＝2 010.18 美元

警务服务的实际支出＝44.87×50.00＝2 243.50 美元

警务服务的估算支出＝44.87×55.20＝2 476.82 美元

注意，总支出必须等于两个实际支出值之和，且还等于两个估算支出值之和。

Ⅺ. 以类似方式计算其余全部预算比率下的支出值，并将结果插入表 6.1 的合适位置。

表 6.1　在所选预算比率下的数值（按所定义需求方程；数值四舍五入）

单位：美元

预算比率一般性资金预算中消防/警务	总支出	实际消防支出	估算消防支出	实际警务支出	估算警务支出
00：100	2 400	0	0	2 400	2 400
01：99	2 429	24	31	2 405	2 398
10：90	2 707	271	325	2 436	2 382
20：80	3 079	616	711	2 463	2 368
30：70	3 516	1 055	1 145	2 461	2 371
40：60	4 000	1 600	1 600	2 400	2 400
50：50	4 487	2 244	2 010	2 243	2 477
60：40	4 795	2 877	2 299	1 918	2 496

续前表

预算比率一般性资金预算中消防/警务	总支出	实际消防支出	估算消防支出	实际警务支出	估算警务支出
70∶30	4 709	3 296	2 402	1 413	2 307
80∶20	4 000	3 200	2 400	800	1 600
90∶10	2 826	2 543	2 169	283	657
99∶01	1 712	1 695	1 652	17	60
100∶00	1 600	1 600	1 600	0	0

第七章　财政决策过程中税收
与支出之间的桥梁

引言

对个体而言，税收是政府所提供的有益于他的物品和服务的"价格"或"成本"。这种财政结构概念是本研究的核心，而且我们已将财政选择中的个体行为与市场或私人选择中的个体行为进行了比较。在市场中，个体根据给定的单位价格挑选一个偏好量，或者说，他将某项支出用于购买某种商品，这在给定价格下决定购买量。对所偏好的实物数量进行选择自动决定了总支出，或者反之，对支出额进行选择自动决定了实物数量。在任何一种情形中，假设购买者只做**一个**决定。我们不能荒唐地认为他分别做出两个选择，一个与即将购买商品的实物数量有关，另一个则与要支付的总支出有关。如果商品或服务可以在固定市场价格下获得，那么这两个决定合二为一。

就制度而言，个体有可能以这两种方式中的一种在市场中购买。我可以开车到加油站加 5 加仑汽油，或者，在另一种情况下，我可以买 2 美元的汽油。在第一例中，我决定买多少汽油部分决定着我花多少钱；在第二例中，购买量由支出决定。如果我面临的价格具有某种不确定性，那么在我决定的那一刻，数量和支出之间不必存在唯一关系。如果我加 5 加仑汽油，且只知道价格落在每加仑 30 美分到 50 美分之间，则总支出可能在 1.50 美元到 2.50 美元之间。或者反之，如果我在这种情况下买 2.00 美元汽油，我会得到的汽油在 4 加仑到 $6\frac{2}{3}$ 加仑之间。

基于早先的讨论，显而易见的是，个体的财政选择类似于此处的价格不确定情形。然而，在讨论时，我们还是在假设，财政选择依旧类似于市场选择，因此只做一个决策，并随之确定税率或总支出（公共物品量）。给定一具体税制，不是那种不变税—价的税制，则在任何个体的财政选择中必然残存某种不确定性。例如，就公共教育的某项支出进行的集体决策。这将相应地意味着对当地不动产所征的税率，且假设该税率部分地由支出决策决定。或者反之，为教育特别选定的厘金税率意味着某一可全部用于支出的岁入。

对几乎任何层级政府的实际财政过程稍加观察便可知道，连接税收决策和支出决策间的"桥梁"并非像早先模型所暗示的那样直接。在许多情况下，财政过程似乎体现出两种选择：一个是对公共支出计划规模的选择或决定，另一个是对税率的选择或决定。显然，那种允许将财政决策明显地一分为二的制度安排会影响决策结果。

必要而现实的"桥梁"

在某种**现实**意义上，只能有一个独立的财政决策。为简化讨论，我们的考虑再次仅限于单一公共物品或服务。事后观察发现，所提供的商品或服务存在一个具体数量。在对这一供给量进行集体决策时，为此调配了经济资源，而这些资源是从其他潜在用途中抽调的。这些资源在其他用途中的可能产出是所提供的公共物品或服务的**实际**成本，而且这一成本直接与单位数量相关。在资源用于私人部门的情况下，任何公共支出决策都意味着一种至少等于这一支出的货币价值的"征税"，即可替代产品价值的衡量。

公共物品或服务的实际成本产生于使用资源的决策，即公共支出的决策，这一观点与早先那种通过两种方式进行决策的观点是一致的。可以一个 $X\%$ 的比例对收益征税以用于提供公共物品或服务。抑或，可拨出 Y 美元用于在该物品或服务上的支出，同时在该税率下有足够的税额用于征收，可能会是 $X\%$。但根据实际成本原则进行的逻辑推演显示，征税，就其自身而言，因所获收入并未明确将用于提供公共服务，故不会强行增加实际成本。[①] 如果完全不考虑分配问题，这一推演是合理的。然而，在本研究框架内，实际价值法易产生误导，因为这里所聚焦的是个体的选择行为而不是总的结果。最终做出财政选择的是个体纳税人或潜在纳税人，无论对他征什么税都意味着他个人将承担一定的成本。他对经济学家的宏观经济真实变量大多置若罔闻。如果征税却不做支出之用，那么要想完全消除分配因素，唯一的制度方式就是以与获得这些税收相同的方式予以返还。然而，在此情形下，并不能说是真正做出了征税决策。

尽管公共支出决定和征税决定之间这种必要的"桥梁"对整个社会而言必是显明的，但作为参与政治选择的个体未必会认为支出方案与征税方案之间存在直接的相互依赖关系。他在多大程度上意识到这种潜在的实际依赖关系将部分取决于用以进行财政选择的制度。

个体选择的设定场景

我们已经指出，集体选择的参与者从来不会置身于与其在市场选择中所面临的完全类似的地位。他不会面临自身选择行为与结果之间的一一对应关系。在集体选择中，个体所能知道的最多只是，如果有足够多的同伴赞同他，选择便会有收获。详述个体在财政决策的两面性中与其在市场中所处地位最为近似的制度安排将是有所裨益的。如果该集体面临就单一税收收益所提供的一公共物品的数量进行决策，个体参与者应当发现，在账面的损益两侧间为自己打造一个性化真实桥梁并非不可能。在这一限定的例子中，要承认会有一侧存在残差项。当然，这并不是说，即使在这种限定的例子中，集体结果总是"有效率的"。这将部分依赖于集体决策规则的性质以及集体成员中税收和收益的相对普遍性。[②]

现在让我们考察一种更为熟悉的设定场景，此时公共资金的支出议

---

① 厄尔·罗尔夫（Earl Rolph）对这一点的强调是卓有成效的。参见 *The Theory of Fiscal Economics*（Berkeley：University of California Press，1954）。

② 如果社会中的税收和收益都体现出普遍性，那么简单多数决策的规则将不会扭曲结果。然而，如果一方具有不同的普遍性，就会引起扭曲。如果收益归于社会中的某些特定的小团体，而税收在全社会是普遍的，将会有一种趋势把支出扩大到"最优"水平之上。在 James M. Buchanan and Gordon Tullock，*The Calculus of Consent*（Ann Arbor：University of Michigan Press，1962）中对该结论进行了支撑分析。

案是在这些资金所需的税源并**不**确定的条件下提出的，并且，反之，考察的机制是：征税议案是在通过岁入所提供的公共物品和公共服务如何组合并**不**确定的条件下提出的。在这样的环境中个体将如何行事？首先考虑个体对会给他带来某种可衡量收益的公共物品支出议案的反应。如果他把支出决策与税收决策完全割裂开来，那么他会"投票赞成"将支出扩大到他自己对物品或服务的边际评价为零处。如果个体将决策过程中要决定的税收量和税收分配都视为完全与支出决策无关，那么账户两侧这种概念上的分离就是显见的。此类选择行为并不像初看起来的那样与现实经验无关。无论是在大众出版物还是在准学术领域，对各种公共服务的"需要"的讨论甚多。几乎无一例外的是，对这些"需要"的衡量都是独立于成本的。这一通过"需要"进行预算的方法恰恰是基于此处讨论的模型。[1]

当个体在没有正视成本的情况下对公共支出方案"投票赞成"或予以支持的同时，与之相同的个体则会以另一种身份拒绝支持任何新税法。极端独立模型的这部分表现在平日经历中并不多见，因为大多数人通常认为，至少隐约感到，他们必须同意纳税从而确保从公共物品中获益。尽管如此，如果个体认为这两个决策是完全相互独立的，那么他将拒绝赞成任何税法。

一个更具几分现实意义的模型是，某种成本意识会告知我们如何进行支出决策，而某种收益意识则会告知我们如何进行独立的税收决策，但是账户两侧权重不同。经验研究可能会发现一些特例，但立法会议有意分开投票支持一种高于分开选择的（包括债务分期偿还）支出水平所需的税收水平，这种情况确属少见。偏向何方似乎很明显。将财政决策分成两部分易于造成获批的支出额与获批的征税额之间的"赤字"。只要支出决策未考虑成本方面，所提供的公共服务就会趋于增至超过那种充分考虑备选方案时会产生的水平。反之，只要税收决策未考虑收益方面，总税收就不会达到为充分考虑备选方案后准备提供的公共服务水平所需的资金量。换言之，在这种民主决策模型中，获批的支出额和获批的征税额之间的缺口，将趋于"跨在""有效率的"财政决策可能产生的税收—支出的唯一解上。

这里要强调，此处讨论的获批的支出额和获批的征税额之间可能产

---

① 对于此观点有益的批评，参见 Charles J. Hitch and Roland N. McKean, *The Economics of Defense in the Nuclear Age* (Cambridge：Harvard University Press，1960)，pp. 46 - 49。

生的缺口，是在一种将财政选择分为两部分的制度场景中单一个体的选择结果。在这一点上，我们一直没有考虑在产生一个集体结果中彼此分开的个体决策是如何相互影响的。我们关注的核心问题是个体的计算，并且提到的缺口处于个体所偏好的支出水平和他所偏好的税收水平之间，二者都是在投票选择中的概念性表述。如果不考虑选择制度，难道这种缺口的存在不反映个体方面的非理性行为吗？如果他"理性地"选择，难道他不应当"穿越"可能存在的制度迷宫，而不管其多么复杂，并认识到独立决策之间实际上隐含着彼此相互依赖吗？为回答这些问题，有必要回顾一下早先给"理性行为"下的临时定义。对个体选择者而言，理性行为不必反映完全信息，原因很简单，保障信息的获取是一个成本不菲的过程。在任何具体的选择情形中，在信息搜集方面都存在某种"最优"投资，而即使有的话，其结果也很少完美无缺。选择所必须依托的制度显然会影响这一最优投资的水平，以及结果的完美程度。

对此情形下财政决策的明显分离进行审视是有用的。假设个体所面临的选择涉及他在单一公共物品或服务上或在某一指定服务组合上偏好的支出水平。在有限范围内，他意识到这些物品和服务将给他带来的收益。当然，由于他无法知道政治过程的结果，他的选择是在高度不确定的条件下进行的，但他很可能相当准确地估计出自己在公共物品供给水平所增加的收益中的份额。他将感到必须为这些服务提供资金，而且他也许有能力做一些向税收—成本形式的转换。但这一步很明显将比对收益进行的相应测算需要更多投资。决策过程的形式实际上会部分地解决他在一方面的信息问题，但不会解决另一方面的。他面临公共支出方面的问题。他必须自行进行税—价转换。

将这一情形与同样的个体选择税收水平而不考虑支出水平的情形进行对比。在后一情形中，计算是反向进行的。决策制度本身对个体计算税—价会有一些帮助，但完全模糊了公共物品的收益。不出所料，绝大多数的个体在这两种情形下的行为是不同的，并且结果是，容易出现上述缺口。在一种情形下，个体对收益了如指掌，而在另一种情形下，是对成本的了解。

闭合缺口

从分析个体决策的计算转而分析集体决策的计算，要求考虑通过一套政治决策规则处理个体所表达的愿望。如果承认每个人在进行支出决策时都希望把税收—成本转移给其他集体成员,并且税收决策也是如此,那么此处讨论的效果肯定会得以加强。然而,尽管对政治结果参考一二似有必要,但把集体决策的问题整体留给后面的章节却是有用的。为此,我们可以简单假设,我们所讨论的个体在多人社会中为一"中值"人或"代表"人。

在总量上,必须闭合所获批的支出水平和所获批的税收水平之间的潜在缺口。本章通篇我们都在假设存在一种整体预算平衡限制。并且为避免使这里的讨论显得过于抽象,值得一提的是,这里所提到的那类冲突与真正的财政制度中所发生的情况相仿。报纸上的新闻有州政府和地方政府面临财政"危机"、教师欠薪、修路合同无果而终。如何解决这些冲突,无论是实际的还是潜在的,并且如何对解决的方式进行某种预测?效果的总体走向似乎是无法预测的。当面临潜在的支出超过岁入时,是增税以应对赤字还是削减支出?在每一种情形中,结果将由力度较大的规则决定,在某种程度上遵守宪法规定。正是财政冲突使支出和税收决策之间那种必要的最终相互依赖性浮出水面,并使矛盾的解决成为必需。这将引起对两种选择重新进行评价,而且无法预测出结果通常以何种方式出现。

我们知道,政治结构在运行时确实包括那些倾向于使财政决策明显分为两部分的制度。然而,同样是这些政治结构还包括其他用以解决潜在冲突的制度。历史上,立法机构是个体表达偏好最直接的方式,它们对岁入决策的控制比对支出决策的控制更大。这一不对称性部分源自君主制向民主制的发展。代议机构——议会首先取得了限制国王征税特权的权力。在向人民征税前,审批权被授予代议机构。因为假设公共支出主要为皇室朝堂提供收益,至少在君主立宪制早期是这样的,所以并不考虑账户的支出项。税收被视为是向人民收取的必要费用,但是它们实际上并没有被视为任何"交换"过程中的部分,民众得以从中获取公共收益。公共财政的现代制度和现代理论正是从财政过程这一概念中发展出来的。

现代民主国家的出现极大改变了财政过程的设定场景,但只是最近人们才注意到有必要修改陈旧的规则。当皇室朝堂被行政部门所取代,君主制被共和制所取代时,税收仍被视为维持"政府"开销所必需,且如有可能,应当最大程度上将税负最小化。令人惊奇的是,甚至到现在,人们一直仍未承认这样的观点,即分析到最后,税收必须被视为向同样的纳税人提供收益的公共物品或公共服务的"成本"。

随着现代行政体制的发展，传统的不对称性仍然存在，但部分也是由于这些体制，上述讨论的决策冲突已得到缓解。行政部门通常对预算和支出计划的控制比对税收项的控制更大。从各司其职的意义上讲，行政部门比立法机构对个体公民的愿望所负的责任少，因此行政部门可以通过支出预算协调收入和支出两方面的预测。而且部分是由于普遍存在着以上所讨论的那种冲突，现代预算制度才获得了发展的动力。以上归纳很大程度上与美国的政治结构有关，而它们不太适用于真正的议会体制。

政府为满足支出需要而调整收入？

以上结论认为，当民主政治结构中出现分离决策冲突时，便无法预测调整通常的走向。这与公共财政中一个由来已久的观点背道而驰。尤其是在一些较早时期的论著中，强调政府账户和私人账户之间的区别，这一方式提出了一种专门解决冲突的办法。"虽然个体或家庭倾向于通过调整支出以适应收入，但政府则通过调整收入以适应其支出需要"。如果这一"原则"普遍有效的话，那么基本的不同则表现为个体在家庭和公共账户结构中的行为方式。但是，此处这种并不真实的类比概念能称得上有效吗？特别是在代议制民主政体中，最终所有的财政选择都是由个体直接或间接做出的，而不是由"政府"做出，后者完全脱离民众而存在。个体"投票赞成"公共支出就是一种类似于他花钱购买私人物品的"支付"方式。他决定用税收抵补开支，赞成政府向他本人和他人征税，以便融得资金从公共部门进行"购买"。最终，收入约束正如在私人支出中那样也适用于此处。个体要做的是调整他在私人和公共方面的总支出以适应其收入，而收入本身正常情况下只在相对狭窄的范围内才可调整。那种关于收入约束关乎对私人支出的限制而与限制公共支出无甚关联的普通传统观念并不适用。没有理由认为，正如上述所隐含的，应对税收进行必要的调整以适应所获批准的公共支出模式，而非调整支出水平以适应所获批准的税收水平。调整的方向肯定将依赖于每种冲突的具体情况。

结论

　　民主立法机构的主要压力源自一方面既要减税，另一方面又要扩大公共支出，原因在于政治社会中各集体之间的分歧。财政选择的这一分配方面在此已被有意忽略了。本章意在指出，即使不考虑那些可能产生于集体间的分配冲突，决策制度本身可能也使相互依赖的财政账户被视为体现着两种明显的选择，其结果可能相互冲突，甚至在个体计算中也是如此。要想准确预测出这一制度的影响会从哪个方向对财政结果起作用，或衡量其整体重要性，是不可能的。可以认为，这种明显的分别决策只要出现，就倾向于在财政选择中产生过度的不确定性。在平衡预算条件下，公共支出决策隐含着税收决策，而税收决策同样隐含着支出决策。只有当实际的财政选择制度以反映在个体参与者所面临的备选方案中的基本常理进行组织时，这些不确定性才能得以最小化。当前对美国国会的批评集中在其不能同时考虑支出决策和税收决策。当然，对于在财政决策过程中怎样引入所期望的对称性最为适宜，以修复税收和支出之间的桥梁，人们观点各异。但是公民个体能否更为理性地通过立法过程选择公共物品和私人物品的组合，关键取决于其能否对学术和制度上所承袭的错误进行某种更正。

第八章 "财政政策"与财政选择：
不平衡预算的效应

引言

在决定支持还是反对公共支出扩大方案时，个体必须以某种方式在收益和税收成本之间搭建桥梁。上一章考察了在预算平衡全覆盖的约束条件下选择制度会如何影响这种桥梁的搭建。这一约束条件，如果为个体参与者所知，则会为比较成本和收益提供便利。下一步的分析允许预算不平衡，并且我们力求找到这一单一的制度变化对个体计算税收和支出两方面的决策所施加的种种影响。初步的基本结论是：此处比较成本和收益比在收支完全平衡的体制下更为困难。

不平衡预算在现实财政制度下几乎总会出现。任何严格的平衡预算限制最多是必须被视为仅仅限于完全简化模型，而对于那种允许不平衡情况的更具一般性的模型而言则是初步的。然而，早先的讨论是有帮助的，因为它便于将视线集中于不平衡情况对诸如个体行为方面的影响。

财政过程被明显地一分为二意味着在公共物品和服务上所偏好的支出与所偏好的税收水平之间会产生潜在的缺口。除非这些缺口被消除，否则预算赤字总会从民主决策过程中浮现出来。在我们之前的模型中，赤字因为平衡预算所限始终有出现的潜在可能。一旦我们剔除这一限制，潜在的赤字就会变成实际赤字。如果政治决策制度将财政选择明显分为各自独立进行的税收和支出选择，那么作为计算个体选择一部分所预测的潜在赤字将倾向于通过全体成员间的相互作用转而成为总的结果。

如果允许赤字发生，就必须为它们融资。并且，为它们融资的方式本身就可能对个体合理比较公共收益和公共成本的能力施加重要影响。广义上讲，只有两种为预算赤字进行融资的方式。一种是借款，即发行需支付利息的债券以换取当前对购买力的控制。第二种是印钞，即通过发行或创造不需支付利息的货币，这作为购买力被直接接受。不平衡预算对财政选择的各种效应必须在两种融资方式中分别予以考察。这其中的第二种方式，即货币创造，则只能由拥有有效的货币创造权的政府部门执行，通常为国家级或中央政府。但是一国政府还要对经济体中总体经济单位的水平和变动负有一定责任，包括收入、就业、物价水平。这一因素使此处的分析进一步复杂了，因为很明显，税收和支出决策之间的**现实**桥梁主要依赖于整体经济状况。有必要考察一下整体经济的变化，即宏观经济的变迁，如何影响个体自身在财政账户两侧之间的桥梁，并且由此，如何影响他自身在进行财政选择时的行为。

实际债务和预算不平衡

甚至对于单一个人或家庭而言，私人预算也不必在一个或每个记账期内保持平衡。"去借债"或从内部或外部借款几乎总会提供解决收入与支出之间冲突的方式。然而，对于单一家庭而言，债务问题直到采取更为持久的调整措施之前最多只提供了一个临时协调，以获喘息之机。借款，作为私人预算中抵补赤字的一种临时方式，其影响在一些情形下很可能是重要的，但是此处无须进一步考虑。

就政府部门而言，作为一种为公共支出融资的方式，用借款替代征税，这在一定范围内几乎总可施行。我们的问题是：公民个体对发债能够弥补赤字这一点的认识将如何影响他们的选择行为？让我们再把这一问题化简为一个可能的至简模型。假设支出仅用于提供一项公共物品或服务，并假设只使用一种税负。个体面临的是一个明显的双项选择，即一面是公共支出额，另一面是税率。然而，一旦我们允许可能的发债行为，则不必在支出与税收决策之间构建**实际的**桥梁，即使对全社会而言亦然，因为在向所提供的公共物品和服务提供支付时不必从私人支出中提取相应数额用以作为公共支出的资源。[①] 如果政府借款为弥补所偏好的支出水平和所偏好的税收水平之间的差额提供了手段，那么就任何当期意义而言，这两种主要的选择不仅对于集体选择的参与个体，而且对于整体社会都变成**独立**进行的了。在这种条件下，集体支出决策并不隐含当期进行的集体税收决策，而集体税收决策也不隐含当期进行的同样数额的集体支出决策。

因此，选择发债容易使在权衡财政选择的成本和收益两方面时出现更多分歧。当面临扩大公共支出方案时，若其他条件相同，个体将倾向于进行对自己有利的选择而非平衡预算模型中所选，前者的机会成本更低。出于一些原因，他将不会把发债所包含的未来税收的贴现值视为与不经贴现的当期税收相等。换言之，可以预料个体此处会"投票赞成"更大一些的公共支出扩大方案，而不是他在"无债"模型中所支持的。在预算过程的另一方面，当面临税收选择时，他将因可以得到借款而不把集体的岁入不足与公共服务的削减直接联系起来。与在"无债"模型中相比，他对赞成增税将有几分更不情愿之色。从个体选择模型中得出的预测将倾向于转换成集体社会结果。

应该强调的是，这些在公共借款对财政选择的效应方面所得结论完全有别于那种关于借款是否"应该"替代税收融资的规范问题。所得的这些结论不仅严格，而且明显符合直觉。借款使个体更不情愿对人对己征收当期税负，而宁愿选择扩大公共支出方案。

对这一倾向的认识晦暗不明更能说明那些施加于各级政府部门的法定税收限额的来源及广泛使用。如果不规定此类范围，比如像对地方政府那样，尽管不断增加的信贷成本可能阻碍支出的过度扩大，但民主选择过程的运转很可能会产生超出"能力"所限的发债额。然而，强行设限进一步加大了出现决策冲突的可能性。如果当地社会赞成 X 美元的支出，并赞成能带来 Y 美元岁入的征税，但仅允许借款 Z 美元，那么当 Z 小于 X 与 Y 之差时，就会出现必须予以解决的冲突。并且当那些被设计用来最大限度减少过度发债问题的法定债务限额抑制了必要的"生产性"借款时，就出现了严重的低效问题。

---

① 当然，用于公共支出的资源必须来自整体经济之中。然而，如果发债，那么那些放弃购买力控制权的人会通过普通的自愿交换过程如此行事，而这绝不是说他们为从所提供公共服务获得的收益"付费"。以上全部内容，参见 *Public Principles of Public Debt*（Homewood：Richard D. Irwin，1958），并且，更新的讨论，参见 James M. Ferguson（ed.），*Public Debt and Future Generations*（Chapel Hill：The University of North Carolina Press，1964）。

　　就某种意义而言，地方政府的借款类似于家庭或私人借款，因为它只能弥补临时和异常赤字。在不能倚赖货币创造的情况下，地方政府必须注意其自身资信问题。地方政府借款与家庭借款之间仍然存在着根本不同，这是不应忽视的。后者通常有一个单一负责决策的单位。比较而言，在民主政体中，个体参与者意识到，就个体层面，他不负责集体或集体决策。他参与这些决策，表达自身喜好，并多少能准确认识到集体选择影响他自身的福利。然而，他将不会感到他在私人家庭决策过程中所感受的所谓"单位责任"。换言之，正是因为他是"个体"，因此他将不会把自身的收益和责任完全等同于其所处政治团体的收益。也就是说，他在政治团体中的成员身份允许他在有限财政责任制下行事。如果他的地方政府的民主过程将发债额扩大到无法偿付的水平，那么个体对社会债务并无偿债义务。出于决策的目的，他所处的地位很像有限责任公司中的股东，但缺少后者对"效率"的兴致。

国债

　　个体以地方政府单位成员的身份所可能感受到的任何财政认同感都会随集体中公民人数的增加而变得愈加弱化。在国家政府层面，个体公民则实质上没有私人财政责任感。这使得所说的公共借款对财政选择的影响在国家政府层面更为显著，即使我们仍处于个体计算范围内并忽略在这一层面上税收决策和支出决策所涉及的对集体之间冲突的重要考量。为阐明此观点，考察美国 1963—1964 年期间公民个体在讨论减税问题中所起的作用。他向国会议员写了什么？或者他本该写些什么？并且什么是他进行选择时的基本因素？通常，讨论减税问题时不涉及公共支出。个体所面临的是对他在减税方案下可以确保的额外私人资金进行相当准确的衡量。对他而言，采取对减税有利的行动会有哪些成本？显然，他知道这些成本不会表现为当期所提供公共服务水平的任何减少。事实上，并无与他能抵偿从他所承诺的减税中获利的明显成本。他认识到发行国债（和/或货币）以为他参与的政治决策过程所导致的任何可能增加的赤字融资。

　　类似的行为能够在账户的支出侧预测出来。如果在 1963 年的中期问一个公民对议案中扩大联邦太空计划的看法，他会粗略地以某种方式从体育、国家名望、勇于冒险、技术扩散等方面细数益处。但会有哪些成本？他不会将太空计划的成本说成是增加的税负。并且出于一个非常简单的原因，即个体知道他不必支付此类税款。当可以通过借款替代征税时，如果制造赤字不受法律约束，那么可以预料，民主选择过程会导致预算赤字的出现。

当然，当预算赤字的出现是根据"财政政策"理性为之且具正当性时，这一结果便得到了强化。出于已知的原因，在支持赤字方面，凯恩斯主义和新凯恩斯主义的争辩倾向于加重民主政府制造赤字的趋势并使之合法化。然而，如果这一倾向如此普遍，那么问题来了，为什么甚至在凯恩斯开始受到拥戴之前制造赤字并没有失控？答案不在于作为公民的个体所表现出真正的财政责任感，也不在于他的立法代表通过他做出税收和支出方面的日常决策时表现出的这一责任感。相反，答案事实上在于对发债（和/或货币创造）的"法律"限制，即使是在国家政府层面也是如此。尽管并无此类成文，但"平衡预算规则"已是更广义的美国成文财政法律中不可或缺的一部分。似乎很有可能的是，仅是由于这一限制的力量，又部分是基于对传统道德观的考量，便已在过去一些时期使赤字保持在合理适度的限度内。只要公民个体接受预算平衡的"神话"，这一不成文的法规将继续对制造赤字行为施加限制。凯恩斯主义和新凯恩斯主义的争辩将破坏这一法规的"法律"地位。

有必要再次指出，此处的分析与此类结果是否令人满意无关。有关偏向制造赤字的结论本身就不具有任何有关公共支出水平和征税水平的特定含义。民主程序在运行时有产生预算赤字趋势的说法，并不是指公共支出方案"太大"。这后一个含义只有在人们一致认为不"应该"发行公债时才能成立。显然，这种规范意义上的同意是没有基础的。于是，所有这些都意味着，较之于不存在债务（和/或货币创造）选项的情况，公共支出很有可能趋于更大，而征税则更小。

这一非常简单的结论相当于是说，作为一种替代征收的制度，国债倾向于产生预算赤字。这可能看起来像是一种同义反复，因为在没有债务的情况下，暂且不考虑动用创造货币的手段，赤字是不可能的。但这一结论比其所指更具深意。引入债务以代替征税使得个体在成本和收益之间搭建桥梁更为困难。这一实证性结论应该允许对其派生出的假设进行经验检验。此处的分析并不意味着在很多情况下随便出于什么原因诉诸借款并非所愿。这一分析也并不意味着凯恩斯主义破坏或试图破坏预算平衡这一有效的"法律"规则单独看来并不理想。

货币创造

绝不应当把发行公债与发行货币相混淆。没有什么比经济学家长期不懈地拒绝明晰此二者的区别更加困扰现代经济政策的分析了。公债体现了在发行后的一段时期支付利息的义务。货币创造并不包括这种义务，因此货币的发行变为一种明显不同的财政手段。对于拥有创造货币权的政府而言，为弥补因所偏好的支出率和所偏好的税率之间出现的缺口而可能产生的赤字融资有两种方式，而不是一种。这里的一个相关问题是，货币创造在影响个体财政选择行为方面是如何有别于借款的？

为回答这一问题，有必要在经济运行状态方面做一些假设。如果资源得到充分使用，或其使用程度达到总需求增加将导致价格水平上升而产量并不上升的水平，那么发行新货币就等同于对现金的使用者和持有者征收间接税。因此，在这一有限情形下，尽管在获批的公共支出和税收水平之间存在初始缺口，但当新货币"税"被用作残项融资手段，即平衡器时，那么在任何真正意义上就不会出现实际"赤字"。只要个体认识到这一点，并且在他计算选择时克服了那种明显由货币发行创造出的幻觉，那么较之于在真正的公债发挥平衡器作用的情况，他会更不情愿赞成新的支出项目。只要他能在成本和收益之间搭建合适的桥梁，在这一模型中进行货币创造的这些成本便能以当期收入单位来衡量。比较而言，在债务创造的情形中，对成本进行可比较的衡量必须以未来收入单位的现值进行计算。其他条件不变，只要未来的税收不被完全折现为现值，就会有某一趋势使残项借款手段比残项货币创造产生更大的预算赤字。这一结论依赖于个体能够排除那种货币创造必然引起幻觉这一假设。当然，这是一个重要的限制条件，并且这一幻觉的效应可能大大超过此处所强调的那些作用。

货币创造与失业

当我们脱离了充分就业模型时，就必须对该分析加以修正。现在考虑极端的反例。假设存在未经使用的资源以致总就业和总产出扩大却不会引起通货膨胀。在此情形下，通过货币创造为预算赤字融资的方式并非在向现金持有者和使用者征收当期的间接税。承认现实世界中存在着这一限制情形，这是凯恩斯主义"革命"在思考经济政策时的实质创见。深度萧条似乎是 20 世纪 30 年代的特征，在这种环境中，扩大公共支出的决定，无论就当期还是远期而言，都不意味着是在抵偿作为选民—纳税人—受益人的个体的实际成本。阿巴·勒纳（Abba Lerner）教授早先坚持的观点基本上是正确的，即在这种情况下，如果纯粹通过货币创造为赤字融资，那么就不存在公共支出的潜在实际成本。[①] 无论是在社会层面还是个体层面，都不存在**实际的**桥梁，也不存在征税所需的符合逻辑的经济基础。正如集体成员所面对的那样，通过他们的立法机构，用货币创造为预算赤字融资成为将经济现实逻辑转换成有意义的决定的方式。实际上，在这种情况下的"理想"结构只用于提出支出决定。若非如此，人们便希望将支出决定与税收决定完全分开，而直到整体经济增长要求对财政账户两侧之间的桥梁获得认可，理想中的理性行为才会同时赞成扩大支出和减少税收。准确地讲，凯恩斯主义和新凯恩斯主义对预算平衡规则发起攻击正是为了促进财政决策真正分离。当然，难处在于，"法律"规则在某些情况下可能有助于约束选择行为，但在其他情况下却变得不尽人意，反之亦然。如果凯恩斯主义攻击的最终效果是破坏预算平衡规则，那么毋庸置疑，在深度萧条时期进行的财政选择将因为这一期间平衡制度扭曲个体选择而予以"完善"。然而，实现这一点很可能是以"恶化"高收入和高就业时期财政选择的结果为代价的，此时预算平衡规则确实为做出最终选择的人在账户两侧搭建合适的桥梁提供了帮助。

在常态下，经济既不处于上述意义上的"充分就业"，也不处于相反意义上的"失业"。几乎在任何时候，总需求的增加将**不仅**引起就业和产出的某种增加，**还**引起物价上的某种上涨。当然，这种就业—产出效应和通胀效应的组合，将随着所谓的"商业周期"而变化，但这两种效应在某种程度上通常一并出现。让我们再考察一下个体在面临联邦税收法案和联邦拨款措施时的财政选择行为。假如他假设从税收—支出间的联系中出现的赤字只通过货币创造进行融资。他将如何在成本和收益

---

① 早先的论述，参见 A. P. Lerner，*The Economics of Control*（New York：Macmillan & Co.，1944）。

在这种情况下通过发放带有利息的债务来为赤字融资是不合情理的。这会造成一种实际成本，表现为未来税收的贴现值，当未经使用的资源达到假设的程度时，这一成本便完全没有必要了。其间的利息成本可能较低，这一事实并不会改变这一基本论点。只有从规则的功效角度对货币创造进行某种辩驳，才能为这里的发债提供辩护。

之间搭建必要的桥梁？很可能，他将结合周期中的所有阶段，倾向于赞成比征税情形下需要更多税收的支出项目。对创造赤字的普遍偏倚仍然存在。但是政府支出项目的实际成本将在经济活动的不同阶段变化多样，并且，理想状态下，选择行为应该体现出对这一多变性的某种认识。然而，这一多变性显然给个体计算决策额外增加了不确定因素。当他给他的议员写信赞成时，比如说一项反导导弹扩大计划的议案，他预测此项扩大计划使他自身承担的成本是多少？假设税收结构既定不变，并且假设在考虑财政决策之前岁入正好等于总支出，个体粗略地知道他需缴的总税负是多少。但是他现在提议扩大公共支出比率，而同时税率不变。他将如何估测他的成本？如果该议案获批，并且创造出了赤字，那么结果就会是物价上的通胀和（或）更高的国民产出。个体所承受的实际成本将根据赤字—货币创造的做法所产生的物价和产出效应的精确分离情况而发生很大变化。如果赤字扩大总产出，那么就会确保近乎无成本或无成本地增加导弹防务的供给。另一方面，如果结果是物价上的通胀，那么个体通过持有和使用现金来承担防务供给增加所仅有的实际成本。为将支出议案合情合理地准确理解为税收—成本，个体必须预测出整体国民经济中那些总变量的变动情况。反过来，这一变动又依赖于该体系中所有经济单位的行为，以及外部变量。难以想象的情况是，个体计算选择时所存在的相互依赖性可能更大。

债务创造、货币创造和不确定性

上述分析表明，在这两种极端或限定模型中，无论是充分就业模型还是失业模型，作为残项融资制度的货币创造应该比发行债务对财政选择中理性的个体行为更为有利。如果就业实际上是充分的，货币发行便等同于当期税收，这更可能比债务发行中所包含的未来税收得以正确地权衡。在此类情形中，民主决策过程中产生的赤字，在货币创造情形下可能比在发债情形下的赤字多少小一些。另外，在凯恩斯主义失业模型中，货币创造并不包含实际成本，并且这显然应该会比发债产生更大的赤字，而发债即使没有为个体参与者所完全感知，也确实能体现出某种实际成本。结论肯定是，无论是在两个模型中的哪一个中，发债都是一种次优的残项融资手段或制度。

只要能确切了解就业—产出效应和价格效应之间的组合情况，对那些允许某一组合情况的模型，货币创造相对而言便仍为更有效的残项融资制度。在此类情形下，如果个体知道潜在的赤字将通过货币创造而不是通过发行带有利息的债务得到资金，那么他将总能较好地比较成本和收益。然而，如果关于就业—产出效应与价格效应之间的组合表现出不确定性，那么这一结论就必须进行修正。此处可以有逻辑根据支持次优或相对无效的制度，并且诉诸发债这一残项融资手段可能是正当的。考虑一种大体等同于美国在 20 世纪 60 年代早期所面临的情形，当时的失业率相当高，但对于这是由于总需求不足还是由于结构性因素引起的则引发了激烈争论。我们可以在此情形中对这两种残项融资制度进行比较。认为总需求不足这一原因更重要的个体在选择公债下比在选择货币创造下更倾向于给支出计划的实际成本以更高的评价。另外，认为结构因素这一原因更重要的个体在选择公债时比在选择货币创造时更倾向于给支出计划的实际成本以更低的评价。选择公债的作用在于使这两个评价更趋于一致，但在每个评价中也提供了对误差的某种内在抵消。在明确可能出现误差的条件下，倚靠发债的方式很可能导致更为理性的选择行为。

"职能财政"的管理体制

人们早期热衷于凯恩斯主义的观点，政策方案的提出很少顾及政治决策制度的结构，而此后人们则开始对预算不平衡问题和"财政政策"进行更具现实意义的讨论，并且这种讨论仍在继续。一国政府的预算在实际的民主过程中会如何作为一种整体性政策工具用于使各项宏观经济变量维持在所希望的数值上？人们广泛认识到，"职能财政"是出于宏观经济政策目标对预算进行的有意操纵，在岁入和支出受制于代议制立法机构时几乎不能起到良好作用。人们认识到我们所讨论的对赤字创造所固有的偏倚，以及财政政策武器的其他结构性缺陷。人们对职能财政可能给整体周期带来对称性的希望已不复存在。对于这些事实的广泛接受使得财政政策的倡导者们提出对基本制度结构进行修正，提出议案将税率和支出率的决策权转给行政机构，并从直接的立法控制机构中剔除。本研究主要关注个体公民，假设这些选民给行政机构带来的直接财政压力较小，并假设行政机构能够更为"有效地"运转。假设税率和支出率能更为自由地上下调整以促进宏观经济目标的实现，并且民主决策过程的固有冲突会大量消除。货币和信贷委员会（The Commission on Money and Credit）在 1961 年提出在此方向迈出一步，即授予总统相机决策权，使其能够上下调整种类 I 中的个人所得税率以利于财政政策的实施。

让我们假设除现在所拥有的权力之外，这种相机决策权也被立法机构以某种准立宪式的授权方式转移到行政机构。行政机构于是便被授权扩大或削减支出项目并降低或提高税率。如果我们假设这一选择主要是通过代议制立法机构做出的，那么这种改变便会明显影响个体财政选择，后者是我们关注的中心。将补充的权力转移给行政部门会使对最终财政决策的有效控制与个体公民进一步脱离，并且在有关个体确保从政府项目中得到的收益与他通过付税所必须承受的成本之间的关系上增加了不确定性。在向行政部门另外授予"职能财政"决策权，或称对私人物品和公共物品之间的最终组合以及公共物品构成的决策权的同时，却不另外给予行政部门自身基本的财政决策权，这显然是不可能的。

在美国目前的制度结构中，这一权力在很大程度上已为行政部门所拥有。提高或降低支出率是可能的，特别是在国防预算方面，并且某些相机决策权还表现在税收方面，明显的例子与折旧规定有关。此外，行政部门在为全部政府财政运转做计划方面对支出预算负有正式的责任。然而，正如各种方案所建议的，有可能进一步将权力转移给行政部门。这一变化将减弱个体对决策的控制力，并且在一定程度上，只要行政部门对来自选民的压力一直无动于衷或不大敏感，那么本章及上一章中所分析的那种偏倚性可能会减小。在这种行政权力决策制度下，本研究中进行的全部分析会发生性质上的改变。在此类制度中，个体公民的决策主要限于"选择选择者"范畴，或许那些公共财政理论的传统模型，即那些隐含着将决策者与公民向分离的假设的模型将变得更加合适。

规则体系

认识到平衡预算约束对民主决策过程的用处以及允许把预算不平衡作为宏观经济政策中的一种武器，使得人们提出了预算财政政策规则的各种方案。"充分就业水平上的预算平衡"规则是其中最重要的一个。这一规则于 20 世纪 40 年代提出，并在 20 世纪 50 年代被广泛接受为政策准则。在一定程度上，该规则在 20 世纪 60 年代被"潜在国民生产总值水平上的预算平衡"规则取代了。尽管这些规则就政策而言有理有据，但它们针对的是复杂问题，限于专家层面，而不能指望它们为潜在的个体纳税人—受益人甚至其立法代表意识到。不能指望此类规则会显著减少民主过程中因放弃严格预算平衡规则而产生的偏颇。

还有一些议案就一段时间内货币供给的增加问题引入了更为明确的规则。此类议案，要想如愿以偿，就得要求新货币的发行仅仅通过预算进行。如此，预算赤字将是国民经济增长中的持久特征，但此类赤字将受到货币增长规则的严格限制。这一与米尔顿·弗里德曼（Milton Friedman）教授有关联的货币增长规则建议并不很能适应宏观经济目标所要求的日常调整，尽管如此，较之于在更为复杂方案下出现的情形，公民个体还是有可能对公共计划的成本和收益进行比较充分的考虑。

结论

在实际充分就业的体系中，预算不平衡对个体能够恰当地比较公共服务的收益和税收—成本方面产生的影响显然不能令人满意。认识到所偏好的支出水平和所偏好的税收水平之间的残项资金缺口将通过公债发行或货币创造进行填补，肯定将会使个体既不很情愿也没兴趣在财政账户两侧搭建起在信息畅通条件下进行财政决策所要求的桥梁。

然而，预算平衡的严格要求在失业期还将扭曲个体的选择计算。在预算平衡约束下，个体必然将高估公共支出计划在此类条件下所涉及的实际成本。新凯恩斯主义实质上混合了充分就业模型和失业模型中的那些可能出现的元素，在这一世界里，预算平衡并不严格，并且缺少一致同意的替代方案，以至不可能对成本和收益进行任何合理的比较。只要政府预算不受可预测到的规则的约束并被用于实现实质上属于宏观经济范畴的目标，个体通过正常民主程序对预算规模和构成进行控制的范围必然会逐渐减小。如果因为在预算账户两侧之间的关系具有不确定性，而公共物品对个体实际"价格"的变化持续且不可预测，那么个体怎样才有可能回答这个问题，即我应该"购买"多少"公共物品"？

第九章　个体选择与公共物品的
不可分割性

引言

　　本书介绍的分析模型包含了这样一个核心假设，即财政过程中的个体选择行为在某种程度上与市场选择类似，至少从将市场选择用作适当的基准来进行比较这一程度上是这样的。需要为这一假设进行某种辩护，甚至不惜以大大偏离"纯公共物品的理论"为代价。特别是，尽管承认了来自公共物品和服务的收益在群体中具有不可分割性，并且，结果是，与此类物品和服务的供给和融资有关的集体决策具有不分割性，但似乎要表明个体选择行为经得起科学分析和解释这一点是必要的。

　　恰恰是不可分割性的存在才导致个体隐藏他行为的"真实偏好"，以阻碍社会或集体决策过程中取得互利的结果吗？这些问题尤其与现代公共物品理论中"搭便车者"论调的重要性存在关联。如果仅仅通过众人分享共同收益这一事实就可以表明单一参与者财政选择的行事方式与市场选择不同，那么这里的全部研究所基于的方法论框架就会受到相当严重的破坏。无须强调的是，我将努力表明那些由"搭便车者"论调所提出的问题在本研究对个体财政选择进行分析的制度环境中不会出现。这并不是说此论调不正确。它从根本上讲仍是合理的，但它仅在与不同于此处所接受的选择环境中才变得有关联。然而，我将提出，仅由集体选择这一事实对个体行为施加的影响与那种预期由"搭便车者"因素所施加的影响并无不同。

"搭便车者"论点概述

如果个体并不寄望于获得那些以他们自身效用函数衡量的明显收益，他们便不大可能采取涉及成本的行动。如果一个人预期到在任何情况下都会有人使他得益，他就不会自愿地发起个体行动。特别是如果与他产生相互作用的人很多时，个体便可能认为其自身行为无论如何也不会影响他人行为。在这种情况下，他便简单地以一种类似于对自然环境做出反应的方式对"他人"的行为做出反应或进行调整。效用最大化行为并非指为达到公共目的而独立或私自采取的自愿行动。承认这一事实是提出"搭便车者"论点的基础，而对该论点的讨论已与集体组织的很多理论与现实问题联系起来了。如上所言，该论点已居于现代公共物品理论的核心地位，该理论归功于萨缪尔森和马斯格雷夫的贡献。①

正如此规范理论所明示的，就纯粹意义上的公共（或集体）物品和私人物品共存的世界中的帕累托最优，对其必要边际条件进行正规表述并非难事。然而，当意在通过貌似可行的个体选择制度将这些正规条件转换为可以达到的结果时，就出现了困难。在此层面，私人物品的世界与公共物品的世界是截然不同的。前者，市场或交换组织倾向于产生满足必要边际条件的结果，至少接近并服从于可明显界定的边际约束条件。个体以消费者、企业家、生产性服务卖主身份做出自己的选择；通过这些彼此间的相互作用，便能达到帕累托福利面上的某一点，至少在概念上如此。然而，一旦引入公共物品，市场组织在某种程度上便会

---

① 参见 Paul A. Samuelson，"The Pure Theory of Public Expenditures，"*Review of Economics and Statistics*，XXVI（November，1954），387 - 89；"Diagrammatic Exposition of a Pure Theory of Public Expenditures，" XXXVII（November，1955），350 - 55。R. A. Musgrave，*The Theory of Public Finance*（New York：McGraw-Hill，1959），尤见第 4 章和第 6 章。

对"搭便车者"问题的具体分析，参见 Otto A. Davis and Andrew Whinston，"Some Foundations of Public Expenditure Theory"（Mimeographed manuscript，Carnegie Institute of Technology，November，1961），和 Mancur Olson，Jr.，*The Logic of Collective Action*（Cambridge：Harvard University Press，1965）。

对该问题的早期重要认识见 Knut Wicksell，*Finanztheoretische Untersuchungen*（Jena：Gustav Fischer，1896）。

在伦理学方面的应用，参见我的 "Ethical Rules，Expected Values，and Large Numbers，" *Ethics*，LXXVI（October，1965），1 - 13。

"失灵"，即它不再将个体或私人选择有效导向帕累托条件所定义的集体或社会最优方向。各行其道的个体"似乎"不再受"看不见的手"的引导。

问题在于：可否将个体对公共物品的决策制度进行组织以消除"搭便车"者论点所强调的行为？为此，制度必须给个体提供各种选择，这些选择体现出对其本人和他人的明确承诺，进而使其本人效用的度量结果在某种程度上依赖于其自身选择，并且最终，这些选择将其自身对净"交易条件"的影响减少到某种合理限度内。注意，这些正是市场选择制度的特征。问题变为安排或组织"公共物品市场"制度，以确保个体在这两种情形中行为相似，或至少在选择性质的内在差异所允许的程度上行为相似。

维克塞尔的建议

在财政理论家中，克努特·维克塞尔的立场独树一帜，他将他的理论观点一以贯之，用以考察做出和执行财政决策所必需的政治结构。[①]他提出的具体制度改革措施将剔除影响财政结果的上述个体行为因素。首先，维克塞尔提出，财政账户中税收和支出二者之间的桥梁关系需清晰。当提出具体的支出项目时，还要提出所需税收法案的全部可能的分配序列，并且每一序列都应为支出提供充足的税收收入。该支出项目随即与一个税收分配序列一道提交立法机构投票表决，并且此类组合方案经与会人员一致通过后方可予以采纳。如果单个的组合方案无一获得一致支持，那么该支出项目便不得实施，也不得征税。

批评者们迅速将目光投向那种任何一致同意规则都会强加于集体选择的极端限制，并且一般而言，他们没有看到维克塞尔的建议提供了一种绕开"搭便车者"问题的方法。在维克塞尔式选择制度集下，会向个体（或其立法代表）提供一系列可选择的议案，其中每一项体现出的不仅是对他个体在共同成本中所必须承担的贡献的明确说明，还有对剩余税负总额在政治团体所有其他成员中的分配情况的明确说明。通过对此类方案进行投票表决，个体被置于与其同伴进行"交易"的地位。标准

---

① Knut Wicksell, *Finanztheoretische Untersuchungen*。该书的重要部分译为 "新公正税收原理"，*Classics in the Theory of Public Finance*，ed. R. A. Musgrave and A. T. Peacock（London：Macmillan，1958），pp. 72－118。

意义上的讨价还价并不脱离这一实质性的双边交易，而个体将积极争取可能的最佳交易条件。然而，如果对一个真正有益的超边际项目进行投票，那么就会有一些用于分配的净收益，即某种纯"纳税人剩余"。因为存在讨价还价的机会，个体或集体在其自身税负份额内，可能有动力投票反对一些实际上给他带来净收益的方案。如果他认为其他那些对他更为有利的方案将不太拖延地在随后的几轮投票中提出，那么他就会如此行事。然而，这一在无讨价还价可能性下拒绝接受有利方案的倾向与"搭便车者"行为是不一样的。按照维克塞尔规则，个体知道，除非他同意，否则该方案就不会被接受，而他还必须与其他所有人一道忍受拖延之苦。比较而言，在"搭便车者"的情形中，个体相信他无须同意纳税便可确保从所提出的支出方案中收益，这一想法激发着他的整个行为。

除纯边际调整情形外，维克塞尔式的选择制度并不产生唯一"解"。如果需要讨价还价，那么多维契约点最终落于何处将严格依赖于讨价还价过程的结果。与之相关，维克塞尔规则的另一特点是，在超边际情形中，最终的点位将依赖于向会议提交用于投票表决的议案的顺序。因为很多的税收制度安排能够确保一致通过，所提交的第一个方案将更有可能被选中。提交顺序本身便成为讨价还价的武器。维克塞尔认识到，这些特征，以及为达成一致而进行拖延所造成的不当成本，使得他的制度建议缺乏现实意义。然而，需要指出的是，这些制度将消除"搭便车者"的影响，如此，这一我们可称之为维克塞尔"立宪式"的特征便可用于更为现实可行的制度安排中。

维克塞尔认识到，一致同意，即使并非不可能，也是难以达成的，于是当他讨论其方案的实施时，他恰恰将这一条件改为"相对一致"。然而，他并未放弃这一基本观念，并且认为确实正确，即一致同意为确保支出方案是真正值得做出的提供了唯一的标准，对这一"值得"的衡量基于个体评价标准。

立宪式规则的制定

进行日常财政选择的规则无论应该是完全一致还是相对一致，一致同意标准的最终有效性都是可被接受的。在"立宪式"决策层面，即此处的备选方案是为集体的普通决策所制定的各种可能规则，意料之中的是，每个通过一致规则所达成的单一决策的成本可能高得无法忍受，而且在某些情形下还必须接受"无效率的"结果。达成协议、讨价还价、久拖不决以及待价而沽，所有这些成本都涉及投入资源并造成浪费，其效率正如在那些不甚完美的规则下所做出的"错误"决策一样。因此，立宪式决策过程必须对做出集体财政选择时所有可能的规则的利弊和得失进行权衡。并且，从概念上讲，立宪式决策过程应当对规则的"最优"集合达成某种一致意见。此类规则可能既多又杂，要因地制宜地加以运用。由于在其他著作中已整体上对这一方法进行了详细讨论，此处无须赘述。[①]

有关本章所涉及的问题的是，一旦社会接受了为财政选择规则做出的立宪式决策并且保持其效力，此类"搭便车者"的个体行为便不再可能发生。在此方面采取**任何**一种集体选择规则都会准确地实现维克塞尔一致同意规则的目标，甚至更有效率。为了简单而实际地表明这一点，我们假设宪法规定财政选择以简单多数投票方式做出。

现在让个体参与集体财政决策。假设考虑一个支出方案，并且他预计该方案将给他带来自己估值 10 美元的收益。与该方案相伴的是一笔税负，他预计这笔税负所体现的个人税额将为 8 美元。个体是受"搭便车者"因素引导，而即使这一财政组合会给他带来净收益他也会投票反对，还是干脆就根据净收益进行投票？首先，个体将认识到，他自己的投票未必具有决定性，并且单凭这一点就会影响他的行为。这一点我们以后再谈，此处假设个体将以这两种方式中的一种进行投票。他可能会认识到一种可能性，即出现一些其他方案用以代替人们所实际面临的那个方案，而其中的一些方案可能会带来更为有利的税负分配。有鉴于此，在他的行为中保存着讨价还价策略因素。例如，假设方案提出按比例所得税征税，并且个体的收入高于中值收入。他会意识到，如果这一特定的方案被击败的话，那么某个替代方案就会浮出水面，比如说人头税，而这将给他带来 4 美元的"纳税人剩余"，而不是当前许诺的 2 美元。基于这种考虑，他就会投票反对前一方案。然而，他如此行事的可能性在维克塞尔一致同意的例子里会更小。在此处描述的情形中，如果投票结果有利，则个体确保收益 2 美元。如上所述，虽然替代性的税收方案或许能给他带来更多收益，但还是会有其他一些方案使其收益**更少**，并且后者可能会剔除他自己在"纳税人剩余"中的份额，甚至使之为负。例如，如果他帮着击败了支出—税收组合方案，那么有效的替代

---

① James M. Buchanan and Gordon Tullock, *The Calculus of Consent* (Ann Arbor: University of Michigan Press, 1962).

方案可能并非人头税，而是累进所得税。在累进所得税下，他可能会承担净损失。正是那些不大有利的交易条件的威胁（他由于**不**是某个多数联盟中的成员而不得不面临），造成个体的讨价还价比在一致同意规则下气势弱得多。大体而言，如果在进行选择时所用规则弱于一致同意规则，个体将倾向于根据他自己对成本和收益的最佳评价进行投票。

税收制度的立宪式方法

如果人们认识到将不同的税收—支出方案加以组织成本很高，并且一个方案一旦被击败就不可能在其他任何替代性的融资计划下被再次提出，那么上述结论便大为强化。现实世界中运行的政治结构所允许的策略性讨价还价的余地甚至比这一简单多数规则模型指出的小得多。正如早先提到的，正常情况下并非将支出方案与税收方案同时考虑。在具体情形中对"税收结构"或"税收制度"的选择与收益具体如何分配毫无关联，并且对支出方案进行投票时认识到，事实上，税收将根据既有税收制度在集体中进行分配。这意味着，支付制度和税收制度也是通过依据"立宪式"规则予以选定的，这也意味着一经选定，它们的施行对一整套或一系列可能且不可预测的支出项目而言将保持不变。

在第二篇中，我们将讨论基于"立宪式"备选方案层面上的个体选择问题。如果税收制度是以此类方式选出的，就必须提前想到结果会显著偏离公共物品部门帕累托最优所要求的必要边际条件。即使就单一的纯粹集体物品而言，个体的边际评价也互不相同，而且满足这些条件则要求集体中每个人所面临的税—价可能互不相同。萨缪尔森和马斯格雷夫等人强调，在财政选择中，个体对公共物品将不会自愿地"表露出他们的真实偏好"。然而，这一点只有在个体的税—价直接依赖于其所表露的评价时才成立。换言之，只有意欲以最优方式给公共物品"定价"时，个体才有动力策略行事。然而，如果税收制度是通过立宪式规则选定的，那么个体对公共物品的评价并不直接决定税—价，这是显而易见的。尽管这些评价的确决定着个体对议案中的支出扩张或缩减方案如何投票，但它们并不直接影响每单位税—价，这是他可以获得此公共物品的价格。基于这些考虑，个体无论是直接地还是间接地参与财政决策，他都没有动机去隐藏对公共物品的偏好。即使就超边际选择而言，即可能存在分配于集体成员中的明显的"纳税人剩余"，也不会出现显见的讨价还价。这种对可获得的"纳税人剩余"的分割将在选择税收制度时被预先决定，而对此税收制度的选定是在选择特定支出项目前独立于后者完成的。换言之，以立宪式规则同意一种税收制度，提供了一种来自外部且较为武断的决定方式，将"交易所得"在随后的财政选择中分配于个体之间。

因为会影响个体决策的计算，所以这一过程会产生更"有效率"的集体决策，同样，其收益在抵消纯粹配置意义上那些必然产生的损失方面绰绰有余。因此，总而言之，那种将对基本制度进行的"立宪式"选择与在这些制度运作范围内对公共物品—私人物品组合的选择之间给予某种分离的财政结构，可以引起长期看来最"有效率"的结果。

正是基于此类结构，我们在此前的章节中考察了各种财政制度。在税收制度由外部决定这一假设条件下，我们分析了个体在面临支出决策或税收决策时的行为。换言之，当我们考察在个人所得税下个体对一项提出的支出项目"投票支持"还是"投票反对"时，我们注意到他的投票，支持抑或反对，都不会直接影响税负在所有集体成员间的最终分配。假设在我们分析个体权衡计算时考察的选择前所做出的某种"立宪式"决策确定了这一分配。例如，在个人所得税条件下，个体间的税—价模式是一个关于应纳税收入分配的函数。所得税—价差别与个体对被投票选出的公共服务的边际评价没有直接联系，尽管它们之间通过需求的收入弹性存在正常的关系。在此类条件下，个体没有动机像"搭便车者"那样行事；当他所预测的个体收益将超过税收成本时，理性行为要求他支持支出项目。这些收益的不可分割性或普遍性不会影响这一选择行为，尽管如此，这一不可分割性却要求集体结果而非个体结果，如此便避免了独立的数量调整。

集体选择中的私人收益

个体一定是在**集体**决策过程的情境下进行选择的，这一事实本身对他的行为有重要影响，而其影响方式也并非不同于与上述所谓"搭便车者"动机有关的方式。这一影响并非出自从公共物品和服务中收益的不可分割性，而是出自通过逊于一致同意的规则产生集体结果时决策过程的性质。单独一人在参与集体选择时将认识到，他在简单的直接民主模型中的投票所表达的自身偏好将不具有决定性，除非在政治团体的其他成员中存在某一有限的可能的偏好组合。他将面对的是自己的投票可能"无关紧要"。给定任何既定的投票规则，这种可能性随着选民规模的扩大而增加。这种可能性会导致个体放弃加入选择过程。[①]

如果加入集体选择过程真的没有成本，个体便不仅应该理性地参与，而且应该在我们已列明的那些制度下表达他的"真实"偏好。然而，如果投票本身涉及某项成本，那么理性行为可能要求其弃权，即使仍存在着从有利结果中得来的净收益。这一点用一个非常简单的三人模型可能就能说清楚。假设如果集体决策对个体（我们称之 A）有利，他预期到从一项方案中的收益达到 1/3。然而，他并不知道 B 和 C 的偏好。假设对 A 来说投票成本为 1/4。如果要求实行一致同意投票，或者如果指派他为该集体进行选择，那么由于净收益超过参与成本，他很明显将进行投票。然而，如果实行的是多数票规则，他将怎么办？此处，他必须预估出他影响决定结果的概率。如果 B 和 C 都反对该方案，那么 A 加入投票过程便没有意义。类似地，如果 B 和 C 都赞成该方案，A 不会从参与中收益。仅当 B 和 C 对问题无法达成一致时，A 的投票才关键。因为他们会以两种不同方式出现分歧，我们共得到四种可能的 B 和 C 偏好组合，其中 A 的投票将仅在两个组合中起控制作用。就 A 而言，他将有 1/2 的可能性成为集体的关键决策者。运用这一概率计算，我们可知 A 从投票（不是从有利决策）中获得的个体"预期收益"仅为 1/6，少于投票成本，我们假设后者为 1/4。结果是，在此类条件下，A 将不参加"票选"，而其结果将取决于那些更有兴趣或其投票成本较低的人。

尽管该例夸大了参与成本，但它阐明了所提出的观点，而且应该注意的是，随着集体的扩大，即使成本减少到很低的水平，类似结果也将随之发生。注意，个体在此类条件下通过理性弃权，既不是在"发出虚假信号"也不是"无法显露他的真实偏好"。给定他所面临的情境，他通过弃权充分表达着他的偏好。[②]

个体将怎么决意是否投票？在我们的简例中，我们假设了对有利结果的净收益（收益减去成本）所进行的预估。然而，正如此前诸章所

① 安东尼·唐斯讨论过理性弃权问题，尽管与此情境并不十分吻合。参见 Downs, *An Economic Theory of Democracy* (New York：Harper，1957)，尤见第 14 章。

② 这一点已由戴维斯和温斯顿在《公共支出理论若干基础》中说明，详见"搭便车者"问题。我本人对弃权问题的讨论基于对戴维斯-温斯顿观点的拓展。由詹姆斯·S·科尔曼提出的一个相关观点，表现出对阿罗一般不可能定理探讨的批评。参见 Coleman, "The Possibility of a Social Welfare Function" (mimeographed, Johns Hopkins University, November, 1964).

述，要确悉有关预期收益和预期成本的信息本身成本不菲，并且在每一特定情形中存在着对收集此类信息所进行投资的某一"最优"规模。除忽略信息这一因素外，在任何集体决策中都有内在不确定性的存在。换言之，即使个体知道他本人的投票将决定结果，并且即使他在预期收益和成本方面拥有最完备的信息获取渠道，在现实世界中的任何税收制度下仍存在其他一些不确定性，原因在于所有纳税人都有通过他们在私人市场选择中的行为改变税基的自由。因此，在任何现实情形中，个体必须在采取行动时认识到这三种因素都在起作用。他无法准确获知他的同伴在改变总税基问题上将做什么；他无法投入必要的努力将其他的集体结果准确地转换为私人或个体化的成本和收益；他也无法准确预测他的同伴赞成和反对特定方案的偏好。面临这一系列情形，个体会非常理性地行事，而且至此他所被观察到的行为与市场选择中的理性行为相似无多。这三种困难彼此叠加。个体知道他本人的投票将仅仅在其同伴的一定数量偏好组合中起决定作用，这使得他在确悉备选方案信息上比其他情况下投入较少的努力。而与此相反，他知道他拥有的是不完美信息，并且仍然存在关于其他结果的影响的内在不确定性，这使得他如果知道了实际影响，他就会倾向于在参与投票或为理性时弃权。

对这些困难的认识使"理论化"财政选择中的个体行为变得复杂，甚至在极简模型内也是如此。然而，认识到"理论化"的困难是一回事，而拒绝这种尝试是另一回事。我们应该尽可能地努力搞清楚民主政治组织中的集体选择过程。无论能否建立合适的模型，我们知道，个体的确直接抑或间接参与着财政选择。他们进行决策；他们选出对财政事务有担当的代表；他们间或参与公投；他们在支持政党时非此即彼；他们加入压力集团；他们给议员或报刊写信；他们写演讲稿；他们写书；他们与邻里交谈；如果承认这一点，那么就难以否认制度对他们行为的影响。不同的制度将倾向于产生不同的反应模式。

尽管该简单模型对于澄清观点是必要的，但它们似乎夸大了实证结果和理论的弱点。上述三种困难不必如其表象那样成为个体行为的主要障碍。尽管财政选择中的不确定性很大，但这些不确定性被限制在一定范围内；确悉信息的成本有办法减少；而且个体的确对于其他人的偏好模式有所了解。

结论

本章旨在论述方法论，表明与公共物品和服务有关的不可分割性这一事实同将集体决策转换为个体行为计算的所有尝试是如何不相悖的。换言之，本章可以说代表着对整体研究中所用方法的辩护。我已表明，"搭便车者"之论，尽管在独立的自愿行为情境中是正确的，但当选择的规则或制度预定时，它便有失偏颇，无论这些规则是维克塞尔式的一致同意还是近似一致同意，或者任何其他规则，包括简单多数投票。尽管讨价还价因素仍然存在于个体行为中，但它们在财政选择中都被大量剔除了，因为税收制度是"通过立宪方式"选定的并且正常情况下是不能根据具体的支出方案予以调整的。面临这一系列情形下的备选方案，个体没有动机隐藏他对公共物品的"真实"偏好。收益在不同个体之间的不可分割性这一事实不会改变以上结论。

集体选择的结果必须对全体一视同仁而不能因人而异，而这倾向于以一种与"搭便车者"论所述并无不同的方式影响个体行为。个体不必参与集体选择，而且只有在个案具有某种正比例关系时，他本人的投票才至关重要。认识到这一点，甚至当他料到有利结果产生净收益，或不利结果导致净成本时，他都可能会弃权。此类弃权本身就是"行为"。但是所有这些却使得集体选择中的个体行为不如市场选择中的行为更适宜进行分析。

第十章 财政幻觉

引言

在贯穿这一观点的分析中已假设，个体对备选方案进行"正确"评价，其程度以效用最大化行为为准。这并不意味着只有那些可观察到的实际量才与之有关。如果确实如此，制度对决策的影响将不存在。如前所述，如果不引入行为中的幻觉方面，那么制度可以影响在信息上的投资、具体结果可被预测的确定性、个体的参与动机，还有其他选择因素。本章通过引入财政幻觉对早前的分析进行补充，并对各种财政制度在产生此类幻觉方面的作用进行考察。

面临无知和（或）不确定性时的行为与存在幻觉时的行为，二者差异很小。无论哪种情形，行为都将与不存在该现象时不一样。如果选择者不拥有关于备选方案的足够信息并且他还举棋不定，那么他对备选方案的概念性认识就是**不完美的**。如果他受到幻觉影响，那么他对备选方案的概念性认识便是**错误的**。然而，对他选择行为的这些影响是相同的。起初，似乎这样说是合理的，即第一种情形中的概率问题要比第二种中的更重要。然而，出于一些原因，这未必有助于甄别结果。首先，幻觉本身可能比"真实的"实际情况表现出的具有更大或更小的确定性预期。其次，更重要的是，那些必须予以考虑的概率问题必定是主观且无法观测的。最后，幻觉可能同时表现为乐观和悲观。[1]

幻觉下的行为未必是非理性的。非理性的行为人所做出的选择前后不一致；即使他的效用函数保持不变，他的行为也是外部观察者无法预测的。相比之下，面临幻觉的行为人行事则前后一致；给定两种不同场合中相同的选择情境，假设"实践出真知"并不排斥幻觉，并且假设他的效用函数在此期间不变，则他将倾向于做出相同的决定。从概念上讲，如果外部观察者知道幻觉对选择行为的影响，他便可以进行预测。这相当于说，对幻觉下的个体行为"理论化"是可能的，而对真正非理性的个体行为"理论化"是不可能的。[2]

幻觉的产生是由于个体对备选方案特征的主观臆测；非理性表现为"心性"特征。如此，我们可以"解释"为什么一个人在沙漠的海市蜃楼中"看见"水。艺术家可以从其对普通感受的认识中精心创造出幻觉。[3]显然，社会选择制度可以创造幻觉，而此类制度在这一方面是值得研究的。

财政分析的意大利场景

令人吃惊的是，"财政幻觉"并未得到更为全面的分析。制度是个体进

---

[1] 为经济学家所最为熟知的幻觉下的行为来自"货币幻觉"。假设个体是基于货币值而非实际值进行选择的；引以为证的是工会的反应，即一边默许通过通货膨胀削减实际工资，一边又拒绝削减货币工资。我们此处不必纠结于这一幻觉是否实际上的确反映了行为。

[2] 在某种意义上，幻觉下的行为是"非逻辑的"，这有别于"逻辑的"或"理性的"或"非理性的"。此处的术语是由帕累托提出的，并且引述他对财政过程中个体行为特征的归因是值得的。在写给森西尼的信中，帕累托说道：

你在财政科学方面是有建树的。在那个领域，有很大的施展空间。他们称其为科学，而且甚至连艺术都不是。有必要从两个方面解决问题。一个是纯科学，即你向我提及的那个。另一个是合成归纳；研究具体现象，发现是否存在可以变为纯科学的相同现象。不要着急。如果你有意，就写写专著；但是只有等到你的研究已日臻成熟才进入一般性的科学方面。主要的难题是，你必须建立一个全新体系。

强调一下，纳税人所考虑的是旨在最大化满意度，他们只能提供给你一部分现象，经常是很小的部分。纳税人并不清楚税收的诸多影响，或者更一般地讲也是较好的说法，纳税人对很多金融交易的诸多影响并不了解；因此，他的行动不具有逻辑行为的属性，如政治经济学所研究的，并且在这方面形成理论难度不大。但是他们却具有非逻辑行为的属性，在这方面形成理论要困难得多。（我的译文）G. Sensini, *Corrispondenza di Vilfredo Pareto* (Padua, 1948)，引自 Mauro Fasiani, "Contributi di Pareto alla scienza delle finanze," *Giornale degli economisti* (1949), p. 156。

注意，帕累托没有放弃将理论运用于在财政过程中具有非逻辑特征的行为。

[3] 对幻觉在艺术中的重要性及其使非专业人士饶有兴致的精彩描述，参见 E. H. Gombrich, *Art and Illusion* (London: Phaidon Press, 1960)。

行财政选择时所必须参与其中的，它可以施加创造幻觉的效果，而这些可能对改变行为弥足重要。然而，该概念大体上仍未进入构成现代公共财政的话语体系之中。意大利学者阿米卡尔·普维亚尼（Amilcare Puviani）为此做出了基础性贡献，他的主要作品发表于 20 世纪初。这些作品曾无人问津，甚至被其他意大利人所忽视，直到莫罗·法西亚尼（Mauro Fasiani）于 1941 年在其首次发表的广受赞誉的论文中才再次引用它们。[①] 只是在 20 世纪 50 年代这十年中普维亚尼的贡献才得到了更为广泛的认可，并且在 1960 年，出版了他的这部基础读物的德文译本。[②] 我在我自己的论文中就意大利传统问题与普维亚尼进行了讨论，据我所知，这仍是对他观点的唯一可以获得的英文概括[③]，尽管目前对整部作品的英文翻译计划正在进行中。[④]

在意大利发展起来的公共财政理论较之于在英语国家发展起来的财政理论，与政治制度的结构关联得更为紧密。传统上，意大利人在有关政治模型的论述方面是开诚布公的，他们在模型中讨论财政组织并将他们的分析加以运用。这就产生了两个并行不悖的财政理论分支。一些主要的人物如弗朗西斯科·费拉拉（Francesco Ferrara）、安东尼奥·德·维蒂·德·马尔科（Antonio de Viti de Marco）和莫罗·法西亚尼，都将他们自身的著述延伸至包括至少两个政治模型，其一是"民主的""合作的""自愿的"或"个人主义的"（这些术语在不同作者笔下因人而异），另一个是"暴政的""垄断的""精英的"或"君主的"。

其他学者的研究大体都采纳了这两个广义上相对的模型中的一个，并且除了那些的确试图同时发展这两个模型的主要人物以外，公共财政领域的各式意大利派著述都可按这两个模型设计进行分类。公共财政的普维亚尼方法基于国家是"垄断的"这一假设。为了能全面品评普维亚尼的贡献，需要对这一政治模型探讨一番。国家，或政治单位，并不被视为具有任何黑格尔意义上的独立性和超个体化。在此意义上，甚至"垄断"模型也仍具有个人主义特征，这在基本内容上与有机体相反。然而，政治单位在假设普遍参与的意义上并不被视为是民主的。相反，国家代表着一个代理机

① 普维亚尼的这两部基础性著作是 *Teoria della illusione nelle entrate pubbliche*（Perugia，1897）和其扩展版 *Teoria della illusione fifinanziaria*（Palermo，1903）。Mauro Fasiani，*Principii di scienza felle fifinanze*，Vol. I（2nd ed.；Torino，1951）中详细引用并讨论了这些著作的内容。该书第一版出版于 1941 年。

② Amilcare Puviani，*Die Illusionen in der öffentlichen Finanzwirtschaft*. 由 G. 施默尔德斯教授撰写导言。

③ 参见我的 *Fiscal Theory and Political Economy*（Chapel Hill，1960），pp. 59 - 64。

④ 这项翻译工作正在伊利诺伊大学查尔斯·戈茨（Charles Goetz）的指导下进行。

构、一个集体，即那些当权者通过它将自己的意志强加于另一个处于被支配地位的集体成员身上。这实质上是一个强权政治理论，即"统治阶级"模型。如此，它便好似马克思主义的概念，尽管具体而言它与马克思主义的内容不同。统治阶级不需要具有特定的经济特征，而经济现实也不需要确定统治者与被统治者之间的界限。政治概念指的是被帕累托和莫斯卡更为全面发展的概念。他们提出，在任何时候，全体公民都可被划分为支配的和被支配的两个集团。从根本上讲，这一概念的基础是否认实际的民主政治秩序的可能性。

能够相对容易觉察到的是，如果一个人用这样的"想象"审视政治过程，那么他所构建的理论可能显著有别于他在有效运转的"个人主义"民主这一"想象"下所构建的理论。这些假说是不同的，并且对一系列相同的现实问题的解释也会出现严重分歧，正如西方学者和马克思主义者在诠释当前问题时出现的一些分歧所表现出的那样。

在统治阶级这一概念下，财政结构是一种制度手段，由此，这一为全社会承担决策者身份的阶级可以从被支配或被统治集团中汲取资金，从而提供前者想要的物品和服务，或为此融资。统治阶级可能会是也可能不会是狭隘的自利者。被支配或被统治集团的成员发现自己寓于环境之中而只能对其做出反应；他们从来不能发起直接意义上的行动。可以预料的是，该集团将抵制统治阶级极力强加于他们的税负，并且可以理解的是，他们将意识到与统治者"合作"的机会很小或没有。统治者的目标变为组织安排财政结构，从而将被支配集团的抵制降到最小，以确保一直能够获得充足的岁入。

在这一设计场景中，财政理论学者的任务变为不仅要解释统治阶级在组织体系中的行为，在有关公共经济方面做出基本决策的行为，而且还要解释被支配或被剥削阶级对征税的反应和抵制行为。一种解释统治阶级行为的方式是换位思考、推己及人，并且问一问：如果目的在于使被支配集团一方的抵制或不满最小化，那么应该采取什么行动？该方法属于马基雅维利《君主论》中的传统，已得到广泛使用（也多遭误解）。普维亚尼以提问的方式走近财政组织理论：**如果统治集团希望最小化纳税人在任何给定征税水平上的抵制，那么它将如何着手组织财政体系？** 他鲜明地指出，他没有假设统治阶级实际上会问此类问题，或者它的直接目的就是完成这一目标。普维亚尼颇具洞见地提出，代表统治者即决策当局的行动，在每一特定选择问题上都很有可能将受到采取最小抵制路径的短期目标很大的激励。但行动的整体模式则经常可用模型加以解释，模型中含有一些**看似目**

标的东西。经济学家对此类模型都很熟悉。正是通过这一方式，普维亚尼审视了财政过程。他以一般假设形式对问题做了解答。统治集团尽其所能地试图创造财政幻觉，而这些幻觉的作用在于使纳税人认为他们上缴的税负比这些税负的实际负担要轻。同时，还创造了其他一些幻觉，使受益人认为他们所获得的公共物品和服务的价值要高于它们的实际价值。就这样，各种税收和支出制度被组织起来了以创造上述幻觉。普维亚尼随后提出对既有财政结构进行考察以检验他的基本假设。现实世界中财政结构的演化有多少能得到解释呢？

普维亚尼的制度排序

普维亚尼使他的假设过于一般性了，而且在一些情况下他似乎让人们几乎认不出来这些假设。尽管如此，这些假设有助于简要审视他所讨论的一些制度，理解他是如何在幻觉假设条件下做出解释的。预算两侧都被包括了；通过税收和公共支出计划创造出幻觉。然而，税收更为重要，并且对它的讨论将多少更为详细。

税收征缴中的财政幻觉。[①] 尽管可以以若干具体途径引入税收征缴中的幻觉，但它们并不具有相同的重要性和适度性，这在现代制度设计场景中尤其如此。这些途径如以下所列，将依次讨论。

1. 在生产或供给公共服务时所实际使用的资源总量与这一总量中任一个人的份额之间的联系，纳税人对此或许是模糊不清的。换言之，个体在公共支出的机会成本中的份额或许被隐藏了。此类幻觉会产生于至少五种不同的税收制度。

第一种涉及使用来自**公共领域**的收入为政府运转融资。在这一情况下，纳税人个体将不会知道，如果这一收入没有如此使用，那么它本应通过降低普通税负水平的方式还给他们。此处没有必要详细讨论这一制度。历史上，公共领域提供了主要的公共税源，只是到了 19 世纪这一税源在非社会主义国家中变得相对不重要了。当然，在社会主义国家，国有企业的利润被用于为公共服务融资，而且普维亚尼此处提及的幻觉现象再度出现，成为促进公众默许扩大此类服务的因素。

在这一广义分类范畴中的第二种制度对达到我们的目的更为重要。

---

① 本节所做的总结基于两个出处：Puviani，*Teoria della illusione nelle entrate pubbliche*；和 Fasiani，*Principii di scienza felle finanze*，Chapter III.

当税收实际上被吸纳进个体在私人物品和服务上的花费中时，幻觉便出现了。这一情形体现了**特定消费税**的特征，即税负名义上被包含于私人物品或服务的价格之中。此处，个体必须调整他的购买行为以使这一物品的（含税）价格与其他任何物品的价格之比等于这两种**私人**物品的相对边际效用之比。个体在这里进行调整时不会明显地意识到他为公共物品或服务花了钱。于是，个体可能完全无视他所支付的税额，而且在一些情况下，他可能完全没有意识到这笔税负。普维亚尼说，当一种税存在了一些时日时，幻觉便更加无懈可击。起初，当税收导致私人物品价格提高时，其影响对购买者而言可能是明显的。但当这一制度持续存在一段时间后，其机会成本便不会为纳税人所感知。

　　公债是普维亚尼包括在他的第一个广义类别中的第三种制度。他接受了李嘉图基本的观点，即就某种实际意义而言，缴纳单一的人头税与连续以年税方式按一定比例缴纳另一种总额与前者相同的税负是相等的。但是，普维亚尼说道，纳税人个体的行事风格并不表现得像是这两种备选方案是相同的。多少令人感到意外的是，他对纳税人可能无法对发行公债所带来的未来税负进行贴现和资本化折现这一情况没有充分讨论。一开始，他似乎承认了这种资本化折现的确是发生的。然而，即便有此承认，普维亚尼仍认为，发行这些用年税收益进行支付的贷款将不会像征收单一的人头税时那样遭到程度相同的抵制。出现普维亚尼所强调的幻觉的原因在于，在公债计划下，个体保持着对资本价值的"控制"，即使它完全由未来税负的资本化折现所产生的税负所抵消，人们也愿意去做。由于这样可以控制资产，个体更愿意支付永续税金。当然，这种"资产幻觉"可能不仅存在于公债中，还可能延伸至私人债务。[①]

　　包括在普维亚尼第一个类别中的第四种制度，也是明显相关的制度，涉及通过**通货膨胀**，即货币创造，为公共物品和服务融资。似乎很明显，这种融资方式使个体很难辨别出他本人在那些通过政府融资并供应的服务的成本中所占的份额。普维亚尼正确地提出，货币创造实际上与充分就业条件下的间接税相似。

　　最后一种方式是做出虚假承诺。统治集团控制着财政机器，并通过这种方式制造出使政府服务总成本中的个体那部分模糊不清的幻觉。尤

---

　　① 我在论文 "Public Debt，Cost Theory，and the Fiscal Illusion" 中对这里的问题进行过一番详细讨论。此文被收入 *Public Debt and Future Generations*，ed. James M. Ferguson（Chapel Hill：The University of North Carolina Press，1964）。

其表现为使个体认为各种支出计划都是临时性的而并不长久，而事实上这些计划一旦启动，就将持续存在。通过这一方式，纳税人将承担比他原先所预测的高得多的成本。并且计划一旦开始，为使计划不中断而向纳税人灌输传统的"沉没成本"观念就相对容易了。

2. 使公共物品和服务的真实成本模糊不清并非引起财政幻觉的唯一方式，尽管它可能最为重要。第二个类别包括设计那些支付制度用以将税负与纳税人似乎可能认定的"有利的"时期或事件绑在一起。普维亚尼的这一天才之见是基于这样的认识，即闭门造车的个体决策会受到临时情况的影响，并且个体的态度可能与此类情况一起发生显著差异。在玩扑克牌游戏时人们总会说："谁赢得多谁请客喝酒"，尽管事实上除了夜场游戏这一特殊情形外，较之于他的同僚，赢家不大可能去买酒水。当然，"冲动性购物"是营销行为学中的一种重要现象，但它对于普通消费者选择的意义则被循环往复的营销过程降低了。在城镇集市上，购买日用品的冲动比购买洋娃娃的冲动要小。个体不是自愿"购买"政府服务，而且也确实没有这个冲动。然而，普维亚尼意识到，如果征税制度的安排可以使个体仅在一些带有十分有利的结果的补充性事件发生时才面临必要的税收支付，那么政府物品和服务的实际成本将看似不怎么太大。有些征税制度可借助于通过对普维亚尼假设的拓展得到部分"解释"，尽管关于是否可以将这一作用归因于任何严格意义上的"幻觉"似乎还存在着某种问题。

向受赠人征收的转让税、遗产税和赠与税很好地契合了上述标准。假设一富有的大叔去世了并将价值 100 万美元的房产留给他一个并未料到有此继承权的侄子。看似明显的是，在宣布的那一刻，该遗产继承人"感到"这一继承被征税，这与他"感到"例如获得继承权五年后被征缴等额的普通税是不同的。

然而，同样的推导也适用于所有资产转让税。除了那些在边际条件下严格进行的交易外，任何交易可能都会给交易双方带来净收益。因此，在纳税人看来，在交易完成并且看到了明显收益时的征税，比在另一时期征缴相同的税额，则显得不大严重。

3. 引入财政幻觉的第三种方式，即与之前所讨论的方式紧密相关的那种，是对在发生有纪念意义或令人愉悦的事件时所提供的名义服务所征收的显性**费用**。普维亚尼提到的是结婚证费、狩猎证费、娱乐证费、毕业证费，等等。通过稍有不同但仍相似的推理，他"解释"了诸如牌九费、台球桌费和彩票费。营业执照税仅在开张营业时征收，这从所有即将承担管理职责的人所普遍表现出的乐观态度中得到了解释。

4. 普维亚尼说，统治阶级还将趁公众对社会问题的态度转移之机把这些变化用作征税的基础。一方面，如果一种特定的态度弥漫在社会上，那么就提供了一个可对这种情绪征税的机会，使负担显得比其他情况下要轻。普维亚尼此处似乎对他有争议的假设延伸过多了，他的建议是，当情况使富人集体害怕贫困阶级揭竿而起时，旨在向贫困者重新分配收入的税种将更易于被接受。另一方面，他的观点中具有一定合理性的方面是，公开征收某些税可用以确保某些社会集体对其他社会变化予以默许。例如，公司利润税是经常征收的，并且对公司集体而言是正当的，有如对劳动力集团的政治贿赂，以确保获得对其他措施的政治支持。尽管普维亚尼对税收政策的这些方面所进行的评论像他大部分著作那样有趣，但它们在个体自己的幻觉假设条件下却不能轻易得出具体结果。他似乎没有对"解释"给定一些社会阶级的政治活动时某些税种的出现方式和"解释"个体对征税的反应予以适当分辨。如此，只有在以上第二种情形下，这些财政幻觉才可能被观察到。

5. 普维亚尼多少底气十足地指出，统治阶级为确保人们普遍接受一种税，将以如果事实上征税不被批准就会引起可怕后果为由威胁国民。这些"恐吓战术"倾向于使特定税收方案的替代方案看起来比它们原本的情况更差，而且看似明显的是，只要此类战术有效，便得以创造财政幻觉，并且能够影响个体的反应。在现代财政制度场景下，此类战术很可能在支出侧比在税收侧更为人们所熟悉，而且现在多少可以预料到，如果具体的支出计划不予执行并持续实施，官僚集体将用灾难性后果威胁议会和公民。

6. 可以对个体的总税负进行分割以使他面临大量的小税种而不是一些大税种，在此意义上就可能创造出幻觉效果。例如，如果将个体支付的所有税种集中为单一的个人所得税加以征收，那么个体对他在支持政府服务上的付出肯定将会有更强烈的意识。因此，根据普维亚尼的观点，垄断型国家的财政制度往往十分复杂，而且相对较少依赖普遍具有广泛税基的税收。

7. 最后也是很重要的一种在税收侧制造幻觉的方式，在于个体在无法真正知道谁是最后支付者的情形下被征税；即在不知道税收归宿的情形下。这一幻觉显然与第一类别中所讨论的相似，而且还与前几章所讨论的相似。显然，归宿不确定的税收制度所具有的不确定性的确影响财政选择，无论这是否被划分为幻觉。

公共支出中的财政幻觉。普维亚尼的基本分析还延伸至财政账户的支出侧，尽管其适用性似乎有些差。一些有关征税的观点反过来可以应用于支出计划。然而，普维亚尼强调，支出侧主要运用的是更为一般的方法。其中最为重要的一个方法是，政府有向公众隐瞒预算计划的规模和真正性质的倾向。从历史视角追溯财政制度的演进，普维亚尼注意到，几个世纪以来对国家账户和君主的私人账户没有进行区分。即使最终完成了基本区分，统治者也会秘密使用征税权并加以保持。当然，统治者逐渐建立起了向议会说明税收使用情况的制度，但即便如此，统治阶级也倾向于夸大支出需要，掩盖事物的真实状态，以确保能再多征些税。

在较早一些时代，系统性记账和预算技术的缺乏极大地增强了通过这种方式创造幻觉的可能性。而且即使在最现代的预算制度下，简直是复杂无比的预算使仔细检查变得不可能。公民对公共财富的配置情况充其量也是孤陋寡闻。给定这种必然存在的无知现象，政府发现，操纵预算项以使其貌似将更多资金投在那些更"火"的计划上，这相对容易。

对普维亚尼贡献的评价并引申至民主的设定场景

我们尚未尝试过详尽展示普维亚尼的论述。他的很多观念似乎在20世纪60年代就已过时了。尽管如此，现代批评家对其基本概念似乎所留有的契合性不无印象。普维亚尼的假设提供了一个借以审视财政结构的全新视角，而且即使将其用于分析现代政府制度也会有所助益。

普维亚尼之论的假设条件是，财政制度是由统治阶级，即精英集团，在更为宽泛、更具包容性的政治社会中组建起来的。作为普维亚尼观念的现代延伸，法西亚尼在其论著中题为"垄断型国家中的财政"的部分探讨了财政幻觉。在研究中，我们有意采纳了一种相反的政治结构。我们已假设，政治结构根本上讲是民主的，而且就某种终极意义而言，财政决策是由政治集团的全体成员通过某种投票过程做出的，而无论它是直接的还是间接的。然而，政治假设中的这一差异没有必要暗示普维亚尼的分析没有价值。正如法西亚尼指出的，即使在最"民主的"国家，精英模型也鲜有绝迹，而只要这些痕迹尚存，普维亚尼的分析便能自圆其说。我在这里要谈的应该比法西亚尼更为深远，即提出甚至在完全的民主制度下，财政制度，无论其最初组织背后的动机如何，都可以根据它们产生普遍财政幻觉的倾向加以分析和安排。这一实质上的实证方法将是本书后面用到的，它不问制度"为何"如此，而是视之为已然，然后试图分析它们的影响。就这种方法而言，政治场景并不像在前几章所表现出的那样重要。正如普维亚尼的分析能够为我们的研究提供补充，后者给财政选择预设了民主场景，于是我们自己的研究也能够为普维亚尼对垄断场景的分析提供补充。修改前面几章的讨论以提出"财政反应"理论而非财政选择理论并不难。

现代体系中的财政幻觉

普维亚尼通过一个由英语批评家们用过的"不同的窗口"来审视整个财政过程。在他看来，制度将由统治阶级剥削被统治阶级的无意识的动机来解释。然而，进一步考察，我们发现普维亚尼只是把功利主义者所广泛接受的一些财政组织准则挑明了而已。饶有兴致的是，适用于民主场景的公共财政理论根本不是按照英国传统提出的。相反，出自新古典经济学和功利主义伦理学的是"最小总牺牲"的税收原则，主要由埃奇沃思（Edgeworth）和庇古（Pigou）提出。如果说要对这一原则加以关注一点都不枉费精力的话，那就必定会发现它与被普维亚尼作为准则的财政幻觉十分相似，原因在于创造幻觉的目的而非最小化纳税人总牺牲的目的何在，难道是通过创造幻觉把对纳税人的抵制降到最低吗？普维亚尼是一个政治现实主义者，他毫无讳言地假设政府既专制又仁慈。相比之下，埃奇沃思-庇古原理则只能应用于君主既无比仁慈又无权不专的专制制度。这显然不适用于民主场景，而且既然专制君主无须表现出对纳税人反应的忧虑，他便一定是无权不专的。无论是普维亚尼的概念还是埃奇沃思-庇古的概念，税收侧都被独立于支出侧予以对待，当然这后者隐含着一种非民主框架。在民主场景下，无论是"最小总牺牲"还是"通过幻觉最小化负担感"，都不适于用作财政组织的准则。相反，这一准则必须是：允许个体通过集体决策制度结构，以某一方式"购买"公共物品和服务，即他们在这些公共物品和服务与通过私人市场过程生产的物品和服务二者之间的选择能够尽可能保持"中性的"并且是"无扭曲的"。

如果我们追溯古典经济学家并审视亚当·斯密所提出的征税规范，我们就会发现，"便利"纳税人是一项准则。征税应使支付尽可能便利而舒畅。这一准则在很多手册中已被反复提及。这一便利准则应与普维亚尼概念中激励统治阶级的准则相近，这一点并不令人感到惊奇。如果我们对那些主要因便利准则而被接受的制度加以审视，那么就得在普维亚尼模型下进行考察。

普维亚尼所说的统治阶级试图促成乐观的幻觉使得纳税人由此感到他比在其他制度安排下支出"更少"而回报"更多"。然而，如果我们忽略动机因素，而简单考察既定制度，那么就未必会假设当前财政制度总会是乐观的幻觉了。悲观的幻觉也是可能的。

为付税进行的收入滞纳。自第二次世界大战以来，美国有一大部分比例的个人所得税是通过从给雇员薪酬的支付中滞纳税负的方式收取的。雇主扮演征税人角色，而雇员并不直接获得从他们薪酬中留下来作税源之用的那部分。这一在美国所得税体系中广受好评的"改革"因纳税人便利程度的不断提高而得到了几乎是独一无二的支持。如果普维亚尼显灵，他肯定会在近似古典的意义上将滞纳税款的特点作为产生幻觉的可能来源。

滞纳税款在普维亚尼的第一类制度下简单适用，它倾向于使纳税人搞不清楚他支持公共服务的机会成本。那种付款前没有收入的人无法像在真正的支付行为中所体验的方式那样"感受"公共服务的实际成本。在这一方面，滞纳税款对个体行为的影响与间接税别无二致。

这是否暗示了对纳税人的"便利"不应该成为税制改革的一个标准？是否应该使纳税人以能够设计出的最烦琐的方式纳税？对这些有分量的问题的回答显然是否定的。在引入滞纳税款和量入为出办法之前，纳税人个体不得不在春季清算账户时一次性付清他全部的年税。这一做法很可能造成悲观的幻觉，而且使政府成本在某种特定的相对意义上看上去过高。概念上，一种"理想的"制度安排或许是这样的，即允许个体以一种类似于他们找到的为购买耐用消费品融资的最便利的支付方式为政府物品和服务"付款"。总的说来，对滞纳税款外所申报收入的季度性税负倾向于促使人们对所得税结构形成"符合逻辑的"反应。缺乏对任何转移支付有意识的感受，缺少任何月度或季度账单，正是这些代表了滞纳税款受到质疑的特征，而且可能倾向于创造普维亚尼式幻觉。[①]

所得税税率结构中的累进制。如上所述，悲观幻觉的产生与乐观幻觉一样，尤其是当体系的组织未经普维亚尼意义上的具体幻觉设计引导

---

① 对得出不大相同结论的讨论，参见 Francesco Forte，"Osservazioni sul metodo della tratte-nuta alla sorgente nelle imposte sul reddito," *Studi in onore di Gaetano Zingali*（Milano：Giuffre，1965），pp. 209 - 30。

时更是这样。从直觉上貌似合理的是，累进制本身倾向于给纳税方创造出一种税负过重感。这一效应源于平均税率与边际税率之间的差异，以及所观察到的人们用边际税率思考的倾向。这一幻觉如果显现，便会为大众媒体和政治辩论中对税率结构的讨论所支持。

出于一些目的，边际税率适合用来分析个体选择。个体在调整他在私人部门中的行为，决定他应该挣多少应纳税收入时，其行事应该根据边际税率表进行。然而，在努力选择所供给公共物品的数量，将公共服务收益与施加于他个体的税收成本进行对比时，个体应该按照平均税率进行思考，而且随着总税收要求的变化按照平均税率表进行思考。然而，他可能在累进制结构的引导下错误地且行且思，好像按某一"负数折扣量"表获得公共物品和服务，即按某一上涨的边际价格获得。[①]

这里的假设所隐含的意思是，个体在比例所得税制下比在累进税制下倾向于选择更大的公共服务数量，即使他在这两种税制下的税负是一样的。这一含义至少概念上要接受检验。

社会保障税。 现代美国的老年人和幸存者"保险"制度似乎随时准备接受普维亚尼观点的批评。无须详细分析或了解这种制度，几乎每个人都会看清，促进这种"保险"安排下的制度的效果，暗含着保险精算的独立性和完整性，倾向于对参与者掩盖成本和收益的实际流量。至于这是不是该制度创立者有意而为，我们此处抱着无所谓的态度。事实是，这一制度，作为联邦政府常规预算程序外的一个独立信托基金账户，以私人财务标准衡量，其保险精算结果并不好，而且该计划若想存续，将依赖于财政部当前为该制度提出的要求融资的意愿。为这一体系做出贡献的人只是为他们所获收益中的较小部分融资，现在（1966年）尤其如此，而且剩余部分的资金必须从对未来受益人所征收的当期税款中获得。假设总的说来税负的积累对他自己的退休收益有利，在这一假设下，只要当期的贡献者接受他自身税负及向他的雇主所征收的名义税负的常规增加，则他对这种增加的抵制要比他知道这类税收增加只是为满足当期对受益者的支付来说更少。他是在普维亚尼式幻觉下行事。如果针对该体系的未来索偿额得以适当贴现，并且未来所需税种满足这些索偿额，那么该体系的进入者将认识到，从净值看，都按现值计算，成本大大超过收益并且不存在对加入该体系的广泛不满或抵制，这一事实支持了幻觉存在并起作用的假设。甚至对于那些可能认识到既有体系在

---

① 如果面临边际价格随数量增长而增加，那么选择就会被扭曲，使得个体所选小于他本人的最优偏好量。这一效应与数量贴现下的调整结果是相反的。

保险清算上处于破产状态的雇员而言，他们有能力排除财政幻觉，然而，当他们预测到在自己退休期间还会有以后进来的其他人被幻觉中的"保险"索偿额所吸引时，可能就不会理性地拒绝这一体系。该体系以此提供了一个具有持续性的方式，由此可以将收入从当前人口中从事生产的人转移给老年人，这可基于退休保障捐税计划向许多纳税人"解释"或使纳税人面临"理性化"。如果公开提出同样的财政转移计划并且无意创造幻觉，那么将明显会出现更大规模的政治抵制，这似乎没有什么问题。无论人们对于这种转移是否应该减少、持平或增加做出怎样的个体评价，上述结论都可以得到。[①]

公司所得税。如前所述，公司所得税倾向于给最终纳税人创造出很大的不确定性，而且，这本身便足以允许该重要的现代制度加进普维亚尼的最后一类之中。还有一个值得特别注意的特征在于独立法人（或公司）的纳税等级。这一设计本身使个体（必定是最终纳税人）对公共服务的实际成本更加模糊。

个人所得税的均摊。美国公共财政领域的学者几乎普遍发声支持在累进所得税下额外引入均摊方式。1964 年的税法中所体现的在此方向进行的实质性改革已获得广泛赞誉。普维亚尼通过他截然不同的方法——不关注公平问题，能够"解释"之前对此类改革尝试的失败，而且他本不能根据他的假说对 1964 年的变化做出预测。如果只考虑最小化纳税人的抵制，那么均摊将不是一项要求普维亚尼的"统治者"给予广泛关注的改革。赚外快的人、交好运的人，以及收入不稳定的人，在心理上，比起他的那位有固定的"永久性收入"的邻居，会更愿意纳税。按照这一解释，非均摊的累进所得税变成为引入幻觉而进行的设计。1964 年的改革显然反驳了普维亚尼准则意义的幻觉假说。

资本利得税。处理所得税制度下的资本利得与均摊问题紧密相关，而且对资本利得持续优待的一个原因是，在常规的所得税中缺少有效的均摊规则。在普维亚尼模型的情形中，显然应该对资本利得征税，或许比普通所得税更重。正如 1964 年的均摊所得税改革，对资本利得的优待也有助于反驳普维亚尼的基本观点，即财政演化背后的动机是幻觉的创造。

---

① 值得一提的是，保险领域的学者最近成立了"社会保险术语委员会"（Committee on Social Insurance Terminology），并且该委员会较为详细地讨论了使用术语"保险"（insurance）以用于联邦保险计划。然而，争论还主要处于定义层面，并且忽略了在使用和不使用这一术语时的影响。参见 C. Arthur Williams，Jr.，"Social Insurance—Proper Terminology，"*The Journal of Insurance*，XXX（March，1963），112 - 28。

第十一章　简单集体决策模型

引言

在一个有效率的民主政治秩序中，产生集体决策的过程是，将个体所表现出的各种偏好作为投入，并且以某种方式将它们结合起来以产生结果。财政制度影响这些偏好。然而，对个体行为的影响不等于对集体结果的影响。这一推论要求在个体参与集体选择的最后结果之间横跨一座桥梁。这就使将制度对个体行为的影响转换为对政治结果的影响变得必要。为完成这一转换，我们必须对那些把个体"选票"结合起来的规则进行考察。

全面讨论这一问题将要动用一整本书。在此我们只能构建对实际政治过程中的各种复杂情况所抽象出的一个非常简化的模型，以期对那些有助于进行预测的诸多因素进行集中讨论。所用模型涉及直接民主。假设财政决策是通过全民参与的投票过程直接做出的。当然，无论从哪种意义讲，此类模型都是十分不现实的。通过日常观察我们发现，集体决策并非以这一方式做出。然而，这些模型所蕴含的现实意义并不依赖于它们与所观察的现实情况是否明显一致，而是依赖于它们是否有助于提出能够在概念上接受检验的有关政治选择的假说。如果这些模型允许我们这样做，那么它们对于理解复杂场景中所实际存在的财政过程便具有某种重要意义。第十二章将讨论从理论派模型转入现实世界时所涉及的一些一般性问题。

对等三人模型

现在回到第二章提到的对单一公共物品的个体需求原始模型。回忆一下，在那些模型中，不确定性、无知和幻觉等因素是不予考虑的。首先，我们此处仍处在相同的限制范围内。单一个人所面临的情形如图 11.1 所示。仅假设他并不需要以"全选或不选"为基础考虑备选方案，个体将"投票赞成"OX 量的公共物品，而他为此缴纳每单位 OP 数额的税—价（外生决定）。对个体而言，OX 是公共物品的"最优"供给量。不允许个体决定社会供给的公共物品数量是否将大于、小于，或正好等于这一数量，原因是集体决策将出于一个政治选择过程，而他只是其间诸多参加者中的一个。集体结果一旦达成，便必定强加给全体成员。为讨论集体结果的达成，有必要对多人行为进行考察。

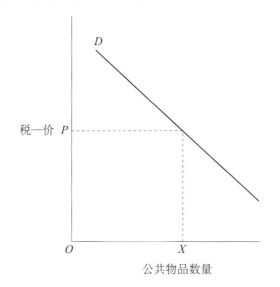

图 11.1

我们首先讨论能够构建出的最简单模型。假设在这个社会中只有三个人，而且这三人在所有方面都相同。第二个假设使该模型对任意数量的人都适用，但它在三人限制条件下可用于与后面的模型比较的目的。假设税—价结构已知，则该集团作为一个集体单位，将决定向该公共物品的供给投入多少？

即使那些明显的结果平淡无奇，这一模型也令人兴趣十足，因为只有在这一模型中，无论是**决策规则**还是**税收制度**，正如我们通常考虑的那样，它们对最终结果都不施加影响。只要税收具有**普通性**，任何决策规则和**任何**税收方案都将产生相同的结果，如图 11.1 所示。尽管这一结果所蕴含的福利意义并非我们此处的主旨，但这一结果也将满足帕累托最优的必要边际条件。

结论或可通过假设一种税收制度得出。假设在进行具体财政决策前已在某一"立宪式"场景下通过了一种等额人头税的税收制度，并且协议规定总税额到最后通过对所要供给的公共物品数量进行投票表决的方式决定。该社会可以按不变成本获得这种公共物品，这一假设通用于本章所介绍的所有模型。在此类条件下，如果每个人都被给予"私人"选项，他便希望得到这一物品的集体供给量 OX，当然，全体成员都可平等地获得该物品。每个人将选择使该集体的总开支相同。从而，在这一结果上确保一致同意并无困难。简单多数投票绝不可能改变这一结果。在这一模型中，任何劣于一致同意的投票规则都将产生与一致同意规则相同的结果。因为对税收制度预先达成的协议使单个独裁者或多数联盟没有机会剥削集体中其他成员。如此，只有在税收具有普遍性和非歧视性时，为集体选择而制定的**任何**可能规则才产生相同结果。其他普遍性税收将产生相同结果。因为假设所有成员都是一样的，比例所得税或累进所得税或任何其他不具有具体歧视性的税都将向集体中的不同成员征收相同的税—价。公共支出项目总是"在理想上有效率的"，而不存在制度对结果的影响。

对公共物品评价不同的三人模型

第一步，为放宽对模型的约束，我们只允许在这三个个体之间存在一种区别，即他们对单一公共物品的评价或需求有区别。这一改变将使我们能够从税收制度影响中分离出决策规则变化对集体结果的独立影响。由于此处我们仍然假设此三人在与征收任何普通税有关的所有方面都相同，因此任何一种这样的税都仍将向每个人强加同样的税—价。

图 11.2（a）显示了此三人的需求曲线，以及私人偏好对共同税—价的调整。如果对整个集体而言，个体 A 可以独立选择，那么他将使该集体提供 OX_A；相反，个体 B 将使该集体提供 OX_B；个体 C 的最大偏好量为 OX_C。显然，在这些情形中赋予单一个人的决策权力将根据

不同的"独裁者"产生不同的结果。图 11.2（b）以一种略微不同的方式描述了此三人的偏好。此处我们在纵轴上所衡量的是这些人的序数偏好，并且刻度值上的较高点表示，个体在税—价给定条件下较之于低于该点的任何其他点更偏好该点上的数量。注意，当我们通过这一方式衡量时，每人的偏好曲线都是单峰的，显示其对集体而言最偏好的结果，见图 11.2（a）中他的"私人均衡"处。偏好曲线是单峰的这一事实很重要，因为这一特征确保在简单多数投票规则下将一定会产生某种结果。循环多数投票将不会出现。[①]

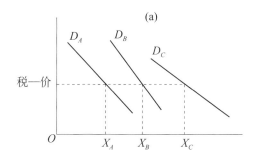

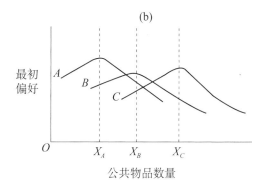

公共物品数量

图 11.2

　　如果对可能提出的用以投票的议案数量没有限制，那么在简单多数决策规则下将选出以集体中的中值偏好成员的单峰所代表的结果。个体 A 将偏好 OX_B，而非任何更大的产出。与之相似，个体 C 将偏好 OX_B 而非任何更小的量。于是，个体 B 在多数决策中将变得具有控制权，就好像他在集体中被私下授予了排他性的决策权威。所预测的结果将体

---

　　① 构建并使用单峰偏好曲线的做法基于邓肯・布莱克（Duncan Black）的著作。参见 Black，*The Theory of Committees and Elections*（Cambridge：Cambridge University Press，1958）。

现为处于整个集体中的中值偏好成员的"最强偏好"。这一分析意味着，由于构建了中值成员，即使我们仍处于个体决策计算层次，仍有可能对多数规则下的集体决策进行某种分析。如果预测到财政制度会影响中值选民所表达的偏好，那么便可以预测到他们在相同方向上影响最终的集体结果。

在一致同意投票规则下，结果会在很大的范围内变得无法确定。在此处的三人模型中，一致同意产生的结果可能仅局限于 OX_A 和 OX_C 之间。如果对产出的持续增量进行投票，那么对于超过 OX_A 的量就不会达成一致意见。另外，如果选择过程始于某一大于 OX_C 的量，那么只有在减少到这一水平且不再减少时才有可能达成一致意见。在此范围内的量是不能通过所有当事人以一致同意的方式进行修改的。

评价相同但税—价不同的三人模型

现在，在可能程度上将财政制度变迁所产生的影响分离出来是有用的。为此，我们现在假设彼此独立的个体需求曲线是相同的，如图 11.3（a）所示。然而，我们假设个体在可能与确定税—价有关的某一方面彼此不同。假设他们仅在收入方面不同。

在等额人头税下，该模型变得与前两节所讨论且与图 11.1 相联系的模型相同。由于对所有参与者来说需求和税—价都相同，因此在任何投票规则下所选出的量都将相同。然而，如果我们引入一种将税负与收入水平相关联的税收制度，那么个体将面临不同的税—价。假设在该集体中个体 A 收入最低，个体 B 为中值收入，个体 C 收入最高。在比例所得税下，可以说，此三人将面临图 11.3（a）中的一系列税—价，即 P_A、P_B、P_C。尽管需求量相等，但此三人将因为在税—价上的差异，现在所偏好的公共物品数量不同。与上述评价不等的模型一样，在这一模型中，具体的决策规则将影响政治过程的结果。在多数规则下，中值收入者倾向于施加控制性影响。

累进所得税在产生普遍结果方面与比例所得税没什么不同。尽管它倾向于拉大高税—价与低税—价之间的差距，但在多数规则下，中值收入者倾向于保留控制权。然而，累进制可能通过改变该中值选民的偏好结果对结果施加重要的影响。为明确这一点，在税—价结构中引入**对称**移动和**非对称**移动的观念是有用的。假设比例税率结构既定，并且假设

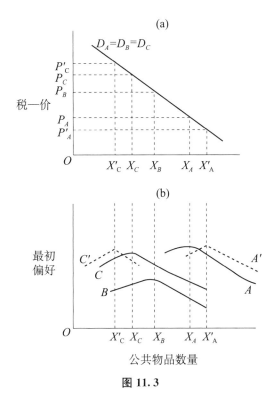

(a)

$D_A = D_B = D_C$

税—价

P'_C
P_C
P_B

P_A
P'_A

O X'_C X_C X_B X_A X'_A

(b)

最初偏好

C'
C
B
A'
A

O X'_C X_C X_B X_A X'_A

公共物品数量

图 11.3

引入累进制。引入累进税率的一种方式是提高向"富"人征收的税—价而降低向"穷"人征收的税—价，且中点或中值者税—价不变。这在此处定义为税率结构上的对称移动，并且它将不影响这一模型中的结果。中值选民保持着对多数规则结果的控制，并且他所偏好的结果不变。然而，假设引入累进制的方式是，提高"富"人的税—价，降低"穷"人**以及**中值收入者的税—价。当改变中值收入者的税—价时，移动是非对称的。如果这一移动减少了这一关键性的税—价，那么在简单多数投票规则下引入累进制将具有增加公共物品供给量的效应。该中值收入者面临较低的税—价，而且他将渴望更大的量。非对称移动未必是单向的；引入累进制的方式可能是提高"富"人的税—价**而且**还提高中值收入者的税—价，而减少"穷"人的税—价。在这一情形中，对简单多数规则结果所产生的效应与上述效应相反。公共物品的供给量将倾向于减少。

这一分析意味着，除非确定中值选民相对税—价的影响，否则即使是在高度限制的相等评价模型中，也无法预测简单多数投票规则下累进制和比例制对公共物品供给的不同影响。这是一个经验事实，而且可以在此处讨论的集体选择模型情境内对现实世界中税率结构的性质和这些结构中的变化开展有益的研究。

与比例制相比，从图11.3（b）中可以很容易地看出累进制在一致同意决策规则下的效应。其范围扩展到比例制下可行范围之外。各点所形成的"解"集更大。这一结论可能比其最初表现的更为重要。民主政治结构中的决策很可能要求多一点或少一点简单多数同意规则。只要决策事实上要求某一更大的多数票支持才有保障，一致同意模型便可能产生有用的预测。在所有有效的多数规则下，所得解的范围在累进税率结构下比在比例税率结构下更大。因此，所观察到的对公共部门"适度"规模的不满意度应该更大。其隐含的意思可近似地进行经验检验。

评价和收入均不同，但偏好模式相同的三人模型

如果我们要提出具有扩展收益的假设的话，有必要使用限制条件较少的模型。在现实世界的财政制度下，不同的人对公共物品的评价不同，并且人们在其他方面也不同，其中一些将关系到如何决定他们的税负。给定这种个体互异的世界，存在有条理的理论可用吗？显然，如果我们对个体间差异的走向和程度不施加条条框框，便很难具有前瞻性。然而，如果我们给模型强加一些限制条件，而这些限制条件远不如迄今所用的限制条件那样严格，那么就可以加入一定的条理性。

我们建议对均等世界模型进行改造。我们假设相互独立的个体的**偏好模式**相同，但收入不同。换言之，如果模型中的个体收入相同，那么他们的需求行为也将相同，但是由于他们的收入不同，故而他们对公共物品的需求将不同。鉴于收入效应对个体选择行为的影响，这允许人们之间的边际评价或需求曲线各不相同。尽管仍受到高度限制，但该模型比早先介绍的模型更具有相当大的一般性。如果在公共物品和私人物品之间进行选择时不存在收入效应或这种效应相对不重要，那么该模型便简化为刚刚讨论过的那种；在此情形下，相互独立的需求曲线变得一模一样。然而，如果收入效应是重要的，那么这个新模型，我们可称其为**均等—偏好模型**，便允许将收入效应加入我们的分析之中。

总体而言，对公共物品能够想出的任何收入弹性系数值都可以用此模型进行分析。然而，我们通过进一步假设系数为正这一条件来限制分析范围。这指的是该三人的需求曲线可以按相关数量范围内的收入水平

进行排序。如图 11.4 所示，D_A（收入最低者的需求曲线）位于 D_B 以下，按相同原因依此类推，D_B 位于 D_C 以下。

此三人中每人所面临的税—价无论是在比例所得税还是累进所得税下也都会因收入不同而不同。因此，依照上述排序，只要收入弹性系数为正，税—价便与边际评价或需求一致。这意味着可能存在某种税—价结构以产生唯一的决策规则不具影响力的集体结果。换言之，对于公共物品边际评价任何给定的排序，都应存在确保我们所谓"完全中性"的某种税—价的排序。该结果将满足帕累托最优的必要条件，而且还不会在关键意义上依赖于达成政治选择规则的性质。对于实现"完全中性"所必须满足的条件是：**税—价曲线的收入弹性必等于公共物品需求的收入弹性除以公共物品需求的相对价格弹性之商，但符号相反。**此条件成立时，决策规则就不重要了，而且在**任何**规则下产生的结果都是"最优的"。

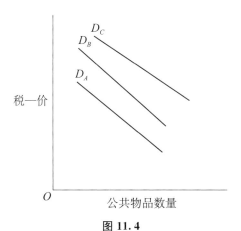

图 11.4

上述原理适用于需求收入弹性为零的情形；此处所要求的税—价结构还必须具有零收入弹性。换言之，只有当所有的人所面临的税—价都相等时，该条件才得以满足。如果集体物品具有单位需求收入弹性，那么**只有当集体物品也具有单位需求价格弹性时**，苛征比例所得税才会产生中性结果。注意，比例税制下税—价曲线具有单位弹性。

我们之所以能够在此处使用人们熟悉的收入和价格弹性这些概念，原因在于，我们假设不同的个体所具有的基本偏好模式是相同的。这允许我们将不同收入水平上的两个个体的选择情形视为等同，就分析而言只涉及单一个体的收入变化。需求的价格弹性正常情况下有望为负。因此，正如公式所示，如果需求的收入弹性为正，那么"完全中性"必然要求税—价随收入增加而增长。例如，假设一个人的收入增加了 10％。这样，当需求的收入弹性范围为 2 时，公共物品的偏好量将增长 20％。进一步假设，在相关范围内，需求的价格弹性取单位值。税—价增长多少才刚好充分确保个体有与收入变化前相同的偏好量？答案显然是20％。因此，如果税—价曲线的收入弹性在这一范围内也是 2（累进税率结构），那么他的收入地位从第一到第二的改变并不影响他对公共物品选择一个最偏好的供给量。将这一推理过程应用于具有相互独立收入水平的两个个体而不是具有相互独立收入水平的一个人（这是均等偏好假设所允许我们做的），我们可以说，如果在此情形下税—价曲线所示的弹性为 2，那么对相同的公共物品数量，此两人都将感到"满意"，这当然是我们在后一概念意义上所讲的"完全中性"的前提条件。如果在各种可能收入组成的整体范围内该公式都得以满足，那么每一个集体成员，无论其收入水平高低，都将"选择"相同的公共物品数量。如果每人轮流充当独裁者，那么公共物品的供给量不会随决策权力的转移而改变。给定满足"完全中性"公式的税收体系，独裁、简单多数投票和一致同意都将同样确保结果是帕累托最优的。

　　"完全中性"这一概念对于集体中的实际税—价结构意味着什么？在决定满足必要条件的税率结构时，或者按适合我们目的的说法，即在决定所假设的任何具体税率结构的影响时，需求的收入弹性与价格弹性具有重要关系。如果公共物品需求的收入弹性偏高且为正，而需求的价格弹性偏低，那么累进税率结构将有必要达到上述这种中性。换言之，如果这些弹性条件起作用，那么一个给定的累进制结构对公共物品的供给未必会造成整体上的无效率，而且也未必像其他情形下可能发生的那样使结果如此直接地依赖于政治决策规则。另外，收入弹性系数相对于价格弹性系数的下降，倾向于减少中性税—价曲线的累进性。而且，如果需求的收入弹性为负，那么为实现中性，税—价曲线的弹性也必为负。当然，这意味着低收入者在此情形下比收入较高者实际上必被征收较高的税—价。

　　"累退"税率结构在此场景中适用于何处？按照正常的用法，该术语所体现的制度体系具有税—价随收入增加但不是按比例增加的特点。比较容易看出的是，对于具有较低收入弹性系数的公共物品而言，如果要达到中性，那么累退税率曲线可能是必要的。这意味着对"完全中性"整体概念的考察要多加仔细。严格意义上讲，该公式仅指这一体系就政治决策规则而言是中性的。其隐含之意是，任何满足这一要求的体系在应用帕累托福利准则时在人们更为熟悉的意义上都是"中性的"或"有效率的"。只有通过满足这一条件，才能以帕累托最优方式获得帕累托福利界面上的点。注意，这并不是说福利界面上的位置以非最优的方式就不能达到，而它很有可能是以非最优的方式达到的。而且，假设一些对个体"最优"的偏离相互抵消，如果希望通过为公共物品融资的方式进行某项净再分配，那么就可能在不满足上述公式的情况下达到帕累托福利界面（暂时不考虑可能违反其他一些必要条件的情况）。然而，注意，以非最优方式达到福利界面从来都不会直接从个体选择行为中推导出来，而且还要注意，在这种情形下，政治规则对于决定所有具体可能产生的结果而言再次变得十分重要。换言之，只有全知而仁慈的专制者才可能有能力以非最优的方式将集体移到福利界面。

我们此处的兴趣不在于分析在标准帕累托意义上财政制度对"效率"的影响。[①] 相反，我们的兴趣在于试图初步预测出，有关各种财政制度通过它们影响个体选择行为而在哪些方向影响公共物品的总支出。回到这一首要的重点任务，让我们一直处于均等偏好模型中并且假设处于简单多数投票决策规则下。如果不考虑是否存在"完全中性"的话，还有可能对累退税制、比例税制及累进税制的不同影响进行预测吗？必须再强调一遍由中值选民—纳税人所体现出的关键位置。如果任何有关该中值者的移动都是对称的，那么对多数票的办法将不会产生直接影响。可以在不改变政治结果的同时改变税—价结构。只要有关中值者位置的对称性得以保持，税率结构就能够在较广范围内"倾斜"而不影响多数规则制度下所供给的公共物品数量。如果税—价结构中出现了非对称性变化，那么多数票办法将倾向于被改变，并且改变该制度的效率。

对称性或非对称性是根据中值选民予以界定的，其偏好沿着公共物品数量的刻度进行排列。在我们讨论这一点时所具有的简单情形中，我们已经假设个体评价与收入是序数相关的，而且，税—价结构与收入水平是序数相关的。然而，即使不超出这些假设，多数规则模型中的中值者或决定票选民可能并不获得中值收入。就这一点而言，我们已隐含地假设并不存在这种可能性。然而，应该承认的是，在一定的结构下，根据公共物品偏好所排列出的个体顺序可能与根据收入所排列出的并不一致；这应该特别引起注意，因为某些引用的经验证据说明这一模式是存

---

① 一个与本章内容相似并且更为强调效率方面的分析，参见我的论文"Fiscal Institutions and Efficiency in Collective Outlay," *American Economic Review*, LIV（May, 1964），227-35；而且，还可参见本章附录中对均等偏好模型所做的更为详细的考察。

在的。在一个以尤其面向中高收入阶层的非累进税收结构为特征的地方社会中，政治联盟可能融合了与中等收入阶层相对立的高、低两个收入阶层。正如我们将在第十三章指出的那样，相当多的经验证据准确地表明这种情况在美国的大城市中是存在的。在这一情形下，中值选民可以居于中等收入范围内高、低两极其中之一。尽管不可能如此轻易地预先提出有关税率变动的实际影响的推论，但对称性和非对称性的相关分析甚至在这里还可以继续使用。这种情形只有当人们之间评价中的"累进性"超过税—价结构中的"累进性"时才可能出现。

均等偏好模型的契合性

均等偏好模型具有高度限定性。对公共物品的个体需求，有如对私人物品的需求，不仅随收入不同而不同，还会因为其他原因而变化。然而，如果承认这一点，那么是否可以对行为模型施加一些限制使得概念上的预测仍可进行？此处，我觉得有必要出面为均等偏好模型做些辩护。适当考虑一下，该模型比它第一次看起来限制性稍有放宽。人们的品位彼此不同；这是可以而且必须承认的。但是否有针对这种区别的模式，还是必须假设它们是随机的？如果我们考察特定的物品，私人物品抑或公共物品，肯定会看到一种遍布的需求模式。一些人正巧不爱吃蒜；而其他人喜欢。相似地，对国外援助也有这种情况。另外，如果我们考察整个私人物品领域，或整个公共物品领域，那么还能观察到这种广泛不同的品位吗？尽管仍然存在着区别，但区别可能相对较小，除非是与收入水平有关。当考察收入效应时，要提供最终并且是关键的检验。对于与私人物品相对的整体公共物品领域的消费而言，如果人们之间的收入差别倾向于压制住品位差别，那么此处引入的模型对于我们的目的而言仍保持着相当大的相关性。

一般而言，如果个体对公共物品需求的差别与个体在收入或财产上的差别不相关，那么基于这些特征征税便没有多少经济意义，而且必然会导致资源配置的严重扭曲。那些我们熟悉的普通税征收制度使用个体收入或资产来计算个体税负，其所隐含的假设是，一般而言，全社会成员一起分享公共服务的共同收益，并且这些收益会与收入—资产地位以某种方式相关。这并不意味着，现代税收制度是从税收"收益原则"中如此这般地演化而来。但是甚至这一所谓的"支付能力"原则也隐含着某种"支付意愿"，相应地，这意味着普通税收应与收入—资产水平相关，这大致是因为个体需求是如此排序的。

任何普通税原理的适当性，或任何普通税制度的可能效率，都依赖于集体部门的实际限制。通过税收资金融资的服务必须以适当的方式"向全社会征税"，换言之，它们必须提供普遍的、无歧视的收益。如果不遵守这一"原则"，并且用公共部门提供这些为让社会中具体的亚集体受益而设计的服务，那么均等偏好模型显然便用不了，普通税制度也用不了。例如，当美国政府讨论为灌溉项目融资时，应用均等偏好模型显然并不合适。而且，更重要的是，基于效率上的考虑，使用普通税制度为此类具体受益服务融资也不合适。

无知、不确定性与幻觉

在本章中已假设了个体参与者是基于对备选方案的完全信息而行事的。正如前几章所言，此类假设是不牢靠的，而且个体必须要在无知、不确定性与幻觉下投票选择，这些因素也会随税制的改变而发生显著变化。这些效应使任何政治决策过程结果的可预测性减弱，原因很简单，即个体选择的可预测性减弱。

达成一致的过程所花费的费用实际上并不会高于信息更为充分的条件下的成本。在面临有关备选方案预期结果的真正不确定性时，个体比他在自身收益更为明确可辨的确定性情况下会倾向于同意其同伴的意见。这似乎具有正面优势，而且这意味着财政制度尽管体现出相当大的不确定性并创造出幻觉，但其所具有的"效率"属性常常被忽视。这无疑是正确的，但是在减少达成一致的成本时所涉及的效率，在任何决策规则下，都将倾向于在分配意义上被更大的成本或无效率所抵消。尽管事实上个体对备选方案结果的影响不得而知，但对他而言仍然存在着某种"最优"结果，前提是他能知道这是什么。事后所看到的对这一"最优"结果的背离反映出分配的无效率。如此，使个体选择者心中产生不确定性的制度，同时倾向于减少达成政治上一致意见的成本以及在某种分配意义上增加的"犯错"成本。在每一特定情形中都必须对这两个因素进行比较，以决定各种不同制度的整体效应。

结论

上述讨论显露了在构建和使用政治决策模型时出现的问题。尽管如此，中值纳税人在绝大多数多数投票模型中所处的关键地位则允许采取重要的一步，以将个体选择行为的分析转换为与集体选择相关的分析。如果我们能以某种方式确定中值选民的位置，然后就能够通过对个体决策计算的分析预测出各种制度在哪些方向影响财政选择。这一设计使我们能够在跨越集体选择桥梁时使用很多在前几章中提出的个体选择行为理论。

整体分析是否得当有赖于简单多数投票模型能否适当反映民主政府制下的真实政治过程。显然，在税收和公共支出方面的决策不是在冠冕堂皇的市政会议中，甚至也不是在地方政府层级做出的。关键是，简化的市政会议是否可以发挥模型的作用，使我们能够用以分析很多更为复杂的财政决策过程。除了通过将模型中出现的假设与观测经验进行检验，没有什么方式可以用来回答这一问题。就某种表面描述的意义而言，通过这一方式仿佛并不能做出决策，这一事实相对而言几乎没有告诉我们多少有关模型预测力的事。

第十一章附录

均等偏好模型下的帕累托效率

在本附录中将对税—价曲线与收入变化所引起的个体边际评价变化之间的关系进行更细致的考察。对第十一章中提出的完全中性的公式推导予以澄清，并且对相近的征税制度所隐含的一些效率问题予以说明。该分析限定在均等偏好模型下，并且正文中主要讨论的那些假设框架在此处继续成立。

假设存在对收入征收的比例税，而且这是用以向单个公共物品融资仅有的方式。怎样的个体偏好模式特征（而且，依据假设，这些特征对所有个体都一样）才能确保完全中性？对该问题的阐释如图11.5所示。纵轴衡量的是私人物品，横轴是公共物品。比例所得税制度表示为在横

轴上与 G 点相交的扇形"预算线"排列。对拥有私人物品（收入）Y_1 的个体而言，他所面临的"预算线"为 T_1，并且这条线的斜率是他对有关公共物品供给量进行任何决策时所面临的税—价。相似地，个体在收入 Y_2 处所面临的"预算线"为 T_2，依此类推。

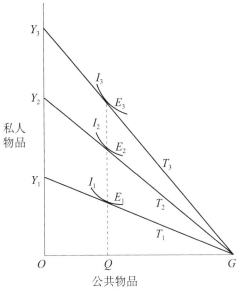

图 11.5

根据纯集体物品的定义，所有集体成员都必须消费或者可以得到等量的公共物品。假设这一数量为图 11.5 中所示的 Q 点。问题变为：怎样的偏好图形特征才能确保那种用所述税—价融资的 Q 单位公共物品满足完全中性所需的条件？答案现在在构图中是显见的。当个体被从 E_1 移动到 E_2 再到 E_3 时，收入和税—价都会增加。正常情况下，收入的增加倾向于使他偏好更小的量。使不同收入水平下的个体（或是该模型中不同收入水平下的不同个体）都满足于相同的量 Q 的必要条件是，要求他对公共物品的需求量的收入效应完全被价格效应抵消。

如果比例所得税会满足这一条件，那么收入弹性系数就必须与价格弹性系数相等，但符号相反，因为我们知道，在比例税率结构下的税—价曲线的收入弹性等于 1。

对累进税制的阐释见图 11.6。注意，如图所示，个体的税—价并不随公共物品数量变化而变化；该"预算线"始终是线性的。尽管这一

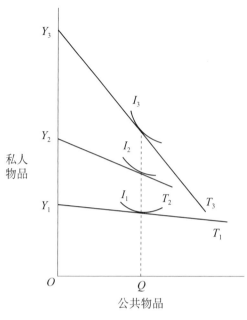

图 11.6

假设对此处的分析而言并非必需，但仅出于方便之用。[①] 累进制下税—价曲线的弹性大于1单位；预算线斜率的增加比例大于收入增加的比例。在该图中，如果价格效应将被收入效应完全抵消，那么需求的收入弹性绝对值必然超过价格弹性绝对值，比率恰好等于税—价曲线的弹性。此公式见第十一章正文，并且它仍然是普遍有效的。

上述分析可以通过构建税—价曲线和边际评价曲线进行扩展。在图11.7中，现在收入（或私人物品）沿纵轴衡量，并且税—价沿横轴衡量。对任何具体数量的公共物品，比如Q，一个我们假设以固定成本向社会提供的公共物品的量，都存在一条个体沿收入轴线移动时将要面临的税—价曲线。如此，在比例税制（比如10%）下，如果个体收入为1 000美元，那么他将支付的总税—价为100美元，而且如果他的收入为10 000美元，那么总税—价为1 000美元。一旦我们知道每单位公共物品的成本、社会成员数量及他们适当的收入水平，就能很容易地将总数额转换为单位税—价。如果供给量必须是某一更大的值Q，那么这

---

① 对这一性质的非线性"预算线"方面的讨论，参见 R. A. Musgrave, *The Theory of Public Finance*（New York：McGraw-Hill, 1959），p. 122。注意，尽管马斯格雷夫的图表与此处介绍的图形相似，但他用于此处的目的多少有些不同。

一10％的税率就必须提高，这样就强加给全体集体成员每单位更高的税—价。

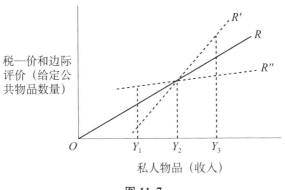

图 11.7

在图 11.7 中，R 线代表比例税制下给定公共物品数量的一条税—价曲线。如果要保持图 11.5 中所描述的完全中立位置，那么还必须让 R 线代表边际评价曲线。从图 11.5 中 Q 点出发沿收入垂直线相继画出无差异曲线的斜率便得到这条曲线。如果累进税收结构将达到完全中性，如图 11.6 所示，那么边际评价曲线必然沿着税—价线分布或与之相应，如图 11.7 中的 R'。累退制如 R" 所示。

然而，该分析具有局限性，除非引入对完全中性的背离，而图 11.7 的构建促进了这一扩展。假设边际评价曲线沿 R 线进行，并且比例税制将达到完全中性。让我们考察当做出改为累进税制的决策时将发生什么。正如我们关于早先模型的论述，有必要就有关中值选民—纳税人的位置对税—价曲线上的**对称性**和**非对称性**变化予以区分。如果税制从比例制变为累进制而该中值选民所面临的税—价保持不变，那么从集体征收的总税负保持不变，并且在简单多数投票下的"政治均衡"这一主流观点也不会改变。供给等量 Q 的公共物品。尽管该转变本身并非帕累托最优，但其结果仍是帕累托最优的。如果我们无视其他一些必要条件（例如对提供努力的影响），那么我们可以说这种从比例税制向累进税制的对称性转变，相当于从帕累托界面的一点移动到另一点，二者之差表现为排他性分配特征。实际上，这一转变等于收入在富人和穷人之间进行的一系列转移。因此，如果图 11.7 中的税—价曲线由 R 变为 R'，那么公共物品的供给将保持不变，而且"富人"的税—价超出边际评价的部分恰好等于"穷人"的边际评价超过税—价的部分。"富"人过度补偿"穷"人的情况不可能出现，反之亦然。这一点可以表述为，假设一个三人集体，每人的收入水平分别为 Y_1、Y_2 和 Y_3，如图 11.7 所示。

在分析层面，向税—价累退制结构的对称性转变与向累进制转变在所有方面都是相似的。此类转变之一如图 11.7 中 R'' 所示。在这一结构下"穷"人是受剥削的，但他却无法贿赂"富"人以求变，并且中值者的地位保持不变。

对称性未必表现出由一种税—价曲线变为另一种的特征。现在假设，对于给定的公共物品数量 Q，既有的税—价曲线如图 11.7 中 R 所示，并且，与前述一样，假设这一曲线确保了完全中性。换言之，给定成本和分配条件，对于该 Q 量而言，边际评价曲线也如 R 所示。现假设发生了向累进税率结构的转变，但是这一变化就中值选民所面临的税—价而言是非对称性的。在此情形下，数量 Q 将不再维持简单多数投票所确定的"均衡"量。

当然，非对称性转变可以分别从这两个方向加以衡量。中值选民所面临的税—价可能增加也可能减少。如果它增加了，那么公共物品的均衡量将减少；如果它减少了，那么均衡量将增大。因此，其他条件相同，税制从比例制变为一种累进制会减少、持平或增加那些倾向于迎合多数人意愿的公共物品的供给量。此处影响的方向取决于相对于边际评价曲线而言，该税率变化是对称性的还是非对称性的，而且如果是后者，则要看权重方向。这些结果可以很容易通过图表表示，如表 11.1 所示，其所考虑的是一个 5 人集体。收入表示在第 2 栏中。

一个 10% 的比例税率结构所产生的总税负为 750 美元，并且，为简化起见，假设公共物品在 1 美元成本处为全社会可得，这允许起初的供给量为 750 个单位。进一步假设在 20 美分的税—价水平上，中值者 C 处于"私人"均衡处，其需求曲线如表 11.1（b）所示。该表中的第 5 列表示对称性累进制结构。与之相对，第 6 列和第 7 列表示相对于早前存在的比例制结构而言的非对称性累进制结构。首先看第 6 列，注意，对 C 的税—价减少了，而且 C 因此将希望得到 900 个单位的公共物品，而不是早先提供的 750。相似地，在第 7 列所示的税率结构中，C 将只需要 500 个单位的公共物品，因为 C 所面临的税—价将增加。无论是此两种情形中的哪一种，750 都不是均衡量。

表 11.1

(a)

单位：美元

个人（1）	收入（2）	边际评价（3）	总税收 10%（4）	对称性累进（5）	非对称性累进	
					右（6）	左（7）
A	1 000	100/750	100	0	25	0
B	1 000	100/750	100	0	25	0
C	1 500	150/750	150	150	100	200
D	2 000	200/750	200	300	300	275
E	2 000	200/750	200	300	300	275

750（750） 750（750） 750（900） 750（500）

(b) 个人 C 对公共物品的需求表

税—价	数量
200/750	500
150/750	750
100/750	900

这些结果可以用几何形式表述，如图 11.8 所示。与此前一样，假设边际评价曲线表现为单位收入弹性，并且如 R 所示。在多数投票制下达成的一个新的政治均衡处，如果非对称性转变侧重于向右，那么收入为 Y_2 的中值选民的位置将比在比例税制下更为有利。在此图中，如果新的税收曲线如 R' 所示，那么中值选民的支付小于平均税额；他的税—价比在比例税制下的低，并且公共物品的均衡量增加。结果在帕累托意义上是非最优的。"富"人现在可以花得起钱贿赂"穷"人以让他改变投票，如果这种贿赂可能的话，所做的事情是他在对称性累进制下无法做到的。他可以如此行事是因为，他现在多支付的税额大于多出的收益，在边际上大于"穷"人所得。如此，当发生从比例制向累进制的非对称性转变时，公共物品的供给也发生了变化，而且结果是脱离了福利界面。

如果以非对称的方式引入累进制，但其权重偏向左侧，那么就会出现相反的结果。中值者在比例制下面临更高的税—价，而且他将通过需求更少的公共物品对多数结果施加影响。当新的均衡建立后，这一情形如 11.8 中 R'' 所示。

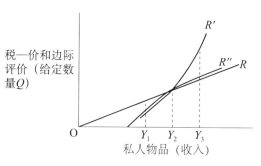

图 11.8

在引入累进税率结构时使用过的那种分析可以被应用于引入累退结构时所做的分析。这一扩展将不会在此进行。当然，这一分析可以应用于税—价和边际评价曲线任何你能够想出的图形。

上述分析在何种程度上可用以帮助我们回答实际的而非假设的问题？尽管假设还是得大胆，但做出的预测貌似合理。公共物品需求的收入弹性似乎为正并且不大可能与单位值偏离太多。为分析起见，我们还可以假设价格弹性取单位值。在此情形中，为严格满足完全中性条件，就需要比例税制。如果实际税—价结构也大致是比例性的，那么当把所有税收制度联系起来考虑时，我们便可以得出具有某种精确度的结论，即多数投票规则很可能大体上产生一种对公共物品的"最优"支出，前提是这些物品仅包括一般意义上的真正集体物品。另外，如果所观察到的实际税—价结构是严格累进制的，而且如果该中值选民被发现所得低于平均值，且税负低于平均值，那么情形就变得类似于图 11.8 中曲线 R′ 所表现的那样。结果很可能是非最优的，因为，相对而言，公共物品的数量超过了在帕累托意义上的"有效"数量。相比之下，在相同的收入弹性和价格弹性假设条件下，如果实际的税—价结构是累退制的，那么出于公共物品供给不足的原因，这一情形是非最优的。当然，对这些关系中的若干方面进行的经验研究可以为做出全面评价建立更好的基础。

当然，这一弹性假设会受到质疑，包括对模型中的一些部分，而且在这些方面的变化将导致不同的一般性预测。回忆一下，全部分析都是基于均等偏好模型的。然而，当试图进行现实的分析时，就没有必要像它所表现出的那样受局限。公共物品边际评价可能倚仗的经验数据来自横截面数据调查。最多是得出某种综合偏好图，即典型的"平均"或代表性纳税人—选民，或近似于此。就此类数据而言，均等偏好模型采纳起来便不困难。

对政治经验的观察可以得出有关税—价曲线和边际评价曲线之间分离走向的有用建议。如果在收入水平和个体公民对公共支出方案扩充意见的反应之间不存在可观察到的关系，那么此处的分离就会很小，而且会相当接近完全中性。另外，如果观察到"穷人"大体上都赞同支出方案扩充意见，而"富人"大体上都予以反对，那么边际评价和税—价曲线之间的"倾斜"方向便得以体现，或者反之亦然。一个极为有趣的情形是，"穷人"和"富人"合力赞同公共支出方案扩充意见以应对"中等"收入集体的反对，这一点通过第十三章将汇报的一些经验研究内容表现出其契合性。通过此处提出的模型可以以貌似合理的形式对这一点进行"解释"。如果边际评价曲线为单位值，如图 11.9 中 R 所示，而且税—价曲线表现为图中 R' 的形式，那么这一政治结果就会随之出现。注意，这似乎是一些大城市中税—价曲线的可能形状，在那里最低收入群体大批逃税，大量税收从普通财产税中征收而来。注意，在图 11.9 中，收入为 Y_1 者（而非 Y_2）是中值选民，因为对公共物品的偏好并非按收入顺序排列。当然，对此类结果也可能有其他"解释"，但此处提出的工具可以拓展到此类结果的分析上这一事实可能一方面体现出它们的力度，而另一方面则体现出它们的局限性。

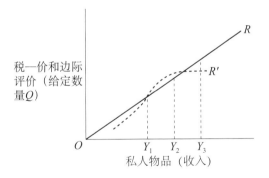

图 11.9

第十二章 从理论到现实世界

引言

无论科学家从事什么主题的研究，都要跟模型打交道。他化繁为简，他进行抽象，他故意远离那些会使他的分析变复杂的论述要素。然而，在此过程中必须谨慎从事，以免丢掉重要的解释因素，不使模型变得既如此抽象又如此一般化，以至于它不再具有基本的分辨力，而如果要保持其对现实世界的适用性，就得具有这种分辨力。

社会科学家致力于解释社会制度及此类制度下的人类行为，他们所面临的是一个个具体的难题。他所分析的单位主体是作为个体的人，即一个主动决策的生命体，而非一个机器人。只要人能选择，而且确实做出选择，科学家就不能准确预测或解释他的行为。使得这一复杂性更进一步的是对行为可能会产生一系列几乎是无所不包的影响，要努力大致成功地做出预测也是极其艰巨的事。

在社会科学家中，经济学家占得先机，尽管其地位确实并非牢不可破。市场中人的行为，即买卖物品和服务，或多或少可以被更好地预测，由此较之于他在其他诸多身份下的行为或多或少更适于进行科学分析。只要个体是在"经济学意义"上行事，经济理论就是一种准确的科学，而且能够提出可在概念上予以反驳的假设。将操作性内容施加于科学之上是一件更为复杂的任务，因为不可能知道人们在何种程度上是本着"经济学意义"行事的，甚至在其受约束最强的市场行为中亦是如此。然而，如经验所示，这种经济动机在许多情形中已证明具有充分的支配力，以使假设经得住对行为进行实际观察的检验。

政治中的个体行为

人不仅在市场中进行简单买卖，而且在其他诸多身份下行事、选择。人具有政治行为。当得到机会时，他便进行投票或选择弃权。他加入压力集团。他为竞选捐款。他参加竞选。他书写信件。对此行为可以进行科学分析吗？

或许并不令人惊奇的是，在解释潜力上"政治科学"与"经济科学"并非如出一辙，而且在理论模型中"选民主权"的含义尚不能与经济学家所提出的"消费者主权"的复杂度相提并论。在日常用语中，当我们谈到**经济**行为时，我们有一个共同参照点。称一个人的行为具有"经济意义"，我们实际是指，当面临有关选择时，他以某一外部观察者可度量的方式（如收入财富、或其他可进行客观度量的变量）择"多"弃"少"。相比之下，称一个人按"政治意义"行事是什么意思？有很多答案或解释，而且恰恰是出于这一原因，使得构建分析模型变得困难。如此多的因素影响或可能影响政治选择中的行为，以至抽象化似乎并不可能，而且将要成为科学家的人感到他本人迷失在了由描述、经验和历史组成的复杂世界中。并不存在真正的理论，而且在预测，或者甚至是基本的理解上，他似乎也力有不逮。[①]

然而，我们知道，关于政治行为的某种分析有助于我们理解社会制度。即使在科学家认识到他一定会止步于经济学家所获得的没什么可羡慕的地位前，他起初却并不绝望，而会部分采用解释的方式。人的政治行为是可以在限定范围内被解释和预测的，即使这些限定条件比在解释市场行为时的必要条件更为严格。

作为初期阶段，将经济学家的模型延伸至政治选择并且看其能解释多少，这是有益的。显然，此处是有一定解释价值的，因为即使当一个人踏出市场之外并且踏入选票池时，他在一定程度上仍是按经济准则行

---

① 在此类情形中，"建立理论"之需变得比什么都重要。

"当我们认为因为政治行为是随机而且是偶然的，所以政治科学必须有别于其他科学时，我们就本末倒置了。我们对政治行为的客观认识不多，其原因并不在于政治行为是随机且偶然的。原因在于我们对它并无诸多客观上的认识，它似乎是随机和偶然的。"Charles Frankel，*The Case for Modern Man*（New York：Harper & Bros.，1956），p.132。

事的。他继续面临着那些能够减至符合经济上可测标准的备选方案，并且他在这些备选方案中进行选择的行为可以按初级经济学的简单命题加以检验。仅通过非正式的经验论便可指出，个体政治行为的经济模型的有效性在广泛的现实选择中得以扩展。正是加利福尼亚的国会议员推进着联邦灌溉支出计划；正是城市中的国会议员支持着城市改造计划；正是波音飞机行经地区的参议员对 TFX 战机牢骚满腹；正是因为喊出了他能给马萨诸塞州带来更多的国防工厂，泰迪·肯尼迪（Teddy Kennedy）当选了。

政治的经济学

当整体经济中更大比例的资源通过公共或集体决策进行分配时，将经济分析延伸到政治选择方面的契合性便增强了。就某种意义而言，财政机制，即政府财政制度，便是整体政治过程的经济元素。人进行政治上的选择；尽管其决策的结果可在一些不同的维度上予以诠释，但最重要的，一方面哪些是以美元和美分度量的税负成本，而另一方面哪些是在概念上可按美元和美分度量的收益值。政治决策，不亚于其他任何问题，是可以用成本—收益语言进行合乎情理的讨论的，并且对收益和成本的预测可以达到一定的合理准确。公共财政，作为一个学术分支，也作为一门科学，处于经济学领域和政治科学之间的边界线上，是一门**政治的经济学**。

政府各项财政制度既是经济制度也是政治制度，并且它们对公民个体的影响以及个体对这一影响予以回应的行为都可以从经济学角度进行描述和分析。当然，这一点早已得到了承认；公共财政已经是经济学的一个子学科了。然而，如前所述，对财政制度影响的考察几乎都只放在个体在市场上的反应上，这是经济学家的立锥之地。人们大致已忽略了个体在政治选择过程中的种种反应。这就解释了为什么前几章所倾心讨论的题目看似与这一领域的专业研究格格不入。

什么是政治中的个体行为？

是否由以上可知，因为财政制度影响个体在市场中的行为，所以他们必然影响政治选择中的此类行为？例如，如果考察累进所得税对个体做出工作—闲暇选择的影响是有意义的，那么考察这一相同的制度对个体做出有关混杂公共部门—私人部门的选择的影响也必定有意义吗？其中第二个问题明确引入了**政治选择中的个体行为**，并且即使是对此看上一看，我们也要求一套分析场景，即模型，这在第一种方法或正统方法中是不需要的。有必要确定这一行为具体是什么。我们所用术语的意思是什么？政治中的个体选择是什么？

我们在早前的章节中通过使用过于简单的政治过程模型回避了这一问题。如果要为此类模型的契合性正名的话，我们就必须将他们与现实世界相联系，个体在那里生活、反应，并且最终选择。就这一点而言，在分析财政制度时我们已经假设个体公民或多或少是直接参与到对公共支出方案的投票选择中的，并且假设最终的决定是基于诸如多数投票这种十分简单的决策模型做出的。设计这样的分析能做出一些广泛且一般的预测，涉及财政制度影响个体对备选支出方案投票或潜在投票的方式。

现实主义者对政治世界如是观之，对他们而言，以上全部分析看上去会是白费心力，就像一个逍遥的浪漫派在魂牵梦绕一般，他对直接民主念念有词，他的模型暗含着通过消息灵通的选民在所有选择上不断地进行公投。如果该分析是为了提供科学的解释，或最终是为了提出完善财政结构的准则，那么就必须对此种指控进行抵御。

我们从确实要做政治决策这一简单的事实出发。无论如何，都要有人决定将多少钱用于公共支出，如何将其分配在各种支出项目上，以及用怎样的税收制度加以征收。科学家的任务是解释此类决定，并且如有可能，则构建出分析模型以能够就有关变化情形下此类决策的形式做出预测。

谁为集体做选择？

为了能够开始解释和分析，必须对决策单位加以辨识。谁做政策决策？谁为集体做选择？从公民个体参与上讲的"民主"指什么？公民个体在决策或结果上拥有多少控制权？他们"应该"施加多少控制权？政治秩序需要多少控制权才能被列为"实际的民主"？对这些问题尚未进行充分的讨论，而且针对它们的合适答案甚至更少。但如果要明白财政决策过程，而不考虑最终控制者，那么我们就必须回答这些问题。

分析师们经常含蓄地假设，政治决策是由实际脱离于公民个体的某个中央决策实体做出的。这一模型已用在对经济政策的许多科学探讨背景下，甚至用于财政改革。随着该主题的出现，这一模型从几个世纪前的政治现实中演变而来，当时专制者确实是为由受其统治者组成的集体做选择。在某一方面，令学界颜面无光的是，同样的政治模型本应在革命年代和向着大体上的民主结构变迁的时期固守其支配地位。（事实上，如果当政治结构重新变成实际的专制结构时此类模型又一次与之有了联系，那么这便是一种历史的嘲讽。）尽管克努特·维克塞尔等人发出了警告，但是经济学家和政治科学家都同样继续着他们的著述，似乎是专制者仍具有至高无上的权力，似乎是简单决策实体为整个集体做出政治选择，似乎是这些选择实际上不受公民影响。

带批判的观察对此处两种反应中的任何一个都应该有所促进。对政治现实如是观之，像帕累托所做的那样，科学家会说，所有有关民主过程的讨论都是虚构的，在任何社会秩序下都存在进行"统治"的核心少数，该阶层为它所寓于的人数更多的集体做出政治决策。与这一统治阶级相伴的是，人数更多的被统治集团为统治集团所支配，并且只有当被统治集团对强制条件的反应对决策者的计算产生反馈作用时，它才拥有政治决策的权力。如果此类统治阶级模型确实出自对政治现实的批判性研究，那么对此类模型的应用一以贯之应该会清除关于民主过程的许多困扰。然后它将允许分析者致力于发展行为模型的工作，在此情形中仅限于统治阶级的行为，这是他所能大体辨别的。只有被统治阶级的反应机制是需要进行分析的。

此外，对现代西方集体中政治现实的评价可能揭示出帕累托未曾看到的过程，通过这一过程集体中的公民有效地参与到集体决策的形成中。在这一模型中，选择是民享（for）的也是民治（by）的。没有一等公民；没有哪个政治集团成员一眼就可被看出注定会成为哲学王，没有谁会被特别拣选来为他们所寓于的人数更多的集体进行决策。没有统治阶级对被统治阶级的统治。并且，就某种终极意义而言，每一个公民都拥有大致平等的权利影响政治过程的结果，致大而精微。

偏执的现实主义者将很可能得出结论说，对此处这两个结论都有话可说；无论何时何地，在任何给定政治秩序下，都肯定存在运作着的统治阶级的因素。但是，在几乎任何政治秩序中，肯定还存在民主过程因素和公民控制因素。不同的秩序可以按它们与上述两种相反的模型之一的反应方式进行排列和讨论。并且任何具体秩序都可以通过这两个模型之一进行分析。然而，贯穿始终的分析要求将模型按彼此分离、相互替代以及解释工具对待。如果分析者选择在民主模型范围内进行工作，那么他就必须在公民—选民个体层面开始研究，并且他必须解释公民—选民的选择是如何被转换成集体决策的。

民主财政选择理论的基础

我们已强调，本研究仅限于政治秩序的个体民主模型。因此，分析财政制度必须从集体财政决策中参与个体所做的选择开始。在这一方面并不存在个体财政选择理论的基础，对这一点再强调一遍是重要的。此处进行的任何研究都必须以此种基础开始，并逐渐构建，以有望成为一个综合结构。本书的方法论体现在将**个体做出财政选择**这一假设作为核心命题。他们确实决定着公共部门的规模，以及成本和收益的分配。按此情形，随之，他们的选择会受到那些财政过程据以成形的制度的影响。人们将倾向于在不同制度下表现出不同的反应，并且本书所探究的正是这一系列反应。

我们知道个体是不会在接近于像各种直接民主模型可能提出的那种简单条件下做出他们的决策的。个体选择似乎是以一种更为间接而迂回的方式影响最终集体结果的，并且，因此，整个过程看上去不如简单模型所提出的那样更适于分析。这些模型代表了从间接影响中抽象并在理想化结构中审视人类行为的各种尝试。如此，所用方法与任何理论中所用的并无不同。然而，因为该方法很新颖，所以尽力将这些模型与个体在面临现实财政制度时的实际行为相联系。

现在考虑单一的非公务人员所处的地位。他在私人经济中赚取收入。他在自己所在政治管辖区中应用的物权法下拥有各式资产。他将他全部或部分收入花在有组织的市场中私人可以买到的各种物品和服务上。他还向一个或多个政府单位付税，并且这些税收会被以至少一种的具体方式施加在他身上，即通过一种或多种财政制度。他从自己和其他公民可获得的公共或集体服务中获益，并且这些收益或多或少可能是具体的，而且他们从至少一个公共支出方案中获益。

这一参照个体所面临的并非其每日针对"财政采购"所做的毫无新意的决定。事实上，出于绝大多数目的，他很可能将整个税收—支出过程看作是完全处于他本人的选择范围之外；换言之，即他通过私下或个体途径不能更改的东西。然而，这一说法并不等于在说，个体在实际的民主结构中的行事方式与他在专制君主或统治阶级所强加于他的财政制度中的行事方式相同。潜在地，个体知道他会与足够多的同伴一起，改变那些体现在税收和支出层面的集体结果，并且，如果需要，那么就改变用以实现这些结果的制度。在实际的民主和实际的非民主结构的个体态度之间存在的鲜明区别在于他所拥有的潜在选择权利。在前一情形中，个体无论是否事实上参与其中，都始终保持着一个潜在参与者的身份。

当选的政府官员，无论是身居行政还是立法之位，也都承认潜在的选择权最终落在公民身上。并且当他履行代表职能时，他选择的是那些他预测到将"满足"足够多数量公民的具体财政结果。只要他如此正确地行事，他就能保留住自己的职位。如果他不能如此行事，他就将被一个更紧密反映公民态度和选择的人所替代。当然，政治领导人可以像普通市场上卖东西的人那样，通过劝说改变公民"需求"。然而，正像在普通市场中卖东西那样，永久性地改变个体选择模式的能力，似乎受到较为严格的限制。

因此，间接地看，政治决策由公民个体做出。如果这一点被接受作为分析的基础，那么我们便名正言顺地考察各种财政制度对这些决策的影响，并且我们还有权在最为简单的分析模型条件下行事。当信息全部公开并且尘埃落定时，我们接受的事实是，与私人逾时相对，政治社会中的个体成员都必须自行决定公共支出的增长率。然后我们肯定会名正言顺地努力预测出他们对这一决策的态度如何受到如公债制度的影响，即使是在任何真实语境下，看上去似乎都是由立法机关做出最终的预算选择。

假设的构建

最终，政治选择模型的有效性有赖于它们能使我们做出的预测，有赖于它们所提供的对政治结果的解释。在多大程度上可以将可反驳的假设用公式表述，并且在多大程度上对这些假设可以进行经验检验？

此处包括相互独立的两步，并且必须对这两步进行仔细辨别，原因正如我们将要表明的，第二步比第一步要困难得多。可能的情况是，能够在概念上提出可反驳的假设，并将把它们加入我们对政治过程的解释之中而无须相应的经验检验，这在很多情况下简直是不可能的。

对这一点的阐释可参考一个简单的例子。考虑一下第六章提到的对财政指定用途资金融资预测效应的分析。在那一章提出的是，当预算比率有利于相对而言更具需求弹性的公共服务时，一般用途资金融资下的总支出额比指定用途资金融资下的要大。这显然是一个在概念上可予以反驳的假设。然而，对这一假设进行的现实经验研究，即使不是完全不可能，也会证明是极为困难的。第一，只有当该特定模型中所提到的所有条件都具备时，预测中的反应才会发生。在此模型中，我们假设了一个对选择者而言有理由确定的每单位不变税—价。然而，早前的研究揭示出，普通税制在有关税—价层面必然含有相当大的不确定性。因此，在一开始尝试检验指定用途资金假设时，我们便被扔到了对不确定条件下个体行为的预测上。仅这一点便使进一步的检验变得更加困难，并且收窄了得出重要结果的范围。

第二，即使我们将这一困难搁置一旁，这一预测性假设也只对一人模型中所分析的计算者成立。更准确地讲，该假设只是关于公共选择过程中个体投票意向的。但即使是在最简单的直接民主模型中，也不存在个体选择与集体结果之间的一一对应关系，当然，除非所有个体都是一模一样的。集体结果出自对个体选择的整体集中，后者在一套决策规则下彼此相连。在现代民主过程这一复杂的世界中，这些规则是极其复杂的。实质上，我们不得不跌回到那个具有马歇尔意义的概念，即个体行为模型是某种程度上的"代表"，如此其结论便与整个集体有关了。仅有这些还不够，特定的假设还要依赖于已被独立测算并被观察者所知的各种公共服务的需求弹性。并且，由于这些弹性随税—价变化而变化，因此在不同个体间存在的税—价的歧视性结构能极大地改变结果。

总体上考虑它们的话，检验假设的困难确实巨大；必须承认这一难度。尽管难度之大不容小觑，但也不可过度夸大。在任何经济研究中都会遇到很多与此相同的问题。实证经济学中大多数可反驳的假设都仅仅在我们所熟悉的"其他情况相同"这一假设下才成立，而其他情况却鲜有相同的。尽管如此，在一定范围内还是可以对经济理论的某些基本命题进行经验检验的。

在"实证政治学"领域检验假设的人所面临的任务要比实证经济学家面临的困难大得多，其原因简单，我们尚未提及。经济理论提出的关于个体行为的假设是在市场中的，在那里所假设的是，人人各行其是。

因此，这些假设可参考对大量个体进行的实验进行检验。对于政治过程中的行为而言，这些结果是远远不够的，原因在于结果必须同时适用于政治集团中的**所有**个体。私人或个体化"决策"或"偏好"在政治结果中是无法被直接观测到的，尽管此处，正如在下一章节中所汇报的一些研究结论，对于这些行为的某些指标可通过各种访谈或问卷的方法得到。

由于上述原因，在纯粹意义上对基本假设进行经验检验几乎是不可能的。尽管如此，以某种可能是粗糙且轻率的方式，我们还是可以将财政制度理论应用于"解释"现实世界中的某些事实。再度审视一下第六章所讨论的指定用途资金假设。朱利叶斯·马戈利斯（Julius Margolis）在提出分析模型之前便已经提供了证据，证明在公共教育支出和为该服务融资的政治制度形式之间存在着有趣的关系。他指出，通过一般用途资金为公立学校融资的社会比通过独立校区为学校融资的社会，在这项服务上倾向于支出更多。①

即使我们对美国地方社区通行的税收结构下教育服务的相对需求弹性并无独立的测量办法，我们也有理由声称第六章中提出的假设可以"解释"上述观测结果。似乎有理由假设，相对于地方一级的其他一般性公共服务，教育上的弹性系数趋高。如果能够接受此类有些道理的一般性结论，那么就可以对现实世界中的某些事实进行解释，以进一步证实假设。

在对指定用途资金的分析中，预先提出了一些次要的或是附属的假设。总体而言，我们指出，类似这样的有组织的纳税人集体应该会比社会中的其他集体更拥戴指定用途资金的设计方案。相似地，我们指出，公共部门的官员或官僚机构应该倾向于支持一般用途资金融资而反对指定用途资金计划。这显然是一些可接受经验检验的假设，并且如果进一步证实的话，它们将倾向于支持该模型的核心假设。即使在某些情形中，对此类附属假设的检验也可能看似在做"证明水往低处流"的努力，但还是应该做。事实上，前几章从复杂分析模型中提出的有些假设更能够通过诉诸一般性的常识直接得以检验。

例如，第五章致力于对"税以旧为佳"这一原则的分析，而提出的具体假设是，如果资金可从既有资源中获得而不是非要征收"新"税不

---

① Julius Margolis, "Metropolitan Finance Problems: Territories, Functions, and Growth," *Public Finances: Needs, Sources, and Utilization* (National Bureau of Economic Research, 1961), 261–66.

可，那么支出方案就更容易被接受。这一假设好像一看就是成立的，而且也不需要进一步任何特别的研究加以证实。此处只要读一下每天关于议会审议议案的新闻报道就足够了。其他假设也是类似，通过现实中每天的政治活动便可以得到检验。

不应由此产生一种想法，即不鼓励按照最严格的程序规则开展繁杂的经验检验。我们的观点仅是，在不可能进行此类检验的地方，分析者不必绝望。社会科学总是可以通过对好的判定和常识的兼收并蓄而有迹可循。

第十三章　一些初步研究结果

引言

人们对于集体选择特别是财政选择中个体的行动和态度知之甚少。学者轻易便对作为政治决策者的个体行为没有了兴趣。然而，一旦接受了政治秩序的民主模型，我们知识中的空白便变得明显，并且显然需要对这方面的研究投入很多的人力和时间。一旦我们认识到，作为选民或潜在选民的个体将在广义的民主政治秩序中最终决定公共经济的规模及其组成，我们便有义务尽最大可能努力找到有关他们选择的答案。

这方面的研究很少进行过；进行过的也是七零八落；大多不尽全面，而且提出的问题错误百出。尽管如此，对所完成的部分姑且做个汇报会有所裨益；这本身将清楚表明，需要做的是继续努力而非得出确切的结论。

信息与无知：市场之喻

在系统尝试将可检验的假设公式化之前必须迈出几小步。在这一方面，我们在前一章节中援引使用的指定用途资金分析便体现不出该特点。只有在填补了我们知识中的基础空白后，才能提出任何有关财政行为的一套复杂假设。

我们需要知道的第一件事是公民个体在做出实际或潜在的政治决策

时所拥有的信息量或信息档次。个体对有关他们寓于其中的财政制度了解多少？早先我们将普通市场中的个体行为用作一套基准，这可以使我们比较非市场选择中的行为。就有关选择情境所含信息量方面仍遵循同样的程序将是有用的。传统上，经济学家假设市场中的选择者对他们所面临的各种备选方案拥有相当全面的信息。只是在过去 10 年中，这一系列问题才被整体总结成术语"信息理论"，继而得到全面考察。①

人们广泛认同的是，即使对于每天进行的市场选择而言，个体也不会掌控任何东西以接近有关他所面临的备选方案的完全信息。这一信息的缺失有几个原因。首先，给定确保信息的获取是有成本的这一事实，则对搜索信息的最优投资水平会产生远低于真正完全信息下的水平。其次，选择会是这样的，即使在信息采集的最大投资水平下也无法消除不确定性。最后，个体会在一种对自己所获信息言过其实的幻觉下行事；他可能不拥有信息但又没有意识到这一点。个体选择行为的外部观察者要想对几种情形进行分辨，即使不是全然不可能，也会变得困难。在上述任何一种情形中，个体的理性行为会产生意料之外的结果。

当我们审视财政—集体选择中的个体行为时，所有信息问题都满血浮现出来。我们知道，普通人对公共物品和服务的成本和收益的信息远小于他对私人或市场上的物品和服务的成本和收益的信息。但是普通的选民兼纳税人—受益人对他所面临的财政备选方案究竟有多无知？无论是既有的还是潜在的财政制度，他对各种财政制度对他施加的影响实际上知道多少？他负有的纳税义务有多少？他所享用的公共服务的成本是多少？他对从这些服务中的收益所做的评价是多少？他是否将收益有效地转换为税收—成本？

提出此类问题意味着，旨在从经验上回答它们会使研究做起来力不从心。考虑最直接的集体问题：个体对他所支付的税额知道多少？在税负以美元计价时，公共服务给他带来了多少成本？甚至是这一初级问题也必须分解成若干小问题才能得到部分解答。个体所拥有的信息档次将随着他据以付税的税制变化而变化。早前的章节已阐明，直接税下的税负觉悟要高于间接税下的。因此，研究的逻辑起点可能是个体对在最为广泛使用且最重要的直接税下的个体税负，即个人所得税的预估。

---

① 参见，如这篇重要的论文 George Stigler，"The Economics of Information," *Journal of Political Economy*，LXIX（June，1961），213-25。

联邦所得税下的预估税负

恩里克的研究。 这是弗吉尼亚大学的诺伯特·恩里克（Norbert Enrick）在1961年、1962年和1963年所进行研究的目的所在。该研究于1961年和1962年在弗吉尼亚州夏洛茨维尔-韦恩斯伯洛地区进行了访谈并发放了问卷，随后于1963年在全国范围内发放了问卷。在每一情况下，样本都是通过公认的随机化流程提取的。

恩里克对每个人问了两个简单的问题。第一，要个体**猜测**他在上一年所支付的联邦所得税总额。第二，要他看一下他的个人记录并且看出他在同一年中**实际上**支付了多少。提问是在日历年的后半年进行的，以便考察某一时间而非在春季结算时期的税负意识。

恩里克的研究结果并不令人感到吃惊。甚至在个人所得税下，人们对他们自己的个体税负也并不十分清楚。仅有略高于一半的受访者（55％）能够在上下各10％的范围内预估出他们本人的纳税额。四分之一以上的受访者对其纳税额估算的失误超过了20％。总体而言，恩里克样本中的受访者略有某种低估他们纳税额的倾向，尽管这一发现并不至关重要。尽管样本是从所有收入水平中抽取的，但在税收评价的百分比误差与受访者收入水平之间不存在明显的关系。这一临时的发现本身具有某种重要性，因为它有可能反驳这一假设，即作为一项制度，滞纳制使人们对他们付税的意识更小。进一步证实这一假设本需要高收入者（他们所滞纳的部分在总纳税额中所占份额较小）展现出更为准确的预估。[①]

滞纳制下的预估纳税额：瓦格斯塔夫的研究。 至少在某种程度上，对许多纳税人而言，个人所得税通过1943年开始执行的滞纳税款制被转换成了一种"无意识的"税负。似乎有理由这样说，这一制度单凭其自身便会对个体的纳税意识产生影响，尽管事实上这一说法并未被恩里克有限的调查所进一步证实。

在1964年税法颁布的几个月前，J. V. 瓦格斯塔夫（J. V. Wagstaff）于1963年完成了另一项弗吉尼亚大学的研究，旨在更为具体地证实滞

[①] 诺伯特 L·恩里克的研究结果详见 Enrick, "A Pilot Study of Income Tax Consciousness," *National Tax Journal*, XVI (June, 1963), 169-73, 以及 "A Further Study of Income Tax Consciousness," *National Tax Journal*, XVII (September, 1964), 319-21。

纳制下的税负意识。瓦格斯塔夫对 1 000 多名需要滞纳其收入的纳税人进行了调查。他要每个人预估出每一支付期任何减扣前的总收入，以及每一支付期从这笔收入中滞纳的税额。然后将这一纳税人预估的信息与瓦格斯塔夫能够通过公司得到的工资单和滞纳记录进行直接比较。

与恩里克所研究的类似，瓦格斯塔夫发现，个体对他们的收入—税负并不是很了解。在此情形中，有 52％ 的受访者能够做到对税负的预估误差在上下各 10％ 的范围内，这样便确认了恩里克类似结果的普遍有效性。有 30％ 的受访者在预估时误差高于上下各 20％。正如恩里克所研究的那样，就集体整体而言并不存在高估或低估的趋势，尽管此处与恩里克的结果形成比照的是，存在着轻微的高估指向。当瓦格斯塔夫将其受访者按收入划分成不同集体时，他得出了更为有趣的结果。他发现，作为一个亚集体，在总样本中低于中值收入的受访者倾向于高估纳税额。与之相对应，高于中值收入的亚集体倾向于低估纳税额。这两个发现都是统计显著的。

瓦格斯塔夫的研究还有一个相当有趣的特点，涉及税负公平或平等与税负意识之间的关系。作为一个小问题，瓦格斯塔夫询问所有受访者是否认为个人所得税是"公平的"。然后他把那些持税负"公平"观点的受访者从那些声称税负是"不公平"的受访者中隔离出来。他发现，认为所得税是"公平的"那部分人对税负的预估有着惊人的准确性。与之相对，回答税负是"不公平的"人在预估和实际税负之间倾向于明显较大的误差距离。[1]

由于恩里克和瓦格斯塔夫两人的研究就任何直接意义而言都不具有可比性，因此要得出关于滞纳税制对税收意识的不同影响的确切结论似乎没有把握。由于瓦格斯塔夫调查中的预估误差多少更大了些，因此可以说是对"无意识税负"假设的某种进一步证实。但是只有在得到其他一些不在滞纳制下的个体税负意识的比较性数据之后，此处的结论才得以确立。瓦格斯塔夫的数据需要与不在滞纳制下的那些个体相近的可比数据进行比较；如此，才有可能对"无意识税负"假设进行合理的清晰检验。

施默尔德斯调查。在整个财政意识领域，多年来最为执着的匠师之一是德国科隆大学的金特·施默尔德斯（Günter Schmölders）教授。

---

[1]　瓦格斯塔夫的研究是其在弗吉尼亚大学一篇未发表的学术论文（正如恩里克最早的研究）。参见 J. V. Wagstaff, "Tax Consciousness Under Withholding," on file at the Alderman Library, University of Virginia. 对这些结果的总结载于 J. V. Wagstaff, "Income Tax Consciousness Under Withholding," *Southern Economic Journal*, XXXII (July, 1965), 73-80。

简单地讲，施默尔德斯的主要研究是对公民个体如何看待财政进行更多的了解，而且他曾明确倡导公共财政的一个新的分支，他称之为"财政心理学"。[1] 他的研究大多指向搞清纳税人的态度。我们之后将在本章涉及几个这方面的问题，但此处会提到施默尔德斯一项与个人所得税下税负预估问题有关的调查。

施默尔德斯询问他的受访者，他们认为在他们总收入中有百分之多少用于支付所得税，他进而将这些结果与外部对实际恰当支付的百分比的评价进行了比较。这些外部评价基于根据职业类别和收入等级制定的一般税率。正如所有此类研究一样，施默尔德斯发现，纳税人并不是很明白。另外，他的研究结果显示，一般而言，个体倾向于高估他们在该税制下的税负。[2]

高收入纳税人对边际税率的意识。密歇根大学近期的一项研究是试图确定高收入纳税人是否意识到了个人所得税的边际税率。主要的发现是，在年收入超过 1 万美元的受访者中，接近三分之一的人（27％～31％）并没有意识到他们所纳税负的边际税率。[3]

基于有限几个已完成的研究，似乎只有一个可能的结论，即个体的知情能力是有限的，甚至关于他们自己在个人所得税下的税负也是一样，可以肯定的是，我们应该对该结构中的税负有较高准确度的预期。

间接税下的税收意识

我们知道，个体可能对间接税强加于他们的成本的认识比他们对于直接税的成本的认识要少。我们关于他们的茫然无知和失误走向的掌握甚至比关于直接税下的情况更为有限。施默尔德斯发现，在很多情形

① G. Schmölders, "Fiscal Psychology: A New Branch of Public Finance," *National Tax Journal*, XII (December, 1959), 340 – 45.

② 施默尔德斯的调查是在 1958 年展开的，并且涉及受访者 1 986 人，按定额抽样法选取。此处报告的这一问题只是向受访者提出的大量问题中的一个。有关该项目的报告，参见 Günter Schmölders, *Das Irrationale in der öffentlichen Finanzwirtschaft* (Hamburg: Rowohlt, 1960)，尤见第 84 – 86 页中提到的部分。调查方法和程序，以及更多拓展结果参见 *Steuern und Staatsausgaben in der öffentlichen Meinung der Bundesrepublik* (Kohn: Westdeutscher Verlag, 1960)。

③ 这些结果的报告参见 Bruce L. Gensemer, Jane A. Lean, and William B. Neenan, "Awareness of Marginal Income Tax Rates Among High-Income Taxpayers," *National Tax Journal*, XVIII (September, 1965), 258 – 67.

中，纳税人无法区分哪些物品和服务需要征收特定消费税而哪些不需要。人们大多清楚税是标准奢侈品，如酒或烟的最终价格中的重要组成部分。然而，有三分之一到一半的受访者相信，问卷中剩余的非应税"奢侈"品已被征税了，而事实上并没有。[①] 在税率方面的茫然无知甚至更为严重。在香烟税上，仅有 14％ 的受访者预测的准确性在 10％ 的范围内。对税负的预评价高于实际值和低于实际值的受访者人数相当。在糖税上，准确预估税率的受访者比例甚至更小，并且，在该税率相当低的情况下，存在着一种普遍的高估倾向。

施默尔德斯还问道：如果取消所有消费税，那么你认为你将增加多少收入？包括营业税，经恰当计算得出的答案估计在家庭平均收入的 10％ 处。他发现，低收入家庭一直倾向于高估税负负担，而高收入家庭倾向于低估。这一结果与之前汇报的瓦格斯塔夫关于个人所得税的研究结果是一致的。

1954 年，罗伯特·费伯（Robert Ferber）尝试确定美国消费者是否意识到那一年早些时候引入的消费税削减。他发现，意识到这一减税措施的受访者无论怎样也达不到 30％，并且，对一些商品而言，这一数字低到 16％。与施默尔德斯的调查结果一致，费伯发现，有相当一部分受访者不能区分应纳税产品和免税产品。[②]

显然，在我们能够真正全面了解个体在间接税负担方面的信息之前需要做更多的研究。特定消费税的实际归宿是有理由被预测出的，就其而言，此类信息的确受到了严格限制。就更重要的间接税源而言，如一般销售税、营业税、增值税以及公司所得税，其归宿何方甚至在专家层面都无法达成一致，纳税人—选民的茫然无知事实上必定很大。

对一般税的意识

1965 年完成的一项涉及广泛的英国调查要求个体预估出付税（直接税和间接税）的总额，并将这些评价与经过合理计算得出的总额进行比较。与施默尔德斯的结果稍有区别的是，似乎存在着普遍的低估。在

---

① 对这些结果的报告参见 Günter Schmölders，"Unmerkliche Steuern，" *Finanzarchiv*，Band 20（1959），23-34。

② Robert Ferber，"How Aware Are Consumers of Excise Tax Changes?" *National Tax Journal*，VII（December，1954），355-58。

样本中，那些高估税负的人似乎相对集中于低收入集体，这独立地证实了瓦格斯塔夫的一个结论。受访者还被要求预估所缴各种所得税在国家总税收中所占的比例。此处的结果显示，如果只用平均值则可以合理地做出准确的预估，而低收入集体再次表现出更高的税负意识。然而，偏离平均值意味着，受访者对平均税收水平根本就不是很清楚。[1]

税收预估与税收意识

个体做出财政选择的基础并非他们如何才能准确预估出税负成本，而是他们对这些成本的意识和对有关成本规模的预测。个体对其税负的茫然无知根本无法用于准确衡量"意识"。纳税人知道得越多，他就可能越具有"税负意识"。因此，在某一粗略的意义上，茫然无知变得可用以衡量"无意识"。只要个体真的没有意识到税负的存在，他就会倾向于更为默认该税的施加，即使把它摆到他眼前，他也倾向于高估它的影响。

为了我们的目的，如果可能，应将财政制度按其对个体选择行为的净影响进行分类。税收制度可以通过两种方式影响行为：第一，制度可以影响公共服务成本意识向个体的传导。在这一方面，不同的制度将产生不同的结果。第二，一旦个体完全意识到税负是存在的（正如当他面临一份问卷询问他对税负的评价时所必定表现出的那样），税负的形式会影响评价失误的程度和方向。对这两个彼此分离的税收影响应予以分辨。

前述所援引的研究大体上指向第二种影响。恩里克的研究、瓦格斯塔夫的研究，以及施默尔德斯的一些研究都旨在找出个体如何才能准确预估他的税负和他失误的方向。在找出个体是否意识到税负存在方面的研究太少。此处瓦格斯塔夫的结果是，滞纳制下的雇员系统性地倾向于低估他们的总收入，这意味着此类滞纳制减少了收入—税负意识。尽管还有发现指出，当被问及滞纳所得税税额问题时有某种高估的趋势，特别是在低收入集体中，但上述结果还可以有效。基于此类数据，如果我们应该尽力就滞纳对财政选择行为的净影响做出某种预测，可能需要对这些彼此抵消的影响之间的相对强度进行某种比较。

就施默尔德斯在间接税方面的初步发现而言，随之可得出相似结论。

---

[1] *Choice in Welfare*, 1965. Institute of Economic Affairs（London：October，1965），pp. 30 - 33.

如上所述，个体在许多情形中甚至都没有意识到此类税负的存在，并且，另外，很多人则认为税负是存在的，但实际并不存在。然而，当把那些的确存在的税负摆到他们眼前时，某些集体倾向于高估他们自己的税负。

对收益的预估与意识

有关个体对其税负的预估或意识方面的信息尽管匮乏，但比较而言，还是足够的。就确定个体对其从获得公共物品和服务时所确保的收益值进行的预估或意识方面，几乎还没有指向在财政选择上的经验研究。

循此逻辑，我们可以考虑以类似于财政账户另一侧的直接税—间接税的划分那样将公共物品和服务分为两类。但是如果我们努力将这一划分应用于支出侧，那么问题很快就来了。**直接的**公共物品或服务是什么？在税收侧，直接性暗含着向有望承担最终税收归宿的人征税。这样定义，在税收的**直接性**和**一般性**之间便不必存在联系；直接税可以是高度选择性的或歧视性的。然而，标准的直接征税制度也倾向于是那些一般征税制度，而那些间接征税制度有必要倾向于体现出歧视性特征。这使得间接性和非一般性之间的联系被普遍接受。然而，当我们考虑公共支出或收益侧时，情形几乎发生了反转。**直接的**公共服务涉及个体接受者和财政之间最直接的联系，根据定义可大致看出，它必定是歧视性或选择性的。另外，**最间接的**公共物品或服务与个体私人经济环境相距最远，它倾向于最为**一般性**。除非记住账户两侧之间这一非对称性，否则在讨论公共物品的直接和间接收益时就可能出现困惑。

直接收益最接近于向个体提供货币支付，后者可如其所愿地自由转换为物品和服务。随之，我们应当期待较之于从那些仅产生十分特定且非个性化的价值的公共物品中所获的收益，人们将对这些收益更具意识。例如，个体从国防支出中的收益肯定是间接的；他不能把北极星号潜艇巡逻转换为任何他可以独享的东西，即使就对它们进行粗略可比较性的评价这一意义上说也不可以。因此，我们应该预测到，较之于他对从各种社会福利计划中所获收益的意识，他对此类收益的意识将较少。

尽管对若干类型公共计划下的收益意识进行经验检验有所裨益，但是此类用于研究目的的数据的关联性是不应过度强调的。就我们的目的而言，个体的意识仅与他的选择行为在可预测条件下可能被改变是相关联的。在税收侧，有理由假设，在其他情况相同时，减少税负觉悟或意识的制度倾向于将个体选择改为指向更多的公共支出。然而，出于下述论及的一些原因，将对称性预测应用于支出侧是困难的。是否可以认为，其他情况相同，给个体受益者带来最小"意识"的公共支出计划倾向于使个体选择偏向较低的税率？此处的困难在于这样一个事实，即公共服务收益的提供是整个财政结构的依据。分析这样表述是有意义的，即区分税收制度（全都抽取一般化了的个体购买力）会对他选择公共物品施加不同的影响，我们对此做一般化界定。然而，人们并不能将此论述简单地反着说成是，对不同预算构成在征税水平方面的影响进行分析就是同样有意义的。这一点可以说成是，不同预算构成代表着不同的财政"采购"。再次与市场进行类比是有帮助的。人们可以说，购买商品如橘子或苹果，其**支付行为**会影响购买量。反之，人们不可以说，购买橘子或苹果与否会影响总支出。当然会影响。但是此情形中所涉及的是在整体上有别的选择，而且进行的比较实质上是没有关系的。

随之，仅在选择是可比较的时候，**提供公共物品和服务的制度**才与我们的目的有关联；换言之，仅在不同制度下所选公共物品**相同**时才这样。尽管或许可以假设个体受益人较之他对直接福利支付的意识而言，他对如国防这种遥远又间接的公共物品的意识要更小，但在边际调整处，他的选择未必受影响。这是因为，在任何一种"政治均衡"下，各种预算项目都将倾向于进行扩展以粗略产生相等的边际收益。在这一点上，代表性的纳税人—受益人应以粗略的可比较方式对各种公共服务的边际扩展进行评价。尽管这一"均衡"在某种意义上可能是也可能不是"最优的"，但我们在这里对此并不关心。我们的任务很简单，即确定财政体系的结构性制度，如果对最终的调整有任何影响的话，会是什么样的。个体据以获得公共物品和服务的制度会如何影响他们在集体决策过程中的选择计算？

在收益侧，问题随后简化为：是否存在一些制度性差异会影响**直接性**或**间接性**并进而影响个体受益者对**可比较的**公共服务的意识？如果问题被如此抛出，那么对在支出侧制度变换的范围相对有限就更容易被认识到了。尽管可以通过不同税收制度中的任何一种为国防融资，但向公民提供国防又需要用到多少支出制度？此处制度的变换会如何影响个体对收益的意识？对于如国防这样的真正的一般性公共物品，发生结构变化的可能性微乎其微。对于那些与个体关系遥远的公共物品和服务而言，是存在一些可能的制度变化的，并且就此，可以对研究假设进行公式化并加以检验。

考虑在基础教育上的集体支出。在据以提供这一支出的那些制度中存在哪些变化？这些变化又是如何影响公民承担必要税收成本的意愿的？假设一地方社会提出两个备选方案：其一，所有集体支出都采取标准的免费公立学校制直接运作方式。其二，向所有学龄儿童的家庭提供助学金或补贴券，以使他们用来支付私人提供的并具有资质的教育服务。在提供可比较服务方面，这是两个明显不同的制度安排。在每一情形中，假设使用同样的税收制度，比如说征收地方房产税。在每一计划下该社会都将准确地选择为同样的支出融资吗？似乎很明显，在两种计划下的个体选择会存在不同。对于那些作为直接受益人的家庭而言，补贴券计划或许倾向于使支出更为直接，并且这些家庭在这一制度下很可能比在其他替代性制度下选择更多的集体性支出。对于那些作为纳税人但并非直接受益人的家庭而言，结果可能相反；补贴券计划很有可能使收益看起来更为疏远，原因是直接集中在了具体受益人身上。据我所知，还没有研究具体指向找到此类问题的经验性答案。此类研究将是困难的，因为此处观察到的各种制度变化都远比税收侧那些可比较的变化要窄。①

此处讨论基础教育的例子是因为它意味着可以提出制度性假设并对那些如公共医疗支出、住房支出、一般意义上的社会服务支出这样的公共物品和服务进行检验。提供粗略可比较收益的不同制度此处会有不同的影响，并且在观察到此类制度变化存在的地方，提出正确问题的经验研究是可以产生高度有价值的结果的。

福利选择：经济事务调查所。英国在 1963 年和 1965 年进行的调查提供了某些证据，间接证明了一些既有福利计划下个体对收益的意识。② 这些调查的重点放在确保备选制度安排上个体偏好的信息方面，这样，就不是放在对此类备选方案下可能不同的结果的考察上，后者的信息与我们的目的有直接关联。然而，这一调查的某些副产品结果显示出对收益的评价至少用粗略的机会成本这一术语得以表述。

在 1963 年的调查中，搞清楚了公众对于医疗、教育和养老金提供方面的态度。就医疗方面，受访者倾向于严重低估提供标准数量单位的

---

① 对各种制度性方案下为教育体系融资和运作该体系所预计结果的分析包含在 W. Craig Stubblebine, "Institutional Elements in the Financing of Education," in *Education and the Southern Economy*, Supplement to *Southern Economic Journal*, XXXII (July, 1965), 15–34. 然而，斯塔布尔宾没有声称对他的假设进行了经验检验。

② *Choice in Welfare*, Institute of Economic Affairs (London: July, 1963). 对这一调查结果的讨论见 Ralph Harris and Arthur Seldon, "Welfare and Choice," *The New Society* (No. 43), 25 July 1963, pp. 14–16. 另见 *Choice in Welfare*, 1965。

成本，例如一周的住院成本。缺乏成本意识甚至更为集中体现在这样一个事实，即有 36％的受访者认为国家卫生服务部门的资金在全部用来为国家卫生服务融资方面是充分的，而事实上，当时此类资金所提供的融资不足总税负的 1/5。有关公众在公共教育成本和收益上的态度方面也发现了相似的结果，尽管并不太令人瞩目。有 18％的受访者明确认为无论是"直接还是通过比率或税收"为教育付费并非必要。然而，较之于他们在医疗服务方面相对的回答，受访者倾向于高估所提供的公共教育服务的成本，以及私人提供教育服务的成本。就有关英国公共养老金计划方面，有 35％的受访者真正考虑了"保险"这一运作方式，而参保人员已为满足收益支付的全部成本积累了足够的准备金。事实上，雇主和雇员的全部缴费仅占该计划所需总税负的 10％而已。

1965 年的调查试图确定受访者对从所有政府福利计划中所获社会收益的整体价值的意识。在此，正如对税收的预估，普遍的低估是存在的，并且评价范围较宽。与 1963 年不同，1965 年并没有试图获得对特定计划收益的预估。

出于本研究的目的，这两次英国调查的最有趣的结果是，揭示出个体无法将公共服务收益有效转换为税收—成本。

"经济—个人主义"模型的契合性

经验研究的另一个广泛领域涉及检验对我们个人的集体选择模型中"经济性"这一核心假设所可能做出的解释范围。在相当独立于信息内容问题的条件下，个体在多大程度上基于外部可衡量的标准在集体备选方案中进行选择？即使个体就有关他本人税负和他获得公共服务收益的价值方面应当具有准确的信息，无论是总体还是单位条件下，他将以经济学家可以做出的某种粗略预测的那种方式进行选择吗？除非对此问题可以进行肯定的回答，否则在财政选择方面提出个体行为的"科学"理论几乎是无法取得什么进展的。

正如第十二章提到的，在政治方面进行的日常非正式观察倾向于以大量的方式进一步证实此处的核心假设。竞争选举、力争上游，至少一部分是为了可以减小为直接并且可衡量的经济内容的问题。选民的行为肯定受影响，在一定程度上，是受到对可衡量的那些得失的预测的影响。然而，将研究超越非正式观察范围，如果可能的话扩展至对核心假设有效性更为具体的检验，则仍是有用的。而且此处构建可用且契合的辅助假设也不像政客们的行为所表现出的那么容易。分析者必须能够独立地辨识出所考察各财政变量对个体参与者环境的各种影响后才可以提出任何有关个体反应的可检验的命题。这种辨识通常是困难的。必须做出有关税收和公共利益归宿的具体结论，并且必须从显而易见中辨识出真正的或实际的归宿。对选择者个体而言，正是税负和收益的明显归宿影响了他的选择。

施默尔德斯的论著已多次被提到。尽管他关注的并非对假设的直接检验，但他的一些辅助性发现可以用来作为进一步证实个体财政偏好中"经济"动机的起点。通过调查个体对在私人行业上的公共意愿或政府支持上的态度，他发现，那些最有可能获得资助的行业中的人最有可能表示支持。相似地，他发现，政府雇员集体最有可能说，公共服务的价值高于提供它们所付出的税收—成本。[1] 当然，这些个案结果是与其他有关对财政的一般公众态度一道提出的，并且此处应加以强调的是，施默尔德斯并没有直接考虑对经济动机假设进行检验。

密歇根大学的研究。 要想轻松解决辨识私人收益的问题，仅做一些粗略的检验即可。个体效用最大化不会总与收入、财富或经济地位直接相关。然而，除非假设存在某种此类直接关系，否则对效用最大化假设的具体检验会变得困难。大体上，个体效用会与收入水平相关以考察个体对各种税收方案的反应。如果发现高收入者表达出较之于所得税更偏好销售税，而发现低收入者表达的偏好相反，那么该经济模型的解释价值就得到了某种支撑。这一结果得自伊丽莎白·戴维（Elizabeth David）于 1959 在密歇根大学对税收偏好进行的研究。[2] 不出意外的是，她还发现，业主与租赁者相比较不情愿将地产税用作收税工具。一般而言，戴维的调查进一步证实了假设，即个体公民的经济地位是他们对待各种财政方案态度的重要决定因素。

在密歇根大学调查研究中心于 1960 年和 1961 年开展的一项调查中，根据伊娃·缪勒（Eva Mueller）的研究报告，[3] 在决定受访者态度中经济上的自利性所发挥的规则作用表现出显著的解释效果，尽管其未

---

① Günter Schmölders，*Das Irrationale in der öffentlichen Finanzwirtschaft*.

② Elizabeth Jane Likert David，"Public Preferences and the Tax Structure：An Examination of Factors Related to State and Local Tax Preferences"（University of Michigan Microfilm，1961）.

③ Eva Mueller，"Public Attitudes Toward Fiscal Programs，"*Quarterly Journal of Economics*，LXXVII（May，1963），210–35.

必是支配性的。那些旨在为低收入集体提供收益的公共计划（资助穷人、失业者、医院和医疗、公共工程）倾向于被这些作为样本的低收入成员热衷。资助小公司和高速公路支出的计划则倾向于被高收入者所青睐。这一发现同该调查某些其他的特征一起蕴含的意思是，经济上的自利性，在任何狭义角度都不能作为一种自圆其说又无所不包的解释性假设。

在调查研究中心的项目中一个更为有趣的发现是高收入者对各种公共支出计划的相对扩大所表达的态度。基于一种粗略且并不复杂的自利假设，高收入集体应该被预测到比低收入集体较少赞成额外增加的公共物品和服务。然而，此处收集的数据显示，平均而言，这两个最看好支出计划扩大方案的集体处于收入等级的两个端点。例如，这一结果在教育支出方面相当明显。

此类证据有悖于或驳斥了那种人们更为普遍考虑的效用最大化假设吗？当承认了高收入集体会比低收入集体高估公共支出的"溢出"效应时，并且还承认了税收归宿的模式可能不像相关的收入比率和所提供公共服务的价格弹性那样具有累进性时，似乎便不存在这种反驳。换言之，在任何特定的公共服务中被称为"萨缪尔森式公共性"的程度会随着收入水平的提高而大幅增加。这将允许复杂的假设形式在"解释"调查数据方面仍有效。

威尔逊和班菲尔德的研究。受访者面对采访或问卷调查时对各项财政方案所表达的态度在填补我们知识的空缺方面是极有帮助的。然而，老生常谈的是，这样的表态不一定会使我们能够准确预测行为。当个体面临真正的选择时，他不会以那种表态所可能体现出的方式加以反应。因此，如果现实的选择行为可被观察到的话，那么就可以对这一核心的行为假设进行更具几分结论性的检验。当然，由于个体通常不会直接在财政方案中进行选择，进行此类检验是困难的。尽管如此，在可以获得公投数据之处，并且在可以获得大量资料之处，进行某种检验是可能的。

在城市里进行对支出方案的公投可以为此类检验提供基础，并且使用这些数据的实验已由哈佛大学的詹姆斯·Q. 威尔逊（James Q. Wilson）和爱德华·C. 班菲尔德（Edward C. Banfield）完成了。[1] 他们的研究值

---

[1]　参见 James Q. Wilson and Edward C. Banfield, "Voting Behavior on Municipal Public Expenditures," in *The Public Economy of Urban Communities*, ed. J. Margolis (Resources for the Future, 1965), pp. 74 - 91。实质上，同样的结果记述 James Q. Wilson and Edward C. Banfield, "Public-Regardingness as a Value Premise in Voting Behavior," *American Political Science Review*, LVIII (December, 1964), 876 - 87。

得一提，因为它明确发起了对假设的检验：选民的行事方式仿佛是他们在努力最大化他们的家庭净收入。这一假设所引起的预测是，最低收入集体将投票赞成大多数由市政府提出的公共支出计划。高收入集体应该有望反对大多数支出方案，但中等收入集体应该有望具有相当高的选择度。

结果倾向于对低收入集体行为假设的证实。然而，高收入集体也倾向于对许多几乎不会给他们提供直接收益的支出方案倾力投票以表赞成。

这些发现进一步证实了缪勒在报告中提到的对态度的调查。至少在某种程度上，粗略的收入最大化假设似乎与数据相悖。威尔逊和班菲尔德通过"利他主义的"动机的重要性或通过"公众关注度""解释"高收入集体的行为。一种更为复杂的效用最大化假设也将"解释"这些数据。在一定意义上，提出"利他主义"动机相当于将"再分配"作为一种"善举"加入个体效用函数中。这一构建显示出经济模型的优劣两方面。经过适当延展，该模型在"解释"几乎任何可观测到的行为时可以有所助益。但是就其解释程度而言，准确地讲，它作为一种预测性的假设却变得无用。①

吉莱斯皮的研究。 当把这些与 W. 欧文·吉莱斯皮（W. Irwin Gillespie）的研究结果并行考察时，威尔逊-班菲尔德和缪勒的破坏力变小了，甚至对于收入最大化假设这种粗略的方式也是。② 他的研究代表了在经验层面进行衡量的尝试，针对整体财政结构（联邦和州地方层面）的净归宿包括支出或收益以及税收侧。他的标准模型可能将大多数可被接受的假设融入收益和税收归宿之中，他据此发现，一般而言，联邦税收支出模式像他被期待的那样有利于低收入者，中性对待广大中等收入者，将净负担施加给高收入者。相比之下，对州地方体系，他发现，低收入者再次获益。但是其他两个收入集体较之于在联邦体系下则被区别对待。此处中等收入者承受净财政负担而高收入者被给予中性对待。

这一州—地方财政的归宿模式意味着，即使接受了粗略的收入最大

---

① 似乎有理由指出，威尔逊-班菲尔德的结果，同缪勒的那些态度一道，都可以通过图 11.9 中所示的图形予以阐释。

② W. Irwin Gillespie, "The Effect of Public Expenditures on the Distribution of Income," in *Essays in Fiscal Federalism*, ed. R. A. Musgrave（Washington：Brookings Institution, 1965）, pp. 122 - 86.

化假设，反对这些水平上的公共支出计划扩展方案的现象也集中于中等收入者之间。在这一方面，威尔逊-班菲尔德的结果，尽管独家出自州地方数据，却倾向于进一步证实而非驳斥与低收入集体和中等收入集体行为有关的假设。并且，由于高收入集体，一般而言，在州地方层面既不必承受净负担也没有净收益，因此他们支持支出计划的行为比独立于吉莱斯皮的发现而有望对假设应做出的反驳弱得多。

吉莱斯皮的结果对将来的研究者在构造假设以被选中和检验时应当有所裨益。对在州地方和联邦层面分开进行的立法会议中的投票数据进行考察，以确定高收入集体对支出计划的反对是否在联邦一级更倾向于形成主流。

戴维斯的研究。如果不能直接获得选民在公投中对支出或税收计划的选择情况，那么就可以援引各种表现出不同经济环境特点的财政辖区的比较性数据，来检验经济模型的核心假设。该方法被卡内基理工学院的奥托·A. 戴维斯（Otto A. Davis）用于对地方公共支出的研究中。[1] 第一项研究是针对匹兹堡地区的公立学校支出进行的。在此方法中所隐含的假设是，公共部门的获选官员，在本例中指地方教育委员会委员，根据个体公民的偏好行事。根据这一假设，代表大会的审议和决议所产生的结果可被视为准确反映了公民偏好，而这些结果可被直接用于检验有关个体选择行为的假设。

戴维斯首先着眼的问题是对他所在地区的各个行政区中每个小学生在公立学校上的支出做出解释。当然，此处存在着正统或标准的解释变量，可有望以此说明在支出上存在大部分地区间的变异。这些为人们所熟悉的变量有人均收入、人口密度、财产价值、教育水平。戴维斯主要强调的问题是关于那些设计用来反映选择行为的经济—个人主义模型的附加变量能否为此变异性提供更多解释。特别是，他想办法预测出此类若干附加变量对结果施加影响的方向。

其中的一些变量有：（1）工业不动产的价值，（2）拥有不动产的选民的百分比，（3）在校生的百分比，（4）在公立学校就读的儿童的百分比。他单独预测出，第一个变量，即工业不动产的价值应该对公立学校支出产生正向影响，原因是其所提供的岁入来源不完全由该地区当地居民所承担。第二，他预测，该辖区不动产所有者所占百分比越大，则支

---

[1] Otto A. Davis, "Empirical Evidence of Political Influences Upon the Expenditure Policies of Public Schools," in *The Public Economy of Urban Communities*, ed. J. Margolis (Resources for the Future, 1965), pp. 92 - 111.

出越低，原因是当地岁入大部分是通过征收房产税获得的。他进一步预测，在公立学校对每个学生的支出、在校生百分比以及在公立学校就读的儿童百分比之间存在负相关。

第二项研究是联合詹姆斯·L.巴尔（James L. Barr）进行的[①]，意在确定宾夕法尼亚州的城乡中那些中值选民的经济地位，按持有不动产的定义，能否为地方支出水平的变化提供某种解释。具体地讲，该研究所考察的假设是，中值选民的房产持有数量同当地辖区中所有房产数量的评价之比与人均支出水平成反比。统计结果显示，影响方向正如所料，而且该假设具有解释价值。当然，对县域间支出变化做出任何令人满意的"全面"解释都必须增加其他一些变量。

在这两项研究中，戴维斯的结果尽管被认为是非终局性的，但与他的核心假设并不矛盾。当然，本来也没有寄希望于进行重要的进一步证实。经验主义者必须提取的数据确实还不准确，而且很多因素影响着集体决策过程的最终结果。

只有选民进行更多的研究，或许尤其是进行威尔逊-班菲尔德、戴维斯和巴尔所分别从事的那些研究，才能确保政治中个体选择行为的效用最大化模型的真正预测力。我估计，没有人会声称这一模型或假设在一个成熟的财政集体选择理论体系中能够闭门造车。既已完成的研究尽管有限，但支持了这样的观点，即尽管该模型能够提供重要的解释性帮助，但如果只据此进行实证预测，就会很容易出错。

财政制度的影响。这几个对我们的目的而言有用的研究领域都是密切相关的。那些设计用于弥补我们关于个体财政意识方面的知识空缺的研究，或设计用于从广义上检验个体行为效用最大化模型的适用性的研究，在某种意义上，是进行与之前各章中理论分析具有更直接关系的研究的先决条件。此处的重点在于，预测财政制度对个体选择行为并由此对集体结果的影响。最直接的研究旨在检验这些预测自身而非它们蕴含的假设。

正如对经济模型有效性进行一般性检验这种情况一样，不应该只是由于因果观察和内省这种研究工具缺乏激情便予以忽视。在一定程度上，因果观察和内省是可用到的最有用的检验；它们简便易行并且很可能比那些更复杂的方法更具说服力。第五章用到的一种制度预测涉及旧税或既有税收制度的影响。此处的假设被广泛了解和接受，只有那些最想应付了事的博士生才花费心力进行检验和进一步证实。从日常经验看

① James L. Barr and Otto A. Davis, "A Political and Economic Theory of the Expenditures of Local Governments," (Mimeographed: Carnegie Institute of Technology, 1965).

就有关直接税和间接税对个体行为的相对影响进行的一般预测几乎一样明显。最佳的例证或许是，尽管几乎所有讨论"税收原则"的人都反对在联邦收入结构中征收公司所得税，但这一税种一直存在。注意，尽管1963年提出的议案是降低公司所得税率和个人所得税率，但1964年税法，正如其最终获得通过的那样，其结果是比起议案中的意见，个人所得税的减幅更大，而公司所得税的减幅更小。这可能最有力地证实了这一假设，即由于公司税并不直接为选民投票人所感知，因此它倾向于比更为直接的个人所得税产生更大的默认度。

在政治决策结构中一种影响个体财政选择行为最重要的制度因素是，将税收决策和对公共支出计划的决策明确分开，二者就某种潜在的实际意义而言仍是相互依存的。在第七章中对这一问题的讨论表明，使决策能够得以细分的预算过程的可预测结果是，在获准税收与获准支出之间出现事前赤字，在某一平衡预算规则下，这些赤字必须予以事后调整。正如分析所示，这一产生事前赤字的趋势是可以被预测出来的，这独立于任何有关在最终调整中总公共支出是否将小于、等于或大于在同时考虑财政账户两侧的其他决策过程中可能产生的支出的预测。

选择的细分：调查研究中心的结果。适合检验一般性预测的方法有多种。一种间接检验方法是由缪勒在调查研究中心的态度研究报告中提供的，上文已提及。受访者被问及，如果在多种公共支出计划中选择一种，他们会选择较多的、不变的还是更少的计划。对于为这些计划确保所需额外资金的方法并未提及。由缪勒论文中的表11所再次得出的结果，如表13.1中第2列所示。之后除问到这些相同的问题外，还增加了"即使必须增税"这一条件。反应的变化令人瞠目；在搭建了税收桥梁的情形下回答应增加支出的受访者百分比见表13.1右列。

表 13.1

计划	认为应增加支出的受访者百分比	即使必须增税也认为应增加支出的受访者百分比
帮助老人	70	34
帮助穷人	60	26
教育	60	41
贫困区清洁	55	无
医院和医疗	54	25
公共工程	48	无
国防	47	30

续前表

计划	认为应增加支出的受访者百分比	即使必须增税也认为应增加支出的受访者百分比
小企业	37	无
公路	36	13
失业金	29	10
公园、娱乐	27	7
空间	26	14
农业	20	6
对外援助	7	2

资料来源：Table II，p. 215，in Eva Mueller，"Public Attitudes Toward Fiscal Programs."

尽管为发现真实的选择行为而进行此类态度调查的价值有限这一点应总被强调，但这些结果似乎表明，而且是相当清楚地表明，一般而言，个体没有在财政账户两侧进行有意义的转换。只要决策过程允许他们考虑在无关税收成本情况下赞成支出计划，往往将会造成赤字。注意，根据表13.1中的反馈情况，大部分受访者将赞成在前五个计划上增加支出，但是如果必须增税，那么没有一个单一计划能获得多数票赞成。另外要注意的是，对各种计划的偏好排序在这两种情形下改变了。

在早先援引的1963年英国的一项调查中，受访者被问及支出计划是否应予以扩大，但仅限与税收存在桥梁关系的情形下。此处多数受访者（51%）显示出对扩大教育支出的偏好，但分别有41%和43%赞成扩大公共卫生和公共养老金上的支出。[1] 有趣的是，在1965年的调查中上述比例降至41%（教育）、32%（公共卫生）和34%（养老金）。[2]

里德对退伍军人津贴法的研究。将税收决策和支出决策分开会对投票人的选择施加重要影响，这一假设可以通过考察民主选择本身得到更为准确的检验。仅仅假设所研究的制度安排在不同单位之间存在显著差别，在给定众多政府单位的前提下，就可能进行比较性分析了。

不同的州都颁布法律为参加过第二次世界大战和朝鲜战争的老兵发放现金津贴，这为检验该假设提供了一个良好的契机。这是约翰·J. 里德（John J. Reid）在1961年所完成的弗吉尼亚大学研究的目标之一。[3] 有21个州在第二次世界大战后颁布了津贴法，并且有20个州在

---

[1] *Choice in Welfare*，1963，Table XII.

[2] *Choice in Welfare*，1965，Tables XXI，XXIV，XXVII.

[3] John Joseph Reid，"The Veterans' Bonuses：An Analysis of a Collective Decision" (Unpublished Ph. D. dissertation，Alderman Library，University of Virginia，1961).

朝鲜战争后颁布了该法，实质上这些都是相同的集体。在 26 个州中，虽然提出了津贴法但最终并未颁布。由于那些可能影响此类支出决策的外生因素看起来在所有州都可以进行粗略比较，所以结果上的差异应该使我们能对制度差异的影响进行某种预测，如果此类差异被发现既已存在的话。

有 27 个州对津贴法进行了公投，这一特征允许对个体在投票室中的选择行为进行直接观察。这 27 个州中的 15 个州用一种给选民留下津贴必然会带来税收成本的印象的方式向选举团提问。在一些情况下，赞成是与相应的征税明确结合的；在另一些情况下，只要求选民显示出他们对那些有必要增加的税收的偏好。在剩下的 12 个州中，有关津贴的提问并不涉及税收成本。

里德观察到的结果十分倾向于进一步证实一个假设，即当没有提出税收存在桥梁关系时，更易于确保支出计划获得支持。在提出津贴法而不涉及税收成本的 12 个州中，公投都是表示支持的。在剩余的 15 个州中，有 6 个州否决了津贴法，占总体的 40%。

尽管无法进行直接检验，里德还是发现了，必要的税收成本与对津贴积极的赞成之间的关联度倾向于显著影响州议会（在不要求公投的州）对津贴的动议。

伯索尔的发现。 在威廉·C. 伯索尔（William C. Birdsall）的研究中可以找到对该假设类似的证明。[1] 他指出，在 1955 年 11 月，一项提交给纽约州选民的公投议案请求授权发行 7.5 亿美元的债券用于修建高速公路。州议会在公投之前就颁布了一项计划只在公投议案获得有利采纳后才生效的燃油税增加议案。该议案随即被否决，结果为 54% 对 46%。仅仅过了一年，1956 年 11 月，一个出于相同目的的要求授权发行 5 亿美元债券的类似议案获得通过，有 66% 的人投了赞成票。第二个议案与第一个的区别仅在于，1956 年，公投决策根本没有与增加燃油税相联系。

当然，在此单例中伯索尔的发现只能被视为对该假设的一个孤证。然而，当把这一发现加到调查研究中心有关财政态度的资料中并且加到里德对老兵津贴的研究中时，对该假设的进一步证实变得更令人印象深刻。各种不同的证据，与该假设在内省中表现出的合理性一起，或许为

---

① William C. Birdsall, "Public Finance Allocation Decisions and the Preferences of Citizens: Some Theoretical and Empirical Considerations" (Unpublished Ph. D. dissertation, Johns Hopkins University Library, 1963).

准确预测预算过程细分所施加影响的方向提供了相当多的依据。

政治制度与财政制度

在贴着"财政"标签的制度与那些可能被称作"法律""政治"或"立宪式"的制度间画一条明显的界限并非易事。像指定用途资金、年度预算、收入决策和支出决策的分离等这样的制度都属于"政治"制度，同时它们也是严格意义上的"财政"制度。但除此之外，还存在一些实质上是政治的并且超出财政选择范畴的制度或规则。我此处是指那些据以达成集体决策的规则。在民主政治中，有相当多的方式得出结果，并且存在一些具体的法规引起此类变化。

尽管政治或集体决策过程并非逼近"真理判断"或"正确"答案的方法，但相反，恰恰是通过这一过程，针对不同结果的个体选择彼此相连以产生集体结果，而一旦承认这一点，不同规则会产生不同结果就变得明显了。在另一本书中，提出了分析各种政治选择规则所依据的理论基础。[①] 然而，就讨论过的财政制度具体而言，尚未进行经验研究以确定若干可能规则的影响。

有一个领域似乎可能进行经验研究，即美国不同学区的选民对发行学校债的赞成度。此处我们有很多单位进行大体一致的决策，并且我们应该能够对结果进行比较。并且，因为各州就有关地方学区据以决策的规则制定了不同的宪法和法律条款，所以应该注意到这些规则对最终结果的某种影响。在弗吉尼亚大学一项始于 1963 年的研究中，约翰·罗伯特·库珀（John Robert Cooper）努力预测一些基本的决策规则对此类债券的发行所施加的影响。在许多辖区，要求按简单多数赞成规则进行公投。在其他许多学区，要求那些投票中有资格多数赞成规则，投"赞成"票的百分比在相当宽的范围内变化。在其他一些辖区仍然存在的是，无论采用多数、简单多数还是有资格多数规则，都必须根据所有注册选民进行计算。仍有其他一些学区是在具有不动产所有者身份的人才有权投票选择债券这一规则下运作的。

库珀按明显的限制性对不同的要求进行了如下排列：简单多数、有不动产的资格多数、51% 以上的特殊多数、有不动产的特殊资格多数，

---

① 　James M. Buchanan and Gordon Tullock, *The Calculus of Consent*.

以及最后，所有合格选民中的多数。他然后假设，获准发行的债券比例将倾向于沿着这一排列顺序下降。1961年公投表决的债券发行数据只部分支持了该一般性假设。较之于那些要求资格多数规则的地区，人们在只要求简单多数的地区倾向于赞成发行更多债券。正如这一章报告中的其他一些发现那样，对于任何一个采用广义一般民主决策模型并且在选民参与中融入任何理性的人来说，这一结果从直觉上讲似乎都是明显的。然而，从现实世界中获取证据进行证实是有用的。在这一方面，库珀的结果完全符合早前完成的并且更加有限的调查。[1]

假设中所包含的对有关不动产资格影响的预测没有数据支撑。接受某种粗略的收入最大化假设，并且承认房产税必须为履约偿债融资，这样便可预测到仅限房产所有者参加的债券公投将减少赞成所占的比例。库珀的研究无法支持这一假设。广义上讲，在不动产资格制下获准发行的债券比例仍然近似等于不在不动产资格制下的比例，公投的其他方面仍保持不变。这一看起来相互矛盾的结果部分可用这样的事实加以解释，即在抽取的样本中，那些不动产资格制下的辖区还往往是那些平均收入水平相对较高的地区。如果将此前提到的威尔逊-班菲尔德的发现用于此处，那么甚至在不动产资格制下都存在高赞成比例的趋势也变得可以理解了。

有关各州

有关财政政治制度对选择行为影响的假设只有在可观察到不同制度运作于其他在一些方面广泛类似的条件下才可以予以检验。辖区的多重性是该研究的必要条件。有鉴于此，本章中的大部分研究报告和大部分实际可能的研究都有赖于能否从各州—地方财政体系中获得数据。尽管可以得到联邦或中央政府制度下有关选择行为的数据，但这些数据无法揭示出不同财政选择制度的影响，原因很简单，不存在可以对结果进行比较的控制因素及对比制度。这一事实严格限定了对财政过程的经验研究。

然而，研究者应该庆幸的是，有关州—地方体系的相当完整的数据是很容易获得的，特别对于那些进行完政府人口普查的年份。有了这些

---

[1] 参见 John Robert Cooper，"Institutional Factors Affecting the Outcomes of School-Bond Referenda"。截稿时（预计在1966年）这一研究将在弗吉尼亚大学作为博士论文提出。

数据，研究者应该能够在复杂技术的协助下将一些最重要的制度变量的影响剥离出来。

我们建议的一种方法是，尽力"解释"州—地方支出在若干州之间的变化。此处一些标准的且为人熟知的解释变量，包括收入、人口、房产价值、城市化，已表现出对相当大比例的州际变化进行解释。为了检验制度方法的契合性，研究者需要在这些为人熟知的变量上增加那些代表明显重要的财政—政治制度的变量，并且努力预测影响方向。

弗吉尼亚大学的杰克·福布斯（Jack Forbes）已沿着上述路线部分完成了初步的研究。在剥离出政治—制度变量对财政选择的影响的努力中，福布斯选择**州—地方人均支出占收入的百分比**作为他的基本自变量。他随后努力解释这一数值在不同州之间的变化。注意，此处的任务并非解释各州之间支出水平的变化，这是经常被审查的问题。福布斯希望能够解释，这些州在从个体收入中抽取公共支出资金倾向上的所谓差别。在很大程度上，针对不同支出水平的主要解释变量，即人均收入，此处被剔除了。只有当公共物品需求的各种收入弹性不能收敛时，就福布斯的目的而言，人均收入水平才仍可作为一个解释变量。

这些可能的政治—制度变量会对这一倾向施加怎样的影响？研究伊始，福布斯对隔离出约 30 个独立变量的影响后将出现的情况进行了考察。然而，尽管数据可以从《政府人口普查》（*Census of Governments*）中获得，但要将那些反映制度差别的特定变量转换为统计上可用的形式并非易事。福布斯进行了微调并承认了数据的有限性，他最终决定将以下自变量加入他的多元回归方程。

X_1—人均政府数量。

X_2—州—地方对联邦政府岁入的依赖程度。

X_3—地方政府对州政府岁入的依赖程度。

X_4—地方支出的自主程度。

X_5—地方税收的自主程度。

X_6—州—地方体系中对间接税的依赖程度。

回归方程中对各系数的符号预测如下。根据预测，X_1、X_4 和 X_5 对因变量州—地方人均支出占人均个体收入百分比的影响为负。换言之，其他条件不变，政府部门数量越多，地方税收和支出的自主权就越大，也就越有减少从个体收入中抽取资金用于公共支出的倾向。对于这种负影响的预测都是基于这种观点，即政府的财政决策越是"亲民"，越能做出更为理性的集体选择，并且其影响将指向支出的减少。如果着眼点放在了公共支出计划的规模经济，那么对符号的预测就应该是相反的。根据预测，X_2、X_3 和 X_6 的系数符号为正。对 X_2 和 X_3 的预测不需要什么解释；可以肯定的是，州—地方越是依赖于外部税源，支出就越多，而无论在哪一个水平上都是这样。X_6 符号为正的预测来自这种观点，即间接税倾向于产生财政幻觉并由此向纳税人掩盖实际的税收负担，并进而使他支持较高水平的公共支出。

人均政府数量 X_1 的实际情况并不支持所预测的符号。对 X_2 和 X_3 的预测获得了数据支撑。对地方支出的自主程度 X_4 的预测尽管得以支持，但对地方税收的自主程度 X_5 的预测却未获证实。对间接税的依赖程度 X_6，对此情形的预测未获得数据支撑。结果显示，来自个体收入的州—地方支出倾向于随着直接税征税程度的增加而增加，而并非如假设所预测的那样减少。

仅仅是使用了上述所列出的各项制度变量，结合 1957 年的数据，福布斯便能够"解释"州—地方人均支出占人均收入的百分比这一因变量的变化幅度约为 41%。对此，他又加入了三个更为人熟知的自变量，即人均收入、城市化程度和人口密度。有了这些变量，回归方程的解释力提高到 45%。如果独立地考虑，这三个非制度性变量可以"解释"30% 的变化，当然也显示出在制度性变量和非制度性变量之间存在某种自相关。

福布斯的研究仍有待完善，并且既然这里做的是概述，也就无法详述其结果。然而，该研究对当前目的是重要的，因为它指出，在许多制度变量对财政选择结果的影响方面进行一些有用的统计调查相对而言仍有一些区域未被探究，并且指出此类调查将遇到数据收集和方法的严峻问题这一事实。数据并不是轻易就能把具体制度的影响剥离出来加以检验的。但尝试一番是可以的。而对每一个假设的反驳都会对我们的知识存量有所增进。

结论

无论就研究的严格性还是契合性方面，这一章的研究报告变化跨度都是很大的。应将这些结果主要当作一些建议，以使在攀登专业学术阶梯中逐渐有所建树的那些颇具技术实力的学者进行进一步的研究。本书阐释的财政选择行为模型，即强调个体偏好的民主决策模型，从未获得专家们的广泛采纳。有鉴于此，那些可获得的数据很少有依据各种模型假设予以检验的。几乎没有对这些假设进行过公式化处理，于是就更没有多少进行过基本检验了。此处汇报的研究工作不是那种目的单一、方法固定的工作坊式的研究。在达到这一层次前还有更多任务必须完成。必须更加努力地投入对那些相关且潜在可检验命题的推导中。经验层面的研究将继续受限于合适数据的可获得性。那些既有数据大多是靠运气得到的，因为对数据从来都不是心中带着合适的问题去收集的。主要的结论似乎明显且基础。富有潜在成果的研究领域既包含对富于想象的假设的提出，又包含对这些假设的检验，这似乎永无止境。

第二篇

财政制度的选择

经济学家对于他的理论、他的模型、他的工具或研究是普罗万象还是无足痛痒并不知晓，而且也不应知晓、不应关心。如果它们错了，也将由他人报错、修正，使其日臻完美。

——路易吉·伊诺第，选自他在都灵所做的
1949—1950 学年就职演说。
引自 Aldo Scotto in "Luigi Einaudi," *Economia Internazionale*，XV（February，1962），35.

第十四章　财政选择诸层面

引言

第二篇尝试将个体对财政制度的选择作为制度加以考察。个体选择行为这一层面或阶段会被称为"立宪式的",以有别于第一篇中所讨论的以及那些为传统公共财政理论学者所关心的。个体财政选择这三个互不相干的层面或阶段应加以明确区分。

传统公共财政理论中的个体选择行为——在市场选择中个体对向其施加的财政模式的反应。按照正统方法,个体既不进行公共物品选择,如第一篇所述,也不进行制度选择,如第二篇所讲。或者,多少有些同义反复地讲,正常情况下对这些选择是不予考察的。为整个集体所做的财政和制度选择被假设成是在个体自身潜在选择体系之外做出的。假设当他对由外部施加在他身上的各种税收—支出组合做出反应时,他仅能以其私人市场行为进行选择。尽管选择者的行为仍是分析的中心,但它是指个体在不同市场选项间进行的私人选择,而后者被所施加的财政结构改变。摆在传统公共财政理论中的一个典型问题是:给定通过征收个人所得税为政府筹措岁入资金这一制度,并且给定所施加的税率水平,那么个体在配置工作和闲暇时间上将如何选择,而税率水平的变化或可选制度的变更又将如何影响这一选择?

给定财政制度下的个体选择行为——在财政的集体选择中个体在向其施加的财政制度下的反应。在第一篇的讨论中,我们将考察的阶段或层面比传统上强调的个体的市场选择更进一步。在民主政治秩序中,对于社会买来向其公民提供的一定数量的公共物品和服务，个体也要进行**选择**。个体，与其同伴一道，不仅做公共物品的选择，还要做出私人物品的选择。据以进行公共物品选择的制度会影响他的行为。人们尝试过对这一选择行为进行分析，并预测民主国家中一些日常观察到的现代财政体系制度所施加影响的方向。出于这一分析的目的，假设制度本身已从外部选来用于个体自己的选择。在第一篇所用方法下的典型问题是：给定通过累进个人所得税为岁入融资，则这一财政制度将如何影响个体在公共物品和私人物品之间配置资源的选择？

个体在甄选财政制度时的选择行为。在民主政治秩序下，个体不只在市场中选择，而且在给定制度下参与集体选择。最终，在某一"立宪式"决策阶段，他们也必须为选择本身甄选或选择结构框架；他们必须选出那些进行日常市场选择和执行日常政治选择所寓于其中的制度。极为重要的是，要将个体选择的不同层面或阶段分开考虑。正如在传统公共财政中或第一篇中所述，我们会考察在市场中或在投票室内个人所得税制度对个体行为所施加的影响。但是在决策的某一"较早"阶段，对于选择所得税而非其他为岁入融资的备选方式的特定制度，我们也会考察他在甄选该制度时的行为。在这一分析层面，我们努力将个人所得税与其他制度进行比较，比如公司所得税。对于第二篇中的方法而言，作为参照者的个体将通过若干可能的备选税收制度就有关投入公共物品和服务的资源量进行日常财政选择，而典型的问题是：他将如何选择这些制度？

选择的相互依赖

存在三个层面的财政选择。个人自问道：第一，对将获得的集体物品和服务，我将选择如何支付？第二，对将获得的集体物品和服务，我将选择多少？并且，第三，一旦做出了某一集体选择，我将如何对我面临的市场环境变化做出反应？尽管对这三个层面的选择实质上要分开分析，但也应清楚这三者具有内在的相互依赖性。正如大多数选择的情形，"理想化的"行为要求，或看起来要求同时对所有选择变量进行调整。特别地，个体对税收制度的选择将依赖于他对公共物品数量和组合的选择，以及他对集体财政结果所选择的私人市场反应。在个体方面任何令人满意的规范性行为理论都必须提出这样的过程，通过这一过程，这三个层面的选择同时进行。[①]

决策成本

　　然而，这种理想化忽略了决策过程中一个十分重要的因素，即决策本身的成本。在一个个体能够在与他人完全隔离的情况下进行决策的世界里，这一成本因素出于大多数目的会被忽略。但在有的制度中，个体不管怎样还必须参与到取得对集体结果的某种一致意见一旦达成便适于全体这一目的中，这些成本实际上会变得很大。一旦承认了这一点，即使是理想化的个体选择也不必要求同时确定所有选择变量的值。在这一语境下，对于个体而言变得理性之处在于，对规则或制度选择的考虑与在这些制度或规则的运转范围内进行的自身特定选择分开进行。换言之，个体变得理性之处在于讨论其在各种备选制度间的选择，在这些制度下随后进行的选择将独立于这些后来的选择或他对它们所预测的反应。

　　将"立宪式"决策与被称作个体"操作性"决策相分离是重要的，并且这对第二篇的逻辑是必不可少的。尽管可以用更一般的方式进行阐释，但此处还是会援引财政制度和财政选择作为强调之处。考虑政治团体中单个参照者的决策或选择计算。我们假设，他努力表达出对投入公共之用而非私人之用的经济资源份额的偏好。他必须决定对公共物品的支付制度，即税收结构。他必须决定在这一结构下供给公共物品的数量和组合、预算规模和构成。而且，最后，他必须决定对他在市场中将面临的因财政制度而改变的选择条件做何反应。

　　正如所言，这些决策是相互依赖的，但当他承认了与他的同伴在每一项预算的支付制度上协商达成一致的成本时，个体会出于效率原因更愿意将制度决策与标准的预算决策分开。换言之，他会同意，集体应该"通过立宪方式"决定制度，并据此做出财政（预算或公共物品）选择，这相当独立于这些选择本身。他会对自己和他人说："我实在是不知道我需要哪些公共物品和服务，也不知道在未来预算选择的整体范围内需

---

　　① 得出此类模型的大部分完整的尝试载于 Charles J. Goetz，"Tax Preferences in a Collective Decision-Making Context"（Unpublished Ph. D. dissertation，Alderman Library，University of Virginia，1964）。该论文部分收录在 Charles J. Goetz，"A Variable-Tax Model of Intersectoral Allocation，" *Public Finance*，XIX（February，1964），29–43。

要多少，但无论我们决定向我们自己供给**哪些**公共物品和服务，也无论我们决定供给**多少**公共物品和服务，难道我们就不能讨论一下为此进行支付的制度吗？具体而言，难道我们对是通过所得税还是通过销售税为公共岁入融资这一问题不可以通过立宪方式予以决定吗？"

在某个独立的"立宪式"过程中如此处理制度结构问题将减少在所供给公共物品和服务数量方面进行日常预算决策时降临的成本。施加此类制度性约束相当于设定"财政选择游戏"的规则，而没有这类约束的话，游戏便事实上根本没有规则。无论达成集体决策是否存在最终的规则，这一结果都是成立的，而且还被假设为已按立宪式规则确定了。无论政治决策的达成是基于维克塞尔式的一致同意规则、简单多数票规则，还是其他任何一种可能变体和组合式规则，单独选择财政制度都会减少决策成本。发生这种情况的原因是，它将一整套本来可能发挥作用的议价筹码从直接预算的计算中移了出去。

应该强调的是，将决策成本加入模型中未必意味着理性行为就要求将选择的制度和操作两个层面加以分离。似乎无法先验地指出，在任何特定情况下是这个程序还是同时选择所有相关变量的程序，相对而言更"有效率"。在某些条件下，为供给的公共物品及这一供给本身选择财政制度，无论对个体还是全体而言，都确实是理性之举。在其他某些条件下，有效率的行为的确也暗含他法。如果尽可能地接受后面这些条件，那么我们在第二篇中的做法就是得当的，即考察个体在不考虑所面临公共物品选择的具体特点时据以甄选财政制度的计算。

制度为规

一名政治社会中的成员将如何着手在不同财政制度间进行个体选择？为这一问题设计精确的场景是重要的，并且这或许可以用清晰的模型做最好的描述。

假设存在一种政治社会，在其中所有关于公共物品供给的日常决策都通过某种城镇会议的形式按简单多数票规则进行。每个人都提前知道，该财政行动议案的方方面面都将按这种形式表决。任何公民都可以就某一特定项目的公共支出水平，或就为这些项目提供岁入的税率水平，向该集体提起动议。进而，我们假设，个体无法预测是哪些方案可能恰好被提交集体做选择，并且即使他应该能够在这方面做出某种粗略预测，他也无法预测自己的偏好恰落在哪个具体的动议上。换言之，个体无法预测，比如在第二年或十年后，是否有人将为清洗犄角旮旯支出 X 美元提起动议。并且，即使做出了此类动议，个体也不能现在就说他是加入支持还是反对的行列，因为他对自己未来的品位和经济地位都一无所知。

现在，假设召开一次该集体的"立宪式"会议，并且要该集体对征税制度做出集体决策。换言之，某种此类制度一旦被选出，就要用于为未来一些时期所提出并通过的任何支出方案融资。回到该例，个体支持或反对清洗犄角旮旯的未来行为将部分地依赖于为此类支出融资的方式。然而，现在，要他做的是为所有可能获准的支出议案选择融资方式，而无须考虑一段时间后出现的获准动议的模式。这样选出的制度作为一种约束条件和一项规则加以实施，据此，有关公共支出内容和规模的特定选择，在整个无法确定的一系列财政和记账期内得以做出。[①]

选择财政制度变得非常类似于选择日常游戏规则。玩家并不知道，当他必须就要玩的游戏的规则与伙伴们达成一致时，具体哪一套规则在随后的几轮中私下对他最有利。他无法准确知道，原因是他无法预测到他将面临哪些选项，并且他无法知道他必须在什么约束条件下玩游戏。这种在规则选择中内在的不确定性使各自独立的玩家之间达成一致意见比在其他情况下所预期的可能性更大。如果一个潜在的普通扑克游戏玩家，在同意游戏规则时，应该能够预测到他在相继每一轮游戏中持有的牌，那么他当然将对他所偏好的一套规则十分确定，并且他将竭尽全力使整个集体都接受这套规则。然而，只要其他玩家对将来的情况一样是无所不知，那就绝无可能只达成一套规则。

另外，如果没有玩家能够预测出在有望进行的各轮游戏中他自己的位置，那么就规则达成一致就变得有可能了。在这一情形下，每一可能成为玩家的人都将有动力挑选一套在私人或个体意义上看起来都是"有效率的"或"公平的"规则，而无论他自己处于什么位置，他都将把持"公平"的致胜良机。一旦个体位置可以得到辨别，就会在有可能成为玩家的人中发生冲突，而只要此类辨别变得不可能，这一冲突的核心因素就得以剔除。

出于我们的目的，制定游戏规则变成选择财政制度的规则。如果个

---

① 摆在此处关于选择财政制度的问题从方法论角度讲等同于按照宪法方式选择备选规则或制度以做出集体决策。参见 James M. Buchanan and Gordon Tullock，*The Calculus of Consent*。

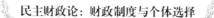

体既不知道有什么议案将被提出并采纳，也不知道他自己关于这些议案的特定偏好是什么，那么个体在集体做出支出决定的整个一系列不确定时期内应该更愿意以哪种方式纳税？

从私人收益到"公共"收益

本书通篇，以及在较早的著述中，都是以单一个体作为选择单位，将分析建立在其选择计算的基础上，并且假设了他是按照个体效用最大化行事的。当然，这并不适于讨论该方法的一般方法论意义，但有一点应该明确在先。政治科学及其他领域的专家经常将"公共利益"指作独立于集体成员中彼此不相干的个体或私人的利益的某种东西。此处所采用的方法并不认为此类"公共利益"是存在的，也不假设个体是简单按效用最大化者行事的，尽管不必对效用函数进行狭义界定。

第二篇用以分析财政制度的方法允许在政治秩序中的纯个人利益概念和公共利益概念之间进行某种调和。如果将进行选择的个体置于制度选择、游戏规则选择之处，并且如果他无法以任何准确程度预测出他在随后几轮游戏中的特定位置，那么他自己的私人利益将占主导，如上所述，他显示出对一套看似"有效率的"规则的偏好。换言之，他本人的效用最大化行为，在这一场景下，将使得他选择那些将对整个集体而言有效率的规则。并且在所有成员中就一套共同规则达成一致意见在概念上或潜在性上变得可能。因此，该分析认为，如果将个体恰当地置于需要他们"通过立宪方式"选择的位置上，那么他们就会受本人自身利益引导行事，好像他们是在某种适当意义的程度上增进着普遍或公共利益。

这一结论具有重要的规范性内涵，我们将在后面的章节中做更为全面的讨论。这意味着可能做出社会选择之处，其条件应是个体发现他们自己处于此类"立宪式"情形。个体选择者的效用函数为此类情形下的行为提供了不同于它在个体位置更易辨别时所能提供的信号。没有必要明确引入对人际间的考虑；没有必要改变效用函数以包括对他人效用或活动的论述。然而，因为参照者个体在任何随后的"各轮游戏"中会处于许多具体位置中的任何一个，所以他本人的效用最大化行为将引导他挑选**一般而言**有效率的制度。并且，由于全体成员所处环境可能大体近似，因此对**一般而言**有效率的一套规则达成一致变得可能。

契合性问题

财政制度事实上是在与此处所做的那些假设有些相似的条件下进行选择的吗？制度性选择是与日常选择分开做出的吗？不要求对政治过程进行煞费苦心的研究便可以建立决策模型确实与现实世界的事例相当契合这一一般性结论。没有什么比日常观察更可用于揭示出，对财政制度的辩论、讨论和最终的挑选都完全独立于公共物品的选择。例如，1963年和1964年美国对税改的政治性讨论就是大体上在对改革结果可能产生的支出方案的选择不做任何考虑的情况下进行的。这一分开进行财政决策过程的做法很可能要部分归因于根本而言非理性的或无效率的因素，并且在更大程度上允许所有水平的财政变量之间存在真正的相互依赖性，这是人们非常愿意的。在第一篇中已对这一分开决策的一方面影响进行了讨论。对制度选择的独立考虑倾向于对日常预算选择施加约束条件，进而，因此产生某种标准意义上的无效率。例如，如果一项为特定支出计划制定的议案是在既有的并且是假设不能调整的税收结构下获得资金的，那么就可能不会产生所需的支持，尽管事实上，如果引入了其他某个税收分配选项，就会轻易得到支持。

然而，这一章中进行的考虑意味着，此类由制度性和操作性选择的独立性而来并获得承认的无效率，至少在某些情形中，可以被在充分分割的体系下更高的决策效率所抵消。先验地讲，似乎不可以说整个财政选择过程不应该理想地包含着制度性决策机制和日常操作性机制之间在概念上的明显分离。事实是，我们在几乎所有政治辖区中都观察到此类分离。

传统新古典公共财政理论的复兴？

古典和新古典财政理论，特别是讲英语的学者们所提出的理论，已饱受诟病，原因是它将重点放在财政账户中的税收侧而相对忽视了支出侧。以这种传统方式进行的研究就好像税收是由外部施加的而好像岁入是通过征收从经济中汲取的。伊诺第的术语"imposta grandine"直译为"冰雹税"，恰当地描述了这一标准模型。提出所谓的征税"原则"，并基于这些继续为有关税收的复杂讨论提出论点，而不考虑预算的支出侧。

这一流程相当于在不考虑此类物品需求的情况下试图为在集体中分配公共物品的成本制定"原则"。在私人物品市场中，某些条件下，买方个人必须支付的价格主要由成本决定，并且个体需求只影响将要购买的量。在这一情形中，需求影响在物品上的总支出，但不影响所供给物品的单位价格。对于公共或集体物品，供给的联合性是其本质特征。这意味着，按成本所决定的供给价格向"买方"供给若干可分割单位的这些物品是不可能的；个体层面的数量调整是不可能发生的。成本因素可以决定作为单位的集体而不是个体所面临的供给价格。在集体中向所有个体成员提供相同的数量，使得在向各类需求方收取"价格"时有必要采取明显的歧视性做法，并且此处这种适度歧视仅能依赖于明确地将需求方带进账户中才能搞清楚。在得出所谓的征税"原则"时忽视这一方会造成整体武断的结果。

我已在其他著述中讲过[1]，就所有公共物品和服务提供的是"一般性"而非具体收益而言，此处的武断得以减少。如果公共支出仅限于供给那些可为社会全体成员平等获得的物品和服务，那么新古典分析模型就变得多少不会像对其初次印象中那样"一边倒"。如果对人们的具体收益进行计算并且这一计算描述的合理性得到认同，那么以上所讲尤为正确。尽管进行此类计算是将需求方加入模型中，但其方式主要集中于成本的分配。例如，如果接受了对所有人而言享用公共物品和服务的边际收益大体相等，那么在不考虑那些会被接受的准则时，账户在这一方的差异不会影响税收—成本的分配。在此类模型中，所有人对公共物品的需求都大致相等。因此，对效率的考量将支配对全体而言相同的税—价结构。有关税收分配"原则"的讨论于是变成对无效率准则契合程度的讨论。

边际收益还可能按其对某个收入—财富基数的大致比例加以计算。在此情况下，仅效率考量支配比例性收入—财富的征税，且是在边际上，并按非效率对比效率的方式讨论其对该规则的偏离。仍有其他一些可能的边际收益计算方法会得到使用，并且当然，每一种方法都将得出不同的"理想上有效率的"边际税—价分配。

然而，我们知道，第一，传统方法并不努力表明，对任何需要用于

---

[1]　参见我的 *Fiscal Theory and Political Economy*（Chapel Hill：The University of North Carolina Press，1960），pp. 15 – 17。

使其方法合理的收益计算在经验上确实具有契合性。第二，我们知道，实际上由政府供给的公共物品和服务并不完全符合具有支配意义的"一般性"。对某些此类物品和服务而言，无论是总收益还是边际收益，在给予个体和更大集体中的亚集体时都是**区别**对待的。当承认了这一点时，税收原则的传统新古典方法值得保留之处似乎甚少，而科学的进步似乎对其要加以弃之。

更认真地想一想，这种反应似乎还不够成熟。本研究中第二篇所开启的制度方法，如果不考虑其具体的逻辑性，那么就实至名归而言，它起到了复兴一般意义上的新古典方法论作用。至少在某些情况下，将对税收制度的选择与对支出计划的选择予以分离的办法被证明是既令人满意又有效率的。对此种将财政决策过程进行分离的论述是基于这样的假设，即那些决定了在集体成员中对所供给公共物品和服务的成本进行分配的征税制度，可能是准永久性的或者是政治—社会结构中的"立宪式"因素，而决定着对集体成员间公共物品和服务的收益进行分配的支出计划，相对而言可能是非永久性的或是暂时现象。

用一个简例便可既澄清这一制度又指明其局限性。假设一政治社会仅包含三个公民，A、B和C。在每一财政期都有三种可能的公共支出计划。其中一种给A和B带来相等的收益，但根本不会给C带来收益。第二种计划会给A和C带来相等的收益，但不会给B带来收益。第三种计划给B和C带来相等的收益，但不会给A带来收益。现假设每个人都认为在每一财政时期都可能相同程度地采纳这三种计划。在与以上类似的情况下，对于任何一个集体成员而言与他的同伴讨论引入一个完全独立于在任何具体时期所预测的特定收益计算的**一般性**征税计划都似乎是理性的。在一段时间内，尽管从各种税收计划中所获收益的概率分布并不为人所知，但这一不确定性因素本身便足以使相互分离的制度选择呈现理性。它必定仍是"无效率的"，或许就某一短期意义而言，对于根本不会从特定支出计划中享有收益却要与他那些作为直接受益人的伙伴担负相同税收—成本的人而言，情况确实如此。但是在跨期条件下接受征税制度就长期意义而言会变得"有效率"，前提仅是所询问的个体期望，当该税收制度在整个无法预期的一系列支出选择中一直保持效力时，他从公共服务的各种收益中得到自己"公平"的那一份。

第十五章 所得税累进制[①]

引言

本章将在第十四章介绍的立宪式—制度框架下考察所得税累进制。在什么条件下,如果确实有的话,个体将选择包含基于收入的税率累进制税收结构吗?

通过比较传统的所得税征税方法可以清楚地说明这一分析。传统上,税率结构中的累进制按由外部选定的伦理准则进行明确的讨论。换言之,对累进制是褒是贬都要依据其与观察者所选的一套财政组织准则一致还是矛盾,该观察者在概念上是置身于整个体系之外的。现代经济学家比英国的功利主义者在复杂性上走得更远,因为他们承认了引入此类准则的必要性。在这方面继阿道夫·瓦格纳(Adolph Wagner)之后,亨利·西蒙斯公开宣布将他本人对累进收入征税制的观点建立在个体和家庭之间对更大的收入平等性的愿望上,这是组织财政结构所"应该"促进的一个社会目标。[②] 再后来,一些学者如保罗·萨缪尔森[③]和理查德·A.马斯格雷夫[④]将财政机制的再分配职能与配置职能进行了明确区分,并

[①] 本章的核心论点于1964年初在佛罗里达大学、加利福尼亚大学(戴维斯分校和洛杉矶分校)和俄克拉何马州立大学举办的研讨会和讲座中首次提出。

[②] Henry Simons, *Personal Income Taxation* (Chicago: University of Chicago Press, 1938).

[③] Paul A. Samuelson, "The Pure Theory of Public Expenditure," *Review of Economics and Statistics*, XXXVI (November, 1954), 387 - 89.

[④] Richard A. Musgrave, *The Theory of Public Finance* (New York: McGraw-Hill, 1959).

且，对于前者，他们提出有必要引入外部伦理准则。

以这种方式讨论累进所得税会有所成果。尽管如此，这样说也对，即只要价值评判进入讨论中，真正的"科学"分析便归于终结。由此得出，如果能够在对累进制或任何其他制度进行有意义的讨论的同时不引入外部准则，那么就会在方法上做到得大于失。当然，这并不是说规范性讨论没有帮助。我只是指出，此类讨论最好推迟到在尚未考虑价值的基础上进行了全面彻底的分析之后再进行。

制度—选择方法所做的是允许在个人主义的参照系中考察累进制。换言之，这使我们能够分析个体在评价各种税收结构时所做的选择计算，累进所得税是其中之一。假设一个外部观察者的立场是不必要的，也不需要只从其对一系列处于不同收入水平且彼此互不相干的人所造成的影响方面讨论累进制。一种提出该观点的方式是认为，正统分析，即使不是专门的也是大体上，从个体之间再分配的视角考虑累进制。此处的分析允许将累进制视为若干个体选择方案中的一种。无论是新古典功利主义论点的赞成者还是反对者，包括其现代派，他们都忽略了这样一个事实，即不需要对人际间的效用进行比较。对累进制的讨论几乎一直都是在讲某某人、某某物相对承受了多少税收负担。此处的分析则将该问题转换为仅为某某人所面临的制度选择问题。

是什么使得这种区别成为可能？正统模型要求将注意力精确地投在某一时点上的单一孤立事件，而非一直发生着的一系列事件。标准分析模型所隐含的假设是，恰当的选择是在那些独具时间性的事件中进行的。税收问题传统上是这样摆出来的：如果政府在 t_0 期必须筹措 X 美元的税收收入，那么这一总量中会有多少是从某某人那儿筹来的，又有多少是从某某物那儿筹来的？累进制、比例制、累退制以及其他用以描述税率结构的术语被用作指代施加给**互不相干的人**身上的**具有可比性**的税率，反过来，这些又被根据某种收入或财富特征排出前后顺序。

粗略地考察一下现实世界中的政治过程便可知，税收问题，如果有的话，也几乎很少是以像传统讨论所指出的那种简单方式提出的。尽管对税收制度的挑选独立于支出计划，但是，对税收工具的选择还是有望维持很长时间的，并且通常是半个财政—记账期。当承认了这一事实并将其蕴意融入分析之中时，税率结构问题便可被当作个体选择问题看待，并且人际间的不可比性这一功利主义的两难问题至少也可以得到部分解决。税收工具可以由个体进行选择，而它们都会在任何一个具体时期将纳税人置于相同的税负之下。

然而，只有使各个备选方案的数量效果大致相等，比较才会有意义。熟悉的情况是，经济学家用了均等收益的假设作为评价各种税收的方式。由于此处将要使用的模型暗含着整个时间序列，因此我们可以采取的约束性假设是，个体面临的各种税收方案表现为**与未来税负相等的现值**。这为正统分析的每期均等收益模型提供了一个替代物。在这一相等现值假设下，我们可以直接开始讨论个体对各种税收工具的选择，而与他人态度无关，至少起初无关。下一节是在确定条件下进行的分析。再下一节则引入不确定性，并得出了有趣的结果。

确定性条件下的制度选择

现在考虑一个面临独立于公共支出计划选择税收制度问题的政治社会。为简化分析，我们介绍一个将使我们能够把讨论限定在税收侧的关于支出侧的假设。该社会所面临的问题是：需要为沉重的公债每年支付利息 X 美元。我们进一步假设，通过某一集体决策规则，确定了如何分配偿付这一债务的责任，不是对任何具体时期而言，而是对税负现值的某种具体分派。每个人在偿债的必要性所代表的社会总债务中都给自己分派了一个界定好的份额。这一很不寻常的假设使得我们一开始便全然不顾税收份额在不同个体之间的分配问题。

在私人经济中，当一个人面临固定现值税负时，我们一般不会去想他对支付制度的挑选或选择，尽管我们当然也承认不同的个体将以不同方式履行这种付税义务。一些人将马上履行付税义务；其他人将在一段时间内按规定支付；还有一些人将只偿还未清债务，而保持本金总额不变。私人经济的组织使每个人拥有广泛的自由度自行选择最喜欢的方式履行付税义务。概念上，我们可以认为人们各自从个人主义观和自愿角度出发缴纳他们自己在公共税负或总税负中的份额。在我们的模型中每个人在公债中都被分派了一个具体的税负份额，都可以挑选他自己的支付方式，而且允许不同的人挑选不同的税收工具。

然而，如果我们要求集体成员都在相同的支付制度下履行他们的付税义务，我们便离现实财政情况又接近了几分。让我们只考虑三个财政备选方案：每年等额的年度税、比例所得税以及单一累进所得税。我们定义这三个备选方案的方式是，作为参照者的个体，任何集体成员都面临相同的现值，这代表他在社会总税负中自己分得的那一份。定义这些现值税负必须考虑客观规定的贴现率，我们假设该贴现率是集体（即政府）可以在市场上借得资金的利率。如果不是这样，而是使用某一主观或个人的贴现率，那么现值相等不过是对这三个受到个体同等偏好的备选方案的另一种定义方式而已。剔除选择恰恰是我们想要考察的。此外，在这种计算方式下，不需要将个体总税负加到社会总税负上。然而，如果按某一客观贴现利率，即按对所有人都相等的利率计算现值，那么这三个财政方案具有相等的值并不意味着它们对个体是无差异的。

在这一模型中所描述的选择面前，个体无论是以贷款人还是以借款人身份，都将首先考虑诉诸资本市场的可能。如果这一市场的运行方式允许个体按与借款利率相等的利率进行借贷，那么将会使他本人的主观贴现率与用于界定税负的利率保持一致。在此类情形中，这三个税收备选方案对他仍将是完全无差异的，而不管他对收入和支出需要做出怎样的预期，因为他可以在成本不高于收益的条件下，将任何一个时间流转换为任何其他的时间流。他本人最偏好的支出时间流，在此情形中将根本不会受到施加于全体成员的税收工具的影响。然而，如果资本市场的运行不能产生这些结果，那么个体就会受到日常所考虑的效用最大化的引导，对三种税中的一种偏爱有加。如果他不能按用以界定他所面临税负的客观贴现率进行借贷，相反却必须按不同的利率借贷，那么他就会偏好那种将使他本人最优支出时间流的扭曲最小化的财政方案。

可以这样假设，个体总可以按政府借款利率出借资金；他这样做的方式可以是购买政府的各种有价证券。然而，由于种种明显原因，一般情况下个人私自是无法按政府借款利率借款的。人们必须支付高出该利率的那部分差额。如果接受了该方向的差异，并且如果个体预期他的收入将随着时间的推移而提高，那么理性的选择将支配他"投票赞成"通过累进所得税履行他的付税义务，条件仅是他所计划或偏好的私人支出流比预期所获的收入流更为整齐划一。

一个带数值的例子

假设作为参照系的个体确信他将在当期 t_0 获得 1 000 美元，并将在其后的 t_1 期获得 2 000 美元。我们将分析限制在这两个时期。现假设 t_0

期初始界定的分派给个体的总税负是 976.19 美元，贴现率是 5%。

履行这一付税义务的方式可以是，对这两个时期中的每一期征税 500 美元；每一期按 33.6% 征收比例所得税；每一期对所有在 500 美元免税限额以上的按 50.6% 征收单阶累进所得税。当然，第三个方案仅是许多可能的累进税率结构中的一种。此处选用它是因其数值简单。具体情形见表 15.1 的表述。

表 15.1

（税负的现值：976.19 美元；贴现率：5%；单位：美元）

	t_0 期	t_1 期
税前收入	1 000	2 000
税单		
年度税下	500	500
比例税（33.6%）下	336	672
单阶累进税（对收入超 500 美元所征税率 50.6%）下	253	759
税后收入		
年度税下	500	1 500
比例税下	664	1 328
累进税下	747	1 241

这一带数值的例子清楚地说明，如果个体所偏好的私人支出时间流比他预想的收入流更稳定，那么可以通过征收累进税最大程度地履行税负义务。这允许他能够在他所获收入较高的时期支付一个在其税负中的不成比例的份额，从而消除或降低了他按私人利率进入可贷资金市场借款的必要性。事实上，累进税方案允许个体在时间上延迟纳税，按公开借款利率从政府处"借款"。

这一模型几乎未必如各种假设使它看上去的那般严格或纯净。必要条件是，不仅所期望或所计划的私人支出以某种方式与永久性收入而非每年所测收入相关联，而且后一种收入随着时间推移而增加。这两个条件看起来都很有道理，而且都得到了经验证据的支撑。

正如这一模型所示，我们已假设每一期公共支出只限于偿付沉重的公债。容易理解的是，这一假设可以换成是，允许将公共支出用于几乎任何集体物品组合上，前提是一般没有预期到收益有别。换言之，如果可能提供的无论是什么样的公共服务，对其所产生的收益进行的分配有望决定于某一具有实质随机性的基础，那么该分析成立且不用改变。

从个体选择到集体选择

然而，整个分析仍是在高度限定性条件下进行的，因为它适用于分析由单一的独立个体所可能面临的选择问题。为与政策讨论相契合，必须将分析延伸到人类社会整体的集体结果上。

当我们从独立个体决策计算转移到集体决策计算时，就会出现加总难题。现在，假设集体作为一个单位，必须就这三种财政备选方案中的一种达成一致。结果一旦选定，将随即施加于所有个体公民。我们想要考察的是借以达成一致的过程。

如果我们继而假设每个人在社会总税负中都给自己分派了一个固定的份额，或者在可变的总税负中还分派了一个固定的比例，那么在大批人群中达成普遍的一致似乎是有可能的。原因是，对大多数纳税人而言，收入有望随着时间的推移而增加，并且在理想情况下，私人支出模式比所获收入更加稳定。然而，情况显然变成，通过继续假设在这一阶段不考虑基本分配问题，我们对税收选择中的核心问题并且事实上也是关键问题一直视而不见。

因而，假设不存在此类对个体财政负债在选择前进行的分派，甚至以现值表示的也没有。相反，我们现假设整个集团作为一个集体，不仅在分派合适的份额方面，而且对个体借以支付税单的税收制度进行某一决策方面，都必须达成某一决策。

不管这套达成集体决策的惯用规则是什么，是维克塞尔式的一致同意、简单多数投票，还是什么不一样的东西，问题很快变为由纯粹的讨价还价所主导，而且结果也当然无法预料。可能的情况是，将选择某种方式分配个体之间的份额，但会观察到在策略性讨价还价上付出的投入是很大的。一旦开始讨价还价，一旦得出关于比例份额的"解决方案"，以上讨论的个体计算便可能开始发挥作用。此处，给定所述辅助条件，则无论他在讨价还价中最终的运气如何，个体都将理性地偏好通过累进所得税制度支付他的份额。然而，在针对分派份额的讨价还价过程中，那些征税制度表现出完全有别于同样是这些制度在个体计算中所具有的那些特点。正是这一在税单中所占份额上的讨价还价、分配与效率问题之间的相互依赖性在此混淆了选择，以及对选择的分析。由于这种相互依赖性，税收制度变成了分派份额的手段。

如果可能构想出一种相互独立的讨价还价过程，其间税负份额得以分派，但对选择哪种支付制度此处不予落实，那么对分配和效率两方面便可加以区分。然而，相互依赖性几乎还是必然会出现的，尤其是当对讨价还价结构或支付制度的运行增加额外约束和附加条件时。如果强行使一个附加条件有效，即税率必须**对不同的人都相同**，那么个体既会理性地偏好将累进所得税作为支付自己在社会税负中份额的有效手段，也会理性地反对这一税收。通过上述此类条件，税收方案必然会成为讨价还价博弈中的筹码。

一个带数值的例子

对早前那个带数值的例子（概要见表 15.1）做一个扩展，将使这一有些复杂的观点变得清晰。现假设有一个两人社会，而且，与之前一样，有一个两时期时间序列。第一个人，我们可以称作 A，其收入前景已在表 15.1 中表明。第二个人，我们称作 B，预计他的收入流比他的同伴稍低；再假设 B 的收入前景已知确定，见表 15.2。

表 15.2

（税负的现值：748.80 美元；贴现率：5%；单位：美元）

	t_0 期	t_1 期
税前收入	600	1 710
税单		
年度税下	383.60	383.60
比例税（36.6%）下	201.60	574.56
单阶累进税（对收入超 500 美元所征税率 59.7%）下	59.70	712.37

现在，让我们假设，分配或分派份额问题已得到了解决，B 的现值税负为 748.80 美元，相比之下 A 为 976.19 美元。注意到 B 的这一数值是按与该方案中向 A 施加的相同税率 33.6%，基于测算期内收入计算出来的。在上述附加条件下，与 A 一样，B 也应该"偏好"通过支付累进税履行纳税义务，如表 15.2 所示。如果我们选择对有关 A 的选择进行讨论时涉及的相同税收形式，即在 500 美元免税额以上执行统一税率的单阶累进结构，那么 B 必须支付 59.7% 的税率。注意到，这超过了 A 的可比较税率 50.6%。

在本例中，份额的分派问题与制度效率问题之间存在明显的相互依赖性。针对一种税收备选方案，既要维持不同个体之间税率的一致**又**要预先确定纳税份额，这是不可能的。在本例中，此二人之间的比例税率表现出均等化，这意味着在产生相同现值岁入的累进税率中存在着歧视。当然，反之亦成立。累进税率的均等化意味着在比例税率中存在着某种歧视。

具有较高收入预期值的个体或集体，本例中为 A，将为了一个减少他本人税负的分配方案讨价还价。与此同时，他将发现在税率一致这一附加条件下通过挑选税收制度本身就可以确保其具有分配优势。认识到这一点，A 将为统一年度税的执行或与这一貌似可行的备选方案最为接近的制度据理力争。在本例中，收入前景相对较低的个体 B 将反其道而行之。他将为可能存在最为极端税率的结构下的累进税发声。个体 A，该高收入者，发现在分配和效率上两个目标将发生冲突，并且，在正常情况下，分配因素更具重要性。从而，我们可以预期到在税收制度上集体之间会发生传统的冲突。预期获得相对较高收入的个体将被引导支持选择无效率的财政制度，因为本质上他必须参与的是政治上的讨价还价过程。

在这一点上，我们的整体分析似乎回到了起点。如果只有考虑了纯粹的分配才能就税收制度达成"社会妥协"或"一致同意"，那么这种对单一独立个体所做的决策计算所进行的乏味分析似乎已经没用了。说是如果个体能够将效率分离出去考虑，那么个体应该理性地偏好累进税，而如果这种分离考虑在参与集体选择时又被说成是不可能，那这就相当于什么都没说。

不确定性条件下的财政选择

然而，分析至此，一直是假设个体能够确定地预测出未来所获收入。此处进行的分析是有趣的，因为当引入不确定性时，某些复杂的相互依赖关系往往会消失。在一个确定的世界里，个体和集体可以预测一系列时期的特定收入模式，而几乎无法对选择税收制度时的分配因素置若罔闻。然而，当假设个体是在未来收入前景不确定的条件下进行选择时，这一特征表现出极大的不同。

再考虑一个简例是有帮助的。就当下目的而言，我们根本就不需要考虑时间序列。以一人为例，他面临的是预计当期获得 1 000 美元或

2 000 美元具有相等的可能性；他给这两个可能前景中的每一个分派了一个主观概率 1/2。我们现在只需假设，相对于他的所得收入，他最偏好的私人支出模式更可以被预测到，从而使分析无须审验即可成立。我们假设个体服从缴纳的税具有确定相等的金额 100 美元，而且他希望维持一个每期 1 400 美元的私人支出费率。如果他选定的税不变，并与实际所获收入无关，那么他就同意支付一个统一的总额 100 美元且不考虑他的收入情况。如果他选择了期内的比例所得税，他就有 1/2 的概率支付 132 美元，并有 1/2 的概率仅支付 66 美元。另外，假设他选择了对所有收入按 1 000 美元的免税起点征收单阶累进税。在这一财政方案下，他支付 200 美元和一毛不拔的可能性是相等的。如果他在该时期感到收入较低，那么他在第三种财政方案下就最不可能诉诸资本市场。看似明显的是，他应该理性地选择这一方案。

当然，这一单期模型在所有方面都是相当不现实的。如果我们将有关收入前景的不确定性与一个多期模型相结合，就会出现与现实更为契合的选择环境。在这一情形中，个体将倾向于基于效率准则选择税收制度。只要个体无法预测出哪种形式的讨价还价将实际给他带来最大收益，分配问题便被剔除了。

一个不合理的假设是，个体不能确定有关近期的收入前景，当然，这是在有限的程度上。他将倾向于或多或少准确地知道继选择之后自己在一段连续的时期内有什么样的收入前景。但假设计划越是提前做出，收入便越不确定，这肯定也是合理的。这意味着，时限越长财政选择中的效率因素就变得越重要。这便有可能以这一方式构想出一种情形，其中在个体自己计算选择哪个税收制度时，分配上的考虑实际就要被效率上的考虑所牵制。例如，如果我们想象一个集体面临的是一段时间内的总税负（由公共支出计划得来的收益以某种无法预料的方式进行分配），其中每个成员完全不能确定他自己在后半段的某些时期的收入前景，那么每个人就会相当理性地偏好于让集体采用累进税制度，对所有依据制定的收入准则所认定的纳税人按各自具体的税率征税。对税收制度的选择是会出现一致意见的，尽管事实是，每个人都知道，如果他恰好得到相对较高的收入，那么他将随着时间的推移在总税负中承担主要份额。在此类决策模型中，不会出现在那些未来收入前景可被明显辨识的人中分派份额的问题，而且，每个人都会在效用最大化观念的引导下选择那种他认为将在给定未来收入预期的某个概率分布的情况下最"有效率的"的支付制度。

现实世界中的制度选择

正如我们已经指出的，现实世界中的选择并不是每期都分开进行的。挑选制度时好像它们是准永久性的。这意味着，在日常的个体计算中既有确定性因素也有不确定性因素。有理由认为，在西方民主社会中累进所得税受到广泛支持，对其进行的某种衡量从直觉上讲是基于这一章所勾画的此类"效率"计算，这与纯粹的分配动机形成了对照。

主流制度结构所具有的一些特征进一步证实了此观点。一来，像这样明显的收入再分配问题通常并没有被引入对税率累进制的政治评论中，而事实上，甚至在这种财政制度的实际运行中也没有很大程度地体现收入再分配。累进所得税没有被直接用作将一般购买力从富人转移给穷人的手段，而是被用作为"一般的"或"集体的"目的融资提供岁入。在许多情形中，结果是净再分配，但结果就是结果，除了相对具体的情况外，它的目的不是为公誓天下。对选择的序贯模型进行证实，这一事实表明，人们通常对税收方案的讨论不是作为财政收入唯一的年度分配方式，而是反映出持续的制度结构所具有的准永久性特征。临时性税收在讨论中就是这样被明确指定的。

当然，所有这些并不是在说，无论是出于对累进税的支持还是攻击，在有关税收备选方案的实际政治讨论中已排除了支持再分配者的论点或目标。问题是，对财政制度选择中的再分配因素已被过度强调，而这或许是公共财政领域的学者所为。在使用那些更细致地反映实际选择情形的模型时，非再分配方面相当重要，并且累进所得税以稍微不同的样式出现。不需要引入平均主义的目标，将其作为对伦理准则的公开宣誓，为累进制"辩护"，或"解释"它是如何被现代财政结构所接受的。

资质条件

必须再次指出，这一章对所得税的累进制的分析无意做到求全责备，甚至是在援引个体制度选择的体系时也是如此。目的是讲明一些人们熟知的财政制度的效率或潜在效率，以个体纳税人参与某一财政制度的准立宪式集体选择时所最终必须面临的选择来贴近一些人们熟知的财政制度体系。分析体现了在一定条件下，累进所得税可能更受到个体的理性偏好，而且，至少在某种程度上，这些条件体现出现实世界中制度选择的特征。

所需条件在很多情况下可能并不存在，而且可以料到个体选择行为可能与上述不同。在下一章中，我们将勾画出一系列与此处假设仅稍有差别的条件，并且表明个体会选择以特定消费税履行他的纳税义务。如果要求全责备就需要对许多可能的选择情形加以考察。举个例子，在本章的模型中，已假设对所获收入的确定或多或少与个体自身挣得收入的决定无关。当然，这意味着，这些模型已完全忽略了关于累进税对挣得应纳税收入激励的可能影响的问题，这在许多传统讨论中是一个核心问题。可以引入一些备选模型，其中假设个体能够改变每期挣得的应纳税收入额。这种模型中的一个极端模型允许个体针对每期的支出计划准确调整收入。在此情况下，支持累进制的效率论将不成立。然而，如果允许个体仅在相对狭窄的范围内改变他的所获收入，并且如果他所偏好的私人支出流在某种程度上与他测出的每期所获收入无关，那么他在评价时一定会考虑效率论观点。只要个体在面临制度选择时确实认识到他本人在未来一些时期挣得收入的选择将受到既有税收制度的影响，并且累进税将在这方面产生不同的影响，那么支持累进税的效率论的影响力就会降低。然而，甚至此处会存在个体对累进税的偏好甚于其替代性方案的情况。累进税制允许个体对各期间临时性收入—支出模式进行相对完善，这会大大抵消个体在各期间临时性收入—支出模式中的扭曲。

推论

如果这一章及后续章节的基本分析得以接受，那么一些有关财政改革的规范性内涵便随之而出。

第一，将所讨论、批准和执行关于财政结构的基本决定视为准永久性的变化是明显有利的，这些变化的影响有望延续一系列较长的财政记账期。只要作为潜在纳税人和集体决策的参与者的个体考虑其选择的长期含义，那么这些选择所具有的纯粹在分配方面的影响将变弱。第二，或许更为重要的是，该分析所得出的一般性含义是，社会经济的流动性影响个体的选择行为。在一个以四处弥漫"木屋神话"为特征的社会中；即一个年轻人对未来收入前景的预期一般而言超过规模较大的亚集体的社会中，财政决策的分配方面倾向于变成次要的。相比之下，在一个表现出具有阶层差异的科层组织特征，进而具有截然不同的收入预期的社会中，即使是关于具有相对永久性的财政方案的决策，也会首要涉及阶层之间或集体之间平等的问题。

还有一些重要的哲学内涵得自对累进所得税制的探索性讨论。如果像在某些对累进税的学术性讨论中看上去的情形，不确定性条件下的效率论被完全拒绝，那么民主政治社会的自身性质就受到质疑。社会科学家，尤其是经济学家，对此主题保持了沉默，这令人奇怪。正如维克塞尔所说，这隐含着他们已满足于假设一个仁慈的专制者、一个中央决策权威、"华盛顿或白厅里的人"，他们以某种方式知道什么对于其他社会成员而言是"最好的"。正如我们所指出的，政治秩序的这一统治经济幻觉或模型在某些语境下是有用的，但它与实际的民主过程相悖，后者是传统意义上的说法。一旦承认这一简单看法，现代经济分析中的许多政策方面问题便不再具有现实契合性。

本书将集体视为寻求为实现互惠目标而达成联合决策的集体。在这一政治秩序模型或版本中，必须对大多数审视经济政策问题的方式进行整体上的重要改变。此处我们不会被简单允许引入外部伦理准则以解决出现的冲突。我们不能依赖外部所施加的"平等"目标，或依赖"社会福利函数"获知有关基本财政结构的决策。不管怎样，必须以某种方式努力从参与政治选择过程的人们所做的理想计算中衍生出集体的一致意见。如果其间仅仅根据直接且可辨识的经济位置或地位考虑这些人，并且他们也是这样考虑自己的，那么分析就简单而迅速地缩小为对联盟形成的考察。社会和集体决策代表着对零和博弈的解决方案，而且，正如在所有此类博弈中的情形那样，有人会催问道为什么一个人输了还会继续玩下去。当然，答案是，他们玩兴正浓，并且坚持认为按道理博弈是"公平的"，因为输家不停地期待着在随后各轮博弈中能赢。但是在这些条件下思考纯粹再分配性的结果是很困难的；集体就这样轻易地沦为政治领域弱肉强食的工具。

从此处所做的分析中浮现出对社会过程的更令人振奋而且在某些方面更为实际的视野。政治博弈不是零和的；像经济博弈一样，它是正和的。个体在其参与基本财政决策的能力所及之处行事，却并不完全了解自己在一段时间内为一般公共服务筹措的资金占比多少。博弈确实并非在选定规则的那一刻进行的，对累进所得税的征收多少类似于在很多室内扑克游戏一开始时人们所熟悉的那句话："谁赢得多谁请客喝酒"。

第十六章　特定消费税[①]

引言

应如何支付税负？人们已对这一问题讨论了几个世纪，并将继续讨论好几个世纪。无论是在正规的公共财政理论中还是在现代财政制度的现实结构中，这一问题都尚未解决。在本章中，正如前一章所述，这一为人熟知的老问题会以一种具有实质新意的方式被提出。如果个体必须将财政制度作为准永久性制度进行选择，那么他将偏好如何履行自己各期的税负？前一章节考察了标准的直接税计划。此处将分析直接税—间接税的问题，一个在财政理论文献中继续占据重要位置的问题。

近几十年来，直接税和间接税两者之间的选择都是以现在有名的超负荷定理予以讨论的，该定理最早由巴龙（Barone）提出，[②] 后经多次阐释，而更近些时候则遭到一些批评。广义而言，这样说似乎正确，即尽管承认了次优论点的契合性，但为大多数现代学者所接受的观点是，

---

① 这一章中的分析是与意大利都灵的弗朗西斯科·福特（Francesco Forte）教授在 1962 年春联合进行的，而且在当年英国埃克塞特大学的一个研讨会上首次提出了其中的论点。该分析以多少有些不同的方式为这一与福特合作完成的论文奠定了基础，论文为 Forte, "Fiscal Choice Through Time: A Case for Indirect Taxation?" *National Tax Journal*, XVII (September, 1964), 144 - 57，并以 1964 年布鲁金斯学会政府财政研究复印件发行。当然，我向福特教授致谢，他在提出论点方面给予了帮助，而且这一帮助可能已经对本研究其他部分产生了一些溢出效应。

② E. Barone, "Studi di economia finanziaria," *Giornale degli economisti* (1912), II, 329 - 30，见注释。

其他情况不变，依据公平和效率原则，推荐的将是直接一般税，而非间接特定税。使用早先用过的方法，我将阐明，这一广为流传的结论无法得到支撑。正如所得税的累进制情形，分析的目的并非为征收特定商品税本身辩护，而是用传统上对直接税—间接税的比较阐释财政选择的一般制度理论的效力。

对单期论点的总结

几乎无一例外，运用直接税—间接税比较法一直以来依据的假设是，选择税收工具必须仅在单期条件下进行。据我所知，将该比较扩展至多期或长期条件的尝试还不曾有过；未曾有人假设，出于研究目的，所选税收工具会在若干收入期或财政记账期内一直保持效力。引进此类时间序列，并集中考察个体选择行为，是将要分析的核心所在。然而，首先简要考察标准的单期模型是有用的。

巴龙提出，就纳税人个体而言，在直接税和非间接税所带来的财政收入相等的条件下，理性的做法应是偏好直接税而非间接税。他的观点已成为教科书中一个无差异曲线经济学的例子，此处不必赘述。利特尔（Little）指出，严格来讲，巴龙的结论仅在将人头税与特定商品税进行比较时才能得出。[1] 弗里德曼[2]、罗尔夫及布雷克（Break）[3] 指出，仅在帕累托最优所需所有剩余条件全部满足时，巴龙定理才可以从单一个体扩展到社会整体。这些批评可依据次优论点进行总结，且未必影响此处将做的分析，原因在于，至少起初，后者没有超出个体选择范围。在严格限定下的单期模型中，理性人将总是偏好于直接税而非产生相等收益的间接税，原因很简单，即他以这一方式享有的选择面最广。

为与随后的分析有关，可以将单期问题表述如下：在已定的税负面前，效用最大化的个体应该选择通过哪种方式支付其税负，人头税、比例所得税、累进所得税、一般消费支出税，还是针对一种商品消费征收的特定消费税？在此类模型中，第一种备选方案提供的选择面最广。较

---

① I. M. D. Little，"Direct versus Indirect Taxes，"*Economic Journal*，LXI（1951），577 - 84.

② Milton Friedman，"The 'Welfare' Aspects of an Income Tax and an Excise Tax，"*Journal of Political Economy*，LX（1952），25 - 33，reprinted in *Essays in Positive Economics*（Chicago：University of Chicago Press，1953），pp. 100 - 16.

③ Earl R. Rolph and George Break，"The Welfare Aspects of Excise Taxes，"*Journal of Political Economy*，LVII（1949），46 - 54.

之于比例所得税，人头税将更受青睐，依此类推，比例所得税将比累进税更受青睐，而累进税加入了歧视性因素。就其自身推之，累进税将比一般支出税更受青睐。而最后，对特定商品征收的税是最不受欢迎的；它给挣钱—支出这一行为模式造成了最大扭曲。然而，这些为人们熟知的结论成立的前提是，仅当个体被允许在每一不连续的时期内分开挑选财政制度时，或仅当结果可以按某些方式加以总结以应用于一个时期序列时。

历时选择

让我们摆出同一个问题，现在仅假设财政制度一经选定便必须在整个一段时期 t_0，t_1，……，t_n 内保持效力。正如累进税分析的例子，一开始便提出一个确定性的模型是有所助益的。从而，假设个体在 t_0 时期能够确定地预测出在 t_1，t_2，……，t_n 每期得到的收入将是多少。我们再假设，他在 t_0 期的决策反映出他对一段时间内支出计划方面的预期波动的考量。从 t_0 期看，他在整个这一时间序列中所偏好的支出模式是确定可知的；当然，这一模式需要适时变化。

此处对选择计算的分析多少比前述章节所要求的更为复杂。因此，在具体摆明财政决策问题之前，确立一些个体理性行为的一般原则是有用的。为方便起见，我们可以假设，个体储蓄仅仅是用来还债或者为将来的消费支出积累资金。这一储蓄行为的生命周期模型类似于近年来一些经济学家提出的模型。[1] 在此类模型中，t_0 期收入流的现值等于计划中的支出或支出流的现值。

为避免混淆，首先有必要对在消费品上的支出和对其实际的消费量加以区分。此处出于简化，假设这些行动同时进行。这意味着，所有耐用消费品服务的购买或租赁都是与实际消费同时发生的。我们现将消费支出临时分为两类，而二者间的界限无法严格界定。第一类包括那些用以满足所谓"基本需要"的消费服务。第二类包括那些被视为满足"剩余需要"而购买的服务，在某种意义上，这不像第一类那么急切。尽管应当承认此处所划的任何界限都较武断，但对于几乎任何个体或家庭单位而言都必定存在着某种优先次序。一些需要必须按事务的正

---

[1] 包含对其他著述援引的总结性讨论，参见 M. J. Farrell，"New Theories of the Consumption Function," *Economic Journal*，LXIX（1959），678 - 96。

常顺序予以满足；其他则只有在机会降临（部分依赖于收入）时才得以满足。

根据正统的理性准则，个体在每一期每一笔消费服务上的每 1 美元的效用都应相等。这意味着试图辨识"基本的"消费项与"剩余的"消费项是一种误导。然而，如果收入随时间变迁而波动，那么只要随便观察一下便可知，事实上，人们仅在相对丰裕的时期才购买和消费剩余商品项。尽管如此，此类行为在一个完全确定的世界里也是非理性的。此处，个体通过他的储蓄行动将获得十分类似于在稳定的收入流下所得到的那些结果。换言之，假设价格比率在一段时间内保持不变，那么从计划伊始 t_0 观察，他应使所有时期任何两种消费商品的边际替代率相等，而与所获收入或所需支出的预期波动无关。当然，如果各时期的需要不同，那么这一等值化的方法未必意味着不同时期两项服务中任何一种的消费流都相等。[①]

从 t_0 时刻看起，个体将制定出若干时期的储蓄和支出模式，从而在每一期使得任何类似面包和煤这样的两种物品之间的边际替代率等于它们的价格之比。例如，如果我们考虑一年中只有两个季节并将其作为一个序列，那么理性人将对他的整年支出做出计划以确保相同程度地满足

---

① 对每一单期而言，这些标准的必要条件都成立。其中之一是：

(1) 对于任意两种物品 i 和 j 都有 $\frac{MU_i}{p_i}=\frac{MU_j}{p_j}$，其中 $i \neq j$，i，$j=1$，2，$\cdots$，m。在确定的生命周期中，个体每一期的行为都满足条件 (1)。如果我们假设，价格比率在一段时间内不变，那么在计划伊始 t_0，多期"均衡"的必要条件变为：

(2) $\left(\frac{MU_i}{MU_j}\right)_{t_0}=\left(\frac{MU_i}{MU_j}\right)_{t_1}=\left(\frac{MU_i}{MU_j}\right)_{t_2}\cdots=\frac{p_i}{p_j}$，其中括号外的下标指时期从 t_0 到 t_n。没有必要在 (2) 中引入明显的贴现因子，原因是，根据假设，直到消费发生时才支付价格。从而，在 t_0 期后的各期，边际效用和价格由一个共同的因子进行贴现。需要特别注意的是，满足条件 (2) 不要求在一段时间内"品位"保持不变。可以通过对这两类商品构造具有广泛差异的"组合"来实现边际替代率相等。

如果我们假设，个体无法控制他挣得的收入，进而，收入支付被滞后一个时期，那么收入的约束条件整体变为：

(3) $A_{t_0}+\frac{Y_{t_1}}{1+r}+\frac{Y_{t_2}}{(1+r)^2}+\cdots+\frac{Y_{t_n}}{(1+r)^n}=\left[\sum_{i=1}^{m}p_iq_i\right]t_0+\frac{\left[\sum_{i=1}^{m}p_iq_i\right]}{(1+r)}t_1+\cdots+\frac{\left[\sum_{i=1}^{m}p_iq_i\right]}{(1+r)^n}t_n$

其中，A_{t_0} 衡量初始所持资产，并且 p、q 和 r 分别衡量价格、数量和 A_{t_0} 贴现率。如果允许个人在一段时间内改变他所挣的钱（收入），当然条件 (3) 就不是相应的约束条件，那么就必须用一组生产性约束条件取而代之。然而，我们这一基本分析并不要求这样的一般化过程。如此，在本文随后的讨论中，假设个体行事时似乎他的所得收入流对于其自身行为而言是外生决定的。

他对面包和煤的需要。他在冬季不会仅仅因为需要大量的煤而把面包省下来。他也不会在夏季因为无须为当下之用花钱买煤而大吃特吃面包。当然，他将在夏季省下一定的收入份额用来满足他在一整年中对煤的不断变化的需要。该例子说明，无论收入还是需要抑或二者皆有，它们都会随着时间序列波动，并且个体在试图最大化预期效用现值时必须对此类变动予以考虑。

言归正传，让我们回到个体对财政制度的选择这一问题。现在考察上述为单期模型所列的相同的备选方案，但假设为多期场景。个体将选择如何支付税收？或者，说得更正确些，暂时忽略相互影响的因素，个体在集体决策过程中将如何"投票"？正如在第十五章中所做的，既假设公共支出模式就收益的归宿而言是完全无法预测的，又假设进行此类支出完全独立于个体对选择的计算。

历时交换

个体将考虑其诉诸资本市场的可能性。如果该市场以一种允许个体按政府借款利率进行借贷的方式运行，那么在所列的财政备选方案中，特定商品税仍最不受欢迎。如果个体面临这种市场机会，那么在任何税收制度下，他的支出流都不会出现**临时性**扭曲。从而，他在每一时期可以轻易按基于最小化**模式**扭曲的偏好次序排列各种制度，这是单期模型的场景。此处，单期的结果是一般性的；人头税成为最优的财政设计。

然而，如果个体不能按公共利率借款，**临时性**扭曲便确实变得相关了。个体目标不变。在对他征税之后，他将竭尽全力将边际替代率维持在所期望的相等水平上。现在假设在面临税收选择前，个体达到计划"均衡"的位置。换言之，他已将一段时间内的储蓄和支出模式加以公式化，这将使通常仅从 t_0 时看在不同时期相关的边际替代率相等。[1] 他现在面临这样的税负，我们假设他能够用现值对其进行量化。他将尽力选择的税收工具，总体而言，对他在一段时间内所计划的消费支出模式干扰最小。如果预期所获收入和所需支出稳定，那么正统结论成立。然

---

[1] 我们此处只关心个体在 t_0 时进行的计算。当到 t_1 时，他会有一套不同的"最优"计划，对这一事实我们无须关心。后一点参见 Robert H. Strotz, "Myopia and Inconsistency in Dynamic Utility Maximization," *Review of Economic Studies*，23（1956），165 - 80。

而，如果我们允许在所获收入或支出上存在某种临时性波动，那么这些结论就要更正。必须考虑临时性扭曲，并且单期的结果不再是一般性的。

如果在一段时间内支出模式有望比所得收入更加趋同，那么正如第十五章分析所示，累进所得税将趋于最优。在这一点上所问的问题是，是否基于类似原因，受青睐的是一般性销售税或特定消费税，而非累进所得税？在上述条件下，答案似乎明显是否定的。在所需支出比所得收入更具时间一致性的模型中，无论此两种为支出所征之税的哪一种所带来的时期内的扭曲都比在任何一种直接税替代方案下的扭曲要大。同时，这些税收在最小化临时性扭曲方面并不表现得比累进所得税更好。

然而，如果我们更改条件并且现在假设预料之中的支出愿望比预料之中的所获收入波动幅度**更大**，那么就会出现不同的结果。出于简化，假设预期收入是稳定的，但预期支出在从一时期到下一时期时波动剧烈。这意味着，在不诉诸资本市场条件下，个体每 1 美元支出的边际效用在一段时间内将有望发生变化。如果投资—借贷市场中的"不完美"带来很大损失，那么个体可以进行的最终调整是，允许每期用于某些剩余消费项上的支出显著变化的消费—支出序列。在这一系列条件下，对单一商品或一组剩余消费品征收的特定商品税会使整体扭曲最小，从而，甚至比累进所得税还受青睐。

对于预期到他的收入和支出将在一段时间内发生波动的人，他的理性行为指示他及时调整消费，从而能在每 1 美元支出的边际效用较低的时期"打包"使用剩余商品项。他将仅在他的支出水平相对较低或收入水平相对较高的那些时期才打算满足某些剩余消费的要求。当承认了各种消费服务间存在的临时替代性时，这一行为模式便不违背任何理性准则。某些消费项可延迟，也有必要如此。例如，个体可能只"需要"每年放一次假。他的明智之举是，将假期安排在所获收入比平常高的一段时间内，或者在他对其余消费项的渴望比平常低的一段时间内。[①]

如果事实上个体确实倾向于在剩余消费项的支出上打包使用——一种确切描述现实世界行为的做法，那么似乎显见的是，在适当的条件

---

① 应将可延迟的剩余消费项与耐用消费品加以认真区分。我们此处对耐用消费品与非耐用消费品的区别并不关心，并且我们已假设所有服务均在实际使用时购买，可延迟服务的特征是在一段时间内"需要"不再发生。

下，对具体物品或服务所征的税会是所有提出的备选财政方案中最令人满意的。那种在消费模式中为人熟知的期内扭曲可能不只是被该税所具有的优势所抵消，其优势在于允许个体将他的税收支付集中在他每 1 美元支出的边际效用预期较低的那段时间内，反之，则是在他每 1 美元支出的边际效用预期较高的时期对所有税负一并逃避。这一税收工具在个体支出计划方面所允许的临时性扭曲最小化对它还包含的期内扭曲最大化不只起到抵消作用。

较之于对每期所获收入征收的累进税，对单一的可延迟消费项征税，不仅允许人们根据所获收入的波动水平，还允许人们根据支出的波动水平调整税负。用一简例表明这一点，假设所获收入有望在一段时间内不变；一家庭预计，在其后的十年，t_1，t_2，……，t_{10}，将获得每年 1 万美元的收入。这十年作为相关计划的期限。在此期间，一个儿子有望在 t_3，t_4，t_5 和 t_6 期间读大学。如果在资本市场中不进行任何调整，那么该家庭这四年期间每 1 美元支出的边际效用将高于这十年中的其他年份。在此例中收入是一样的，累进税将要求每年支付相同的净税额。但如果允许选择，那么这一家庭可能偏好将这十年的整体税负支出打包集中在不读大学的那些年 t_1，t_2，t_7，……，t_{10}。如此行事而无论作为净贷方还是借方都不诉诸资本市场的前提是，如果税收施加于某个或某组真正的剩余消费支出项上，即该家庭仅在不读大学期间计划购买的项目。例如，可以将在欧洲的度假预设在此类相对丰裕的时期。尽管对欧洲度假支出所征之税肯定将带来期内或模式上的扭曲，但在一段时间内，此类税收相对于其他任何能够想到的税收，实际上会扩展这一被考察家庭面临的选择范围。

有趣之处在于，如果以某种扭曲顺序对所想到的一整套税收工具进行排列，那么对全部支出所征的一般税就变成**最**不令人满意的财政选择。对某一个或某一系列剩余消费支出项征收的特定税允许人们将税负打包集中于预期边际支出效用低的时期。所得税无论是比例的还是累进的，在这一不存在收入波动的例子中，都允许税负在一段时间内一视同仁。相比之下，对支出所征的一般性税将要求家庭恰恰是在那些对基本消费项"需要"最大的时期支付更高的总税负。这一结论或许值得注意的原因在于它与人们熟知的论点背道而驰，即在某种意义上，一般性支出税会比所得税更"有效率"，因为它排除了对储蓄的歧视。此处的相对结果源自对财政选择分析方法的上根本不同。[①]

通过使用一段时间内所获收入和支出计划的预期波动所做的不同假设可以构造出许多其他的例子。此处无须详述，因为此分析的主要目的是显示出，在**某些**条件下，理性人可能偏好通过特定商品税履行纳税义务。

当我们对这一理性假设稍加放松时，分析结果便得以有力加强。如果良心不安，"清教徒的伦理观"将个体行为引向让他们"量入为出地生活"，并且造成他们将"吃光资本"或"负债累累"视为不耻，或充其量是不审慎，那么就不会发生实现任何计划中的支出"均衡"模式所必要的边际调整。即使我们从单一时刻看起，各支出项之间的边际替代率在彼此独立的各时期也不相等。这种对经过理性计划的均衡的偏离越是显著，特定商品税可能具有的优势便越明显。

当然，经过理性计划的支出模式，无论是就有限范围内的生命周期意义而言，还是就无限的李嘉图意义而言，都是一种对永久收入假说的规范性表述。只要经验结果对无论上述哪种假说都能提供支持，特定商品税在最小化支出的临时性扭曲方面可能具有的优势便降低了。只要结果表明个体主要基于当期所获收入而非永久性收入计划支出，间接税工具所具有的相对优势便得以增强。

放宽的确定性条件

至此，我们的分析一直假设，个体对其未来的收入前景、支出需要及所考虑的备选财政方案的有效期限都是确定的。当然，在任何现实的世界中，是不确定性而非确定性占上风。与前一章的分析相比，尽管在那里进行的讨论大多还可再次运用而无须赘述，但此处不确定性和确定性模型之间的区别不大明显。核心观点是，对分配方面的考虑可能会影

---

① 对此处的分析与传统的"储蓄的双重征税"论点之间的关系应加以解释。后一论点由 J. S. 穆勒（J. S. Mill）、欧文·费雪（Irving Fisher）、路易吉·伊诺第等人提出，它依据效率准则支持征收一般支出税而非一般所得税，认为任何所得税都倾向于歧视用于储蓄的收入。然而，仅当引入税收负担在不同个体间的分布情况时，这一论点才有意义。这在此处是无其关联的，因为具体而言，该分析仅仅局限于居于对若干支付工具进行选择之位的单一潜在纳税人的计算。在假设的储蓄行为生命周期模式中，未来支出的现值必须等于所获收入的现值。如果个体在每期所获收入都被征税（包括在此前一些时期储蓄回报所得收入），那么税率多少将倾向于低于某种一般支出税下为产生相等税负现值所要求的税率。

响税收工具的选择，但由于在进行财政选择的那一刻真正的不确定性会增大，于是这些考虑的重要性便趋于降低。如果个体对他自己一段时期内的收入前景和基本的支出意愿并不确定，他便会承认有某些标准将近似地衡量出他在未来一段时期未经调整的支出的边际效用。他会这样说："如果我的收入足够高，或者我的基本支出意愿足够低，那么我将很有可能发现自己在买船或定制西装而我妻子在买貂皮短披肩。"此类商品现在对我而言似乎能够很好地独立衡量收入的边际效用。于是，如果对购买此类商品征税，当我对基本物品和服务的需要出乎意料地高或我的收入出乎意料地低时，那么我便可以确保不承受沉重税收的压力。就某种意义而言，选择对消费支出的残项或可延迟项征税反映出这样一种相同的内心计算，它可能支持有关从所得税中免除某项基本消费支出的决定（下文将详细说明）。

在该不确定性模型中，我们不必就有关资本市场如何运行做出任何特定假设。在未来所获收入和支出计划不确定的情况下，一段时期的"最优"或"均衡"支出模式的整个概念会失去意义。个体将或多或少按照事件发生的自然顺序预料到他在各期支出的边际效用会发生变化。如果他能够以某种确定性绘制出所偏好的支出流，那么他可能发现，力所能及地诉诸资本市场将消除特定消费税任何可能的独特优势。然而，若不确定性超过某种程度，个体便会发现这种对资本市场的诉诸是不可能的。

对个体的假设一贯都是，受到直截了当的效用最大化考虑的驱使。对选择的概念稍加扩展就能够构造出一个更为复杂的偏好函数。第一个附加因素涉及主观因素或对未来一段时期税收支出"感到的"负担。在对税收工具进行立宪式—制度选择的那一刻，个体会受到他对之后各期他本人对所选制度反应进行的预测的影响。例如，一方面，他会认识到，在每个纳税日，所得税都将强加于他一种真正"感到的"负担。另一方面，他还会承认，由于他的税负是与特定商品的价格一起支付的，因此在商品税下这种负担可能并不存在。这是一种财政幻觉，并且个体在更为理性的时刻会认识到他将纳税。但他会故意选择将这些日后的税负强加于自身并以此最小化随后的主观纳税负担。或者，相反地，个体会认识到财政幻觉将导致其在与扩大公共活动有关的实际财政选择中行事轻率。有鉴于此，个体会拒绝消费税方案。

个体偏好函数中第二种可能的复杂结构涉及他对残项消费的态度。他会认识到，有时，他被感情奴役，于是他会选择对自己的行为设置障碍。限制奢侈消费税可以出自个体的选择计算。但是，必须将这一态度与家长式态度小心加以区分，通过后者，个体试图为社会集体中的其他人而非为自己制定行为准则。（下文将详细讨论）。

加总问题

当然，不允许个体分别独立地选择据以履行财政义务的财政工具。正如先前对累进税的分析，从独立的个体选择转向集体选择中的个体参与是必要的。集体必须选择税收工具，而其一经选择，就将强加于社会全体成员。

必须考察个体决策或偏好彼此间的一致性。尽管独立的个体偏好于对特定商品的私人征税可能是理性的，但他或许并不想让集体施加此类间接税。在向单一社会或服务征税上或许并不存在广泛的认同。一方面，对于一商品，一个人会视之为"奢侈"品且对它的购买是衡量他本人支出的边际效用相当好的独立标准，而另一个人则视其为基本的必需品，对生活、幸福和健康都是必要的。如果存在着这种广泛的分歧，那么集体决策中的个体参与者很可能会放弃支持征收消费税。另一方面，大部分政治社会的成员都在某种程度上具有文化上的同一性。这意味着，即使并非全部同意，也会在对相对较少的特定商品征收消费税方面达成相当广泛的一致意见。如果这一所需的一致性成立，那么间接税就会从集体决策过程中浮现出来，这一过程中个体的态度和选择是基于，至少是部分基于，此处已讨论过的那类考虑。当一个人参与集体选择时，他会预想将他本人未来购买香槟酒的消费作为衡量他未来一段时期相对"福利"的一个良好指标。另一个人会将他妻子购买香水视为更好的指标。经过讨论、争论和妥协，全部集体成员会同意一个相对较小的商品束，包括香槟和香水，为每个人未来支出的边际效用提供一个尚佳的指标。

当然，不可能把家长制因素从对税收工具的集体选择中剔除。集体决策中的每一个参与者，选民、政治领导人或者官僚，都有一套偏好，一个不仅为自己还关心其他社会成员行为的"价值"体系。而且由于选出的结果必须适用于全体成员，因此个体参与者不可能局限于将他的选择基于他本人未来行为模式的考虑。此处强调的不是在选择中缺少家长式因素；相反，应强调这样的事实，即没必要通过此类因素得到个人对特定商品税的偏好，也没必要由此得到相应的集体偏好。在大多数行政辖区酒类会被征收重税，因为选民和政治领导人认为不"应该"鼓励民众饮酒。但是，酒类税还会被接受，因为潜在纳税人心知肚明，他可以通过戒酒逃避征税。在某种基本哲学意义上，间接征收特定商品税因为其就事论事，所以比直接征税可以为潜在纳税人提供更多的最终选择。也就是说，个体保有一段时间内的选择余地，因为他可以比在间接税下获得更大的备选范围。这一能力或许从不会被开发出来；事实上，个体在任何时期都从不企及看到他支付的净税额降至零。但在某些情况下，存在更大范围的潜在选择则可能具有决定意义。

推论

本章并非旨在为特定消费税提供规范性"辩护"。分析表明，存在某些条件，在这些条件下此类税收对理性的个体纳税人变得"有效率"。只有对一组物品或服务存在着合理的共识，而对它们的购买为不同时期支出的边际效用提供着准则，上述结论才可以被普遍适用于全社会。

我们曾指出了在对残余消费项的特定征税与从所得税税基中免除的某些基本支出项之间存在的相似性。对这两种财政设计方案进行更为仔细的考察是有用的，因为在现代财政结构中都可以找到它们。人们引入并支持这两种财政方案，至少部分地，包含着对随时间波动的基本消费需要的某种承认，以及对以此界定税基具有现实契合性的承认。从税基中免除或减扣对像医疗和教育这样的项目的税收表明，人们承认，当这方面支出较高时，只凭收入并不能提供计算税负的充分标准。换言之，在一系列消费的"另一端"，对残余消费项的支出提供了另一套独立标准。无论是上述哪一种情形，纳税人都比在没有免税的一般所得税制下保留着几分更大的行动自由。尽管在两种情形中都可以看到纳税人通过改变消费支出模式调整自己的税负，但并不相同。在减税方案下，纳税人只有通过购买特定商品项，如医疗或教育，才能减少他的所得税税负。在特定消费税下，他则可以通过减少对一种或多种商品项的购买来减少他的付税义务，同时给他留出更大范围的支出备选方案。

我们分析中的一个有趣的副产品是，一般性消费税或支出税呈现出相对较低的档次，这在每一个时期根据总支出对个体税负予以调整。[①]
此处对于特定消费税的分析严格依赖于征税对象的**异质性**。在个体选择
计算的基础上，很难看出一般性支出税的论据是如何得出的。当然，在
一般性税收下我们所熟知的静态支出模式的扭曲比在特定税收下要小。
然而，静态的或期内的扭曲总可以在征收直接所得税时最小化，这种税
从临时性扭曲的程度衡量也是受到青睐的。

[①]　此处假设一般性支出税给集体在支出方面强加了一种税收的最终归宿模式。此处不是
要介绍税收归宿理论的复杂问题。然而，应注意的是，即使最终的税收归宿不是这一模式，
而当个体在考虑备选方案时**认为**该归宿将与支出成比例，上述分析便依然成立。

第十七章　公债制度

引言

　　什么时候政府应该借款而非征税？这是公共财政理论中的一个经典问题，此外还有前述两章中所讨论的。财政体制的制度选择方法可被用于回答这一问题吗？

　　我们所关心的不仅是作为一项财政制度的公债，集体可以通过它为公共物品和服务融资，还有个体对这一制度的评价。政府用借款代替征税，而将借款视为第十六章一开始所列征税方案的一种补充是合适的。有没有这样的条件，它会使效用最大化的个体在进行立宪式—制度选择的时刻挑选公债而非任何税收方案？回想一下我们假设个体在选择的那一刻所面临情形的特点。他不是为具体时期的具体公共物品或服务的融资在发债和征税之间进行选择。个体认识到所选财政工具将在一整段时间内保持效力，并且它将被用于为一系列公共物品和服务融资，这些物品和服务的准确属性、范围及程度根据不同时期予以确定，而从这一系列服务中所获收益在选择融资制度的那一刻完全是不可预测的。正是在这一情境下我们提出这样的问题，即个体将发现集体诉诸发债是令人满意的吗？

　　使用与第十五章介绍的相同方法将是有用的。假设分派给一给定个体在社会总税负中的具体份额，并且他能够在做出立宪式—制度选择的时刻以明确的现值界定他的份额。为简化起见，我们称这一现值税负设定在 1 000 美元。这一税负在个体面临的任何制度方案下都必须如此予以承认。如此，作为这些备选方案之一，公债工具必须如此界定，即要求个体在他自己的计划期限内履行义务。换言之，必须考虑公债有效期虽短但足够，以确保进行选择的个体认识到他必须在他自己的计划期限内分期偿还他在税负中的那一份。如果不施加这一约束，便不可能使各种债务下的现值税负等于各种税制下的情况。因此，我们在此简单假设，债务一旦发行，将在一定时期（如十年）内分期偿还。在此限定的模型中，社会诉诸公债，作为其成员的个人可以据此延迟向公共服务付款，最长十年。问题变为，有没有这样的条件，个体将据此希望选择那种有助于延迟支付的制度？个体更希望政府将发债作为融资方式来为前九年所有的公共服务融资吗？抑或，他将选择让他的政府依赖于一种或多种标准的税收工具吗？

正如此前的一些模型，首先假设个体确切知道在相应时期他收入所得和私人支出的模式，这是有帮助的。没有必要将此两种流的任何特定模式具体化。当我们允许考虑公债方案时，我们便很快得出一个貌似非正统的或者令人瞠目的结论。给定此种机会，**理性的个体将总是选择通过公债的发行来为所有公共物品和服务融资**。这一结果乍一看似乎很引人注目，并且好像与人们所接受的财政惯例大相径庭，以致人们要查一查究竟是哪儿出了问题。[①]

然而，在这背后并没有隐藏着这种谬误，而在此处所考察的模型范围内结论成立。为什么个体会挑选债务方案？他这样做的原因是，只有该方案允许他在调整一定时间段内的收入—支出模式中具有完全的自由进行选择。公债，作为一项制度，使得个体能够"最优地"的履行其自身纳税义务，并且在给定资本市场的运行要求私人借方支付的利率高于政府借款利率的条件下，公债是实现筹措政府岁入的唯一方案。当集体在每一时期借款用来为当期公共物品和服务融资时，个人在下一阶段便处于按政府利率借款的位置。事实上，通过发债，政府是在为个体借款。因此，如果个人在一段时间内的净收入所得和支出的模式是那种他愿意延迟履行财政纳税义务的模式，那么公债方案便使他能够以零净成本做到这一点。另外，如果个体的收入—支出模式是那种他在一段时间

[①]　这些年来，弗吉尼亚大学的经济学家们已将这一结论作为"塔洛克谬误"进行了讨论，因为它源于我的同事戈登·塔洛克。在一篇近期发表的论文中，E. J. 米山（E. J. Mishan）已间接地指出了相同的观点。参见他的论文 "How to Make a Burden of the Public Debt," *Journal of Political Economy*，LXXI (1963)，529-42，尤见注释5。当然，这一点隐含于传统的李嘉图式概念中，即公债和非常税对个体而言根本上是相同的，因为该论点假设个体能够按政府借款利率进行借贷。

内提早履行其纳税义务的模式，那么他总是能够通过购买并持有政府有价证券的方式做到这一点，直到债务到期—征税时，此时他积累的资产将正好抵偿他积累的税负。事实上，公债使得个体能够以政府的利率借贷，从而消除了他的支付模式上的任何临时性扭曲。[①]

或有债务

分析指出，独立的个体应该理性地选择公债作为公共物品和服务的融资手段。为什么这一备选方案在现实世界的财政体系结构中并没有得到更多的尊重？这需要对该模型的潜在假设进行更仔细的考虑。

假设个体在社会总税负中的份额已在某种现值意义上进行了事先分派，至少针对他本人的选择而言是这样。但这种份额真的能够进行事先分派吗？此处出现的困难与我们早前分析累进所得税时讨论的那些不同。此处的困难来自公债在日常政治条件下所必然包含的我们所称的"或有债务"。

与此前一样，让我们假设，社会总税负中的某一份额已被临时分派给参照者，而且类似份额也被所有政治团体成员收入囊中。接下来，假设此处不会明显出现分配问题；个体的做法似乎是将以他本人按最优标准选择的方式在一段时期内执行分配给他本人的份额。基于上述勾画的这种计算，他选择债务方案；其他集体成员表示赞成，并且所有公共服务的资金最初都由公共贷款筹措。该参照者然后按计划执行他的方案，并按计划履行他的纳税义务。

现假设，记账期截止期到了；所有发行的债务都必须到期偿付。被分析的个体通过在该时期购买债券已积累了充足的资产，刚够按计划在这最后期限履行纳税义务。看似一切都好；他似乎已选择了理想的财政安排。

并非一切皆好，而是其中有碍。假设第二个人 B 先生，在时间序列开始并且选择财政制度时以相同方式做出了最优的支出计划。然而，假设在一段时间内，B 未能执行完他一开始设计的这种计划。到了截止期，而他并没有积累起足够的资产以抵消对财政义务的履行。他在这一

---

① 尽管不够完整，但德·维蒂·德·马尔科的分析表明在这方面完善了公债理论。可参见 Antonio De Viti De Marco, *First Principles of Public Finance*, trans. E. P. Marget（New York：Harcourt-Brace，1935），pp. 377-98。

截止期就不能"偿清债务"或"支付税收"，不能支付分派给他的多时期税负。B虽未能完成他凭理性制订的计划，但这未必使第一个人A烦恼，除非只要A明白，B的困境会给他施加明显的**或有债务**。资金已全部被花在提供公共物品和服务的各个时期。假设社会不选择欠债不还，整个集体的总税负必须予以支付。然而，B在此期间的行为不仅是非理性的也是不负责任的，他不能支付他含蓄同意支付的份额。结果，承担最初分派给B的税负便落在了政治集体的其他成员身上。其他人将发现他们自己要为B的挥霍或欺骗买单。

注意到A本人，我们正在考虑其选择计算的这个人将准确地按照计划行事。尽管如此，他将在期限截止时承担重负，因为B的行为与他在时间序列开始时制订的计划背道而驰。参照者A将倾向于承认公债工具可能包含的这一或有债务方面。当这样做时，他将倾向于反对债务方案，反而选择税收制度，尽管人们承认，对于独立个体的收入—支出方式而言，按照效率标准债务优于其他方式。

此处的分析中并没有引入非理性问题。参照者不必担心自己在实现选择制度时所设目标的能力。他将倾向于反对公债制度的广泛使用，原因不在于他担心他不能执行他为自己设置的行为模型，相反，在于他担心一些公民无法完成他们自己的行为目标。于是，接受公债制度要求，个体不仅要料到他自己的理性行为，还能合理确定地料到，其他所有集体成员或者至少足够比例的这些成员将以相同方式理性并负责任地行事。这一条件变得极为严苛，并且在多数情况下，似乎有可能排除了对债务方案的普遍赞同。

为什么在考虑各种税收方案时，不会出现这些为他人理性和负责任的行为产生的同样的担心？此前章节的分析已表明，无论是累进所得税的效率优势还是特定商品税的效率优势，都会出自这一事实，即这些制度允许个体在一段时间内以减少其支出模式所受的临时性扭曲的方式转移他的财政纳税义务。为什么此处由他人而非他本人发出的非理性行为或不负责任的行为不会影响他自己的税负？

税收制度与公债制度之间存在的本质区别来自这样的事实，即在任何允许个体的税负在一段时间内波动的税收制度下，各个集体成员倾向于相互抵消。当一个人收入相对较低，或私人支出相对较高时，这一时期另一个人的收入相对较高，或私人支出相对较低。如果个体假设经济中的总体收入和支出将保持大体稳定或稳定增长，那么肯定会出现这一结果。相比之下，公债则不涉及此类通过财政结构进行的抵消。**所有的**

公共物品和服务在初始时期都是通过债务融资的（在此处所考虑的一般模型中）。财政负债高企；没有人被要求**当期**支付公共服务流。当期调整，如果发生，则必定发生于公民个体的**私人**会计体系中。人们不仅无法从外部向观察者揭示出理性行为个体是否正根据最优计划行事，对这一行为也不做任何要求。

当然，参照者个体也会对他本人在遵循某一预先确定的支出—储蓄计划时的理性抱有一些怀疑。只要他怀疑，他就将反对债务方案，远离此处所强调的或有债务的影响。

放宽的确定性条件

以上分析显示，即使个体确定地知道了在有关的时间范围内他的收入前景和他的私人支出计划，并且即使他相信他能够执行某一预先确定的行为计划，他也仍会反对将公债作为他最偏好的一般性资金融资制度，因为他无法预料到其他人的行为也会既有责任感又具理性。正如我们在早先章节中已经做的，现在必须对有关确定的前景不现实的假设放宽条件。现假设，该参照者的收入前景或私人支出需要在一段时间内具有不确定性而且服从某种波动。这将如何改变有关他对于债务制度态度的结论？

最好是在考察个体的选择计算时假设整个社会的总收入在一段时间内保持不变或以某一可预料的比率增长。这使得我们在不考虑总体波动的情况下集中考察个体所获收入或私人支出需求的波动。正如前文所述，当收入或支出在一段时间内并不确定时，几乎就不存在按最优标准计划的某种支出模式这一观念。个体的决定将大体上考虑当期或期内的收入和支出比较。然而，他应该，虽不必提前，但要在事情完成时，能够辨识相对丰裕和相对贫乏这两种时期。在前一种时期，他将倾向于把一部分收入储蓄起来以保护他在可能发生的贫乏时期内偶然出现的经济状况。在后一种时期，他将倾向于借贷，要么从他的积蓄中向自己借款，要么从外部向其他人借。前几章已表明，一方面累进所得税，另一方面特定商品税，会允许财政结构促进个体进行临时性调整。此处的问题是，公债是否能够实现类似目的？

答案是否定的。与讨论过的另外两种制度相比，公债不会在相对丰裕时期为财政负债提供打包工具。对于整个集体，公债允许在时间上推迟兑现财政负债，但在记账期截止且债务必须到期偿清时，有些纳税人将是丰裕有余，有些将贫乏不足。因为不知道他会属于哪个集体，我们作为参照者的个体将理性地拒绝把公债方案作为一般性融资工具。公债仅在包含确定性的模型中，而且仅以其高度的约束形式允许在时间上进行这种打包。

在现实世界中，包含确定性模型和不确定性模型二者的某种混合体通常具有描述性。个体就其收入前景能够做出某些合理的预计，而且他能够在有限范围内提前预设出需要的私人支出。他勾勒最优储蓄—支出计划的努力有一定的意义。阻止他将公债作为一般性资金融资工具加以使用的重要障碍存在于上述关于确定性模型的讨论中的或有债务方面。

公债与个体计划范围

在针对这一点讨论过的所有模型中，假设个体将公债作为为一般性公共物品和服务融资的一种手段进行评价。与其替代方案相比，债务的发行被假设为按某一现值基数计算，对正在进行财政制度选择的个体所施加的可比较的税负。如果人能永远活着，就不会有什么问题。但是既然他们不能，就有必要假设，债务的发行方式必须使分期偿付发生在个体决策者的计划范围和寿命内。如果不对模型设置这一限制条件，那么就无法按照我们的参考条件使公债能够与税收方案进行真正的比较，除非通过对有关人类行为进行某些相当武断的假设。尽管人生有限，如果个体将他们的继承人看作他们自己生命的延续，这是李嘉图常做的假设，那就不会有什么问题。在这个例子中，个体的行为**似乎**表明他们会永远活着。但是个体的行为不会采取这种方式，并且如果他们不这样行事，那么允许他们推迟支付财政负债的公债，就会提供一种对各期间净财政负担进行再分配的手段。在进行立宪式—制度选择的那一刻，如果个体将公债视作把最后的财政负债在时间上转移给"后代"的手段，他当然将倾向于在考虑效用最大化的基础上选择该工具。①

在这一有限时间范围条件下拒绝债务方案，必定是基于个体对某种

---

① 此处不是重复分析的地方，该分析表明，公债实际上确实涉及财政负债在时间上的推迟或转移。就这一点，参见我的 *Public Principles of Public Debt*（Homewood：Richard D. Irwin，1958）。1985 年以后学者中对这一主题的讨论收录在 James M. Ferguson，（ed.），*Public Debt and Future Generations*（Chapel Hill：The University of North Carolina Press，1964）。

代际平等伦理原则的接受。如果个体做计划是根据有限的时间范围，并且不将其后代收益全部与他自己的收益相结合，那么他将倾向于选择债务作为为公共物品和服务融资的手段，除非他受到了某一这样的伦理准则的阻碍。人们对债务发行的广泛接受反映出这一准则缺乏效力，当然如果发生这种情况，那么后代实际上无法偿还所继承的债务的可能性将很快变成该制度在经济上的阻滞。出于充足的理由，将此处的分析限制在决策者计划范围内的分期偿债模型是恰当的。

公债幻觉及其逆命题

对这一点的分析一直是限制在将公债作为筹措政府岁入的**一般性**来源进行评价的。论点是，个体可能拒绝这一备选方案，至少主要是因为他对其他纳税人执行最优支出—储蓄计划的能力和意愿不信任。不信任的原因之一是他可能认识到公债会产生财政幻觉。尽管财政负债在发债时就已经被创造了出来，但是从个体的表现看似乎是此类负债并不存在。他们在分期偿债中不能对债务所必然包含的未来税收进行全面的现值计算，并且如果他们不能的话，那么他们将不会在为支付此类总税负中自己的那一份做计划时理性行事。

然而，债务幻觉有其逆命题，而如果认识到这一点的话，公债就会在可被接受的财政工具队列中再次居于有限但合理的位置。对于这一点，如之前提到的那样，筹措岁入的各种备选方案，包括债务方案，已被当作为所有公共物品和服务筹措一般性岁入的手段。尽管没有明显这样假设，但只有来自公共物品和服务的收益在实际做出公共支出期间被集中起来，得出的结论才完全恰当。这并不是所有公共支出所具有的特征；某些采取的是资本投资的形式，这会在整个一系列时间段产生收益。

让我们现在单独考察此种公共支出。假设个体所面临的是挑选适当的财政工具或制度从而只为准永久性公共物品融资，所获收益将只在长期中才能全部完成。正如那种更一般性的模型中那样，我们假设个体对这些资本项目的结构所知并不准确，而且他无法预计他是否将在一个特定的时间段从此类项目中获益。他的任务是挑选为公共资本项目融资的财政手段，并且仅此而已，在随后的一些时候才就有关这些项目的形式和程度做出实际决策。

此处，个体在进行选择时会认识到，在从公共资本项目中所获收益和这种支付制度的影响之间的临时性扭曲会倾向于使期内决策偏离标准征税工具下的此类支出。换言之，对于含有在一段时间内获益的项目而言，会存在某种"资产幻觉"。个体不会把此类准永久性支出将产生的收益完全折成现值。如果他做不到，他将不会做出有关所征税额的"适当"决策，也不会在有限的岁入预算范围内对资金进行"适当"分配。预算决策将倾向于支持短期公共项目并且反对长期公共项目。

如果个体在制度选择层面认识到这种幻觉有可能出现，那么他就会偏好将公债作为此类项目的融资工具。此处，进行期内操作性预算选择的个体会同时患上公债幻觉和资产幻觉。他或许不能将债务一侧所包含的负债和资产中所包含的收益流折成现值。但是这两种幻觉此处会相互抵消，并且个体会预料到，在此类结构下将比限于用税收为所有支出融资的结构，出现更理性的期内预算选择。

还要注意到，如果只限于为资本项目融资，那么公债方案就不需要和那种更一般性的模型一样包含或有债务。在债务幻觉下的运行中，个体不会在这些债务到期时为偿付财政负债做出充分的计划。然而，只要资助的项目真的选来用作在一段时间内产生收益，个体偿付那些被推迟的负债的能力就通过这些公共服务的收益得以增强，而这些收益在某种意义上可转换为实际收入。或有债务因素是不会被完全剔除的，甚至对限于为长期资本项目融资的公债发行而言也是如此，因为收益的增长未必在分布上等于对财政负债进行的最优分配。或许还应指出，公债发行涉及将净财政负债转移给后代纳税人，反对公债发行的伦理原则在债务仅限于为真正的长期项目融资时便不太适用了。在这一情况下，后代不仅继承了负债还享有收益。

因而，本分析指出，公债的发行会被作为财政结构整体"构造"的一个恰当部分得以选择，前提是施加限定以确保只对一段时间内所产生收益的项目用债务进行融资。"资本预算"可以根据此处介绍的个体决策计算予以理性对待。这些结论与那些传统或古典公债理论中提到的相似，并且已将它们与负责任的财政实践相联系。这一联系本身，与本书中提到的其他例子一道，将进一步证实所采用的一般性方法的效力。

第十八章　财政政策的制度考量

引言

至此，我们故意没有考虑在有可能使用财政工具实现宏观经济目标时的所有相关问题。任何声称其方法是一般性的做法都必须将某种关于处理这些问题的能力当作参考。从个体选择计算中可以得出规范性的"财政政策理论"吗？当个体面临界定财政制度的那一刻，他会授权他的政府将预算作为起稳定作用并带来经济增长的工具加以使用吗？

个体所偏好的是在他所生活的社会中总收入以某一稳定速度增加（或者保持稳定），还是它围绕长期增长路径波动？如果他能以确定方式预料到他本人的收入前景，那么他便没有必要直接去关心社会总收入的波动，尽管他可能通过税基的外部性对其间接加以关注。然而，如果他本人的收入前景有望与社会收入前景总体上一致，那么他将对总收入的增加直接产生兴趣。此处他明显将偏好稳定的增长而非无法预料的波动。如果诉诸资本市场的成本不菲，而且私人的支出需要相对而言比收入更稳定，那么他还将偏好收入稳定而非整体上可预料的波动。正像第十五章中的分析所指示的，个体选择的税收工具应缓和他本人处于波动中的收入前景的影响。那些保持显著的内在岁入灵活性的税收制度将更容易被选上。然而，如果全社会普遍存在个体收入的波动而且在不同的人和集体之间不能相互抵消，那么在周期性下降时期税收结构的内在灵活性将导致政府岁入急剧下降。更恰当地说，如果社会总收入不是以其平均速率增长，那么政府岁入即使不是绝对下降，也将降到低于预期水平。如果期内预算平衡的规则得以严格遵守，那么在诸如此类时期内的公共服务供给将被削减，并且，当然，不考虑可能的期内税率调整，在繁荣期会被增加。

问题是，个体是否将选择允许放宽期内预算平衡的具体规则，从而促使在一段时间内公共服务的供给流更加稳定？似乎很明显，他将如此行事。然而，注意到，对期内平衡的这一偏离只有在它将促使一段时间内的公共支出不会大起大落时才是合理的。对于当个体认识到通过允许对期内预算平衡的稍微偏离，一段时间内的社会总收入实际上会增长时个体的选择计算，我们还未予以考察。波动可能不是围绕某一长期增长路径进行的，但是，相反，可能代表着从被恰当地视为天花板的长期增长路径处"弹下来"。非平衡预算的后面这个目的，正是凯恩斯主义者和新凯恩斯主义者对财政政策讨论的全部。看似明显的是，此处假设个体正在认真思考着政府财政结构的设计或构成，他倾向于偏好的这一结构的特征是承诺在一段时间内使社会的实际收入处于最高水平，其他条件不变。他本人的收入前景，从概率上讲，与社会总收入相关，从这一事实中可以直接找到他的动机。

封闭国民经济中的财政政策

下一个问题是确定怎样的预算政策结构特征将最好地实现这一目标。有必要再做一些假设使这一点更为清晰。假设个体生活在一个与外界隔离的、完全封闭的经济中，并且只有一个政府单位，我们对他的制度性选择过程进行考察。由于对流通媒介需求的改变，预计将发生货币总收入的波动，而由于已知的工资—价格结构刚性，这些波动有望被迅速地转换成实际收入的波动和就业的下滑。进一步假设，尽管政府有权创造货币，但货币的供给并不直接受其控制，相反，可以通过银行体系这种机制被动地根据需求进行调整。然而，政府可以通过行使其创造货币的权力直接增加或缩减货币的供给。

在上述此类条件下，理性人应该认识到，政府的预算提供了一个可能被直接用于确保社会收入不下滑的工具。建议允许对期内预算平衡这一严格规定稍加偏离，尽管可以预料到这一偏离可能也会对期内财政选择产生影响。（这些影响已在第八章中进行了讨论。）因此，个体会授权或"投票赞成"政府在社会总收入有增长放缓的威胁时有权故意创造赤字。在这些条件下，**赤字创造**在一系列财政制度中会被个体公民判定是有效率的。

赤字，如果允许其发生的话，就必须获得融资支持，而且仅仅是授权创造赤字根本就不包含为其融资的方式。尽管如此，个体此处的理性反应似乎是明显的。他将授权政府**创造货币**，从而在实际收入增长放缓时消除其当期预算账户中的赤字。做法似乎是，政府**创造货币**并通过财政过程将新创造的货币注入经济体中。如果赤字创造和为赤字融资这两种制度成功实现了所追求的目标，那么社会收入将以稳定速率增长。① 如果最终产品价格保持稳定，那么这一增长本身将要求一段时间内的总购买力有净增加；从而，一段时间内的**净**财政预算赤字变得令人满意。②

注意到，此处没有任何分析指出将**公债的发行**作为一种为预算赤字融资的手段授权进行。公债是一种有别于货币的财政制度，尽管有许多高深莫测的经济学家以无法解释并且几乎不可想象的方式拒绝承认这一区别。根据定义，公债的发行必然包括当期购买力（流动性）从贷方（购买证券者大众中的一员）**转移**给借方（政府）以换取借方承担后一时期支付利息的义务。当预算赤字的目的是增加经济中的总支出流时，通过这种运作方式显然并非人们所愿。从而，在假设条件下，通过理性方式选出的制度结构将不会允许通过公债发行来为预算赤字融资。

完全开放经济中的财政政策：以地方政府单位为例

以上所得结论仅在完全封闭经济中才成立。只要经济体开放，就会

---

① 当然，经济中的制度刚性会阻止沿此增长路径所保持的充分就业价格水平的稳定。此处不需要讨论这一冲突的解决办法。如果存在通胀隐患，所建议的政策制度当然就与所讨论的相反。

② 可以另外设计一种备选制度结构来实现相同的目标，它允许严格遵守对传统意义上界定的期内预算平衡，然后允许某一由政府创办的"货币当局"从事"货币政策"的相关工作。在社会收入受到抑制的时期，此货币当局将用新币购买公众所持的有价证券。通过仔细考察发现，这一备选结构只是在表面上与第一种不同。由于货币当局一定是政府的一部分，所以它自身的"预算"也应该被恰当地想象成是政府预算的一部分。当接受了这一点，仅仅在这一事实下，即在货币政策下，新币仅用于购买证券，而在财政政策下，新币则用于为公共物品的供给提供融资，"货币政策"才有别于"财政政策"。由此看出，财政政策相对而言似乎效率更高。当然，其他考虑会改变这一试验性结论。其中值得注意的是对到期未还的所负公债的考虑。货币政策方案允许对某种到期债务在一段时间加以货币化，而财政政策方案不允许。

存在不同条件，并且需要对全部分析进行重新考察。此处的"开放经济"，我们指公民与辖区内的其他公民之间可以自由购买和销售物品和服务，而且，除此之外，可以在不同辖区间自由转移劳动力资源和资本资源。现实世界的国民经济体通常代表着对封闭模型和开放模型的某种结合。我们将在后面的观点中再来讨论这些混合模型。存在于一个更大国民经济体中的地方社会是开放经济的极端例子。此处不仅存在贸易和资源的自由流动，而且，地方政府单位根据宪法通常没有权力创造货币。对个体在为地方政府单位挑选最优财政结构时的选择过程进行考察将是有所帮助的。他将发现把那些将为地方政府单位产生积极财政政策的制度包括进来是令人满意的吗？他将假设当该州或该市总收入处于相对较低水平时允许创造预算赤字和为其融资吗？

多少有些令人惊讶的是，这个问题似乎从来就没有人提过。大量的讨论是就州—地方政府在宏观经济政策中的作用方面进行的。[1] 这一讨论一直集中于衡量州—地方财政结构过去对国民支出流的影响上。对那些"应该"指导州—地方决策者的规范性原则几乎没有进行过讨论。几乎相同的是，教科书或标准的态度似乎已经表述为，如果州—地方单位应该在明确采取反周期政策以促进**"国民利益"**问题上与国家一级的政府"合作"，那才是令人满意的。很少有学者提出这样的问题：州—地方政府在增进**它们自身利益**时应该在这一方面做些什么？[2] 将此问题换一种提法以使它符合我们自己的框架或参考：个体想要在他的地方政府财政规章中包含某些允许积极财政政策的条款吗？

答案并不像有关封闭经济所得出的那样简单；选择者在两个例子中可以得到的制度是不同的。对于地方政府而言，预算赤字融资一定会包含借款，即公债的创造。该政府单位无权创造货币。因此，那些表现出

---

① 尽管该列表绝不可能面面俱到，但以下各项应被提到：A. H. Hansen and H. Perloff, *State and Local Finance in the National Economy*（New York：Norton，1944），尤见第 4 章；Mabel Newcomer，"State and Local Financing in Relation to Economic Fluctuations," *National Tax Journal*，Ⅶ（June，1954），97 - 109；Ansel M. Sharp，"The Counter-Cyclical Fiscal Role of State Governments During the Thirties," *National Tax Journal*，Ⅺ（June，1958），138 - 45；James A. Maxwell，"Counter-Cyclical Role of State and Local Governments," *National Tax Journal*，Ⅺ（November，1958），371 - 76；Morton A. Baratz and Helen T. Farr，"Is Municipal Finance Fiscally Perverse?" *National Tax Journal*，Ⅻ（September，1959），276 - 84.

② 克拉伦斯·巴伯（Clarence Barber）在他的专著 "The Theory of Fiscal Policy as Applied to a Province," A Study Prepared for the Ontario Committee on Taxation（June，1964），尤其是第 2 章中提出并讨论了该问题。感谢该委员会允许我参加这一研究。巴伯的工作激发了我详细阐述本章的一些模型的兴趣，而因为这一事实，我理应向他致谢。

最适合于封闭国民经济的财政结构并不适用于地方政府单位。用发债来为赤字融资的赤字创造政策事实上将是有效率的吗？

再考虑一遍该问题提出的场景。个体预料到，当地社会收入会在一段时间内波动，而他本人的收入前景与当地社会收入水平直接相关，尽管不像早前的模型那样直接。如果在一段时间内他对私人物品和公共物品的需求都有望比他的收入更加一致，那么他将倾向于既赞成那些含有某种内在岁入灵活性的税收方案，也赞成对公债发行的某项授权。这两种制度相结合将促使私人消费和公共消费持续平稳。

然而，这并非核心问题之所在。将积极的财政政策，换言之，将在萧条时期设计用来提高社会收入水平的政策，添加到地方政府财政结构上，这合适吗？鉴于此，我们必须就有关地方经济在萧条时期创造赤字和为赤字融资的预期效应加以研究。假设社会总收入出现了下降。当来自已获准的税收制度的岁入已经缩减，并且支出比率仍维持不变或增加时，预算赤字便出现了。为给赤字提供融资，地方政府创造了公债并且在资本市场上出售。这些有望在当地社会中产生实际收入的增长吗？答案明显是肯定的，而其原因对一些学者而言会显得自相矛盾。地方社会的支出流将增加，因为此处政府是在国内资本市场上借得资金的。如果这一地方级单位相对小于整体经济规模，那么利率就不会被改变。所创造的债务对地方社会而言是**外生的**；无论是从当地消费还是投资支出中，资金都没有被提走。如果资金是从当地资金来源中被离奇地提走的，即如果债务是**内生的**，那么这一组合运作方式所产生的收入创造效应甚微。这似乎与许多正统理论所蕴含的结论几乎相反；初级教科书对财政政策的讨论向我们指出或暗示的可能是，仅当内部公债被用作融资工具时，为赤字融资的做法才能被推荐用于产生收入。相比之下，此处的模型指出，只有所创造的是外部债务时，通过发行公债为赤字融资的做法才是有效率的。[①]

这一联合运作倾向于从整个经济中吸纳资金；这些资金被政府在当地支出用于购买公共物品和服务。社会总收入增长，失业减少。地方社会的实际收入持续增长。公债在初始阶段过后将产生后续影响，这将在随后的一段时间内向纳税人施加偿债的净负担。问题变为，要确定以现

---

① 通过略有区别的联系对这一点的认识见 Ronald I. McKinnon and Wallace E. Oates，"The Implications of International Economic Integration for Domestic Monetary, Fiscal, and Exchange Rate Policies," Memorandum No. 37, Research Center in Economic Growth, Stanford University（May，1965）。

值计算当期收入的增长是否充分大于未来需付税额的贴现值。

首先考虑一个极端的例子，其中，地方社会所购买的向当地公民提供的公共物品完全来自外部。尽管想象这样一种纯粹的例子是困难的，但人们可以想象一个地方社会把它的孩子们送至其他社会上学，并为这些服务向其他社会支付学费，通过这种方式为它的孩子们提供教育服务。在此例中，将没有地方收入的乘数效应。然而，由于公共服务本身就代表了实际收入的增加，只要提供这种服务的决定是有效率的，这种联合运作就仍然是令人满意的。用于偿还为这种服务融资的债务所需的未来税收的现值，在某种客观可量化的意义上，应该调整到与所提供的服务的现值相等。不过，当然，此处的联合运作在特定收益流之外将不会增加地方收入和就业。

在几乎所有情形下，都将存在地方的乘数效应。社会将仅在极少的条件下完全从外部购买资源投入。通常，在供应地方公共物品和服务时，将雇用本地公民，购买本地的投入。只要出现这种情况，地方政府某些由债务资助的支出将一直存在于该社会中，并且在随后各期中的私人支出将增长。当这一情况发生时，这种联合着赤字创造和债务融资方式的运作模式将明显是超边际的。偿债所需的未来税收的现值会远低于公共服务收益的当前值**加**本地当期收入的净增加值之和。在对财政政策的运作进行事前审视时，积极的财政政策对地方政府而言明显是合适的，即使这一级地方单位并不拥有货币的创造权力。

至此，我们一直假设的是地方社会的收入下降，而并没有具体到国民经济中其他地方所发生的情况。或许明显的是，上述分析在以下情形中完全成立，即国民总收入保持不变或以某一稳定速率增长但地方社会收入各不相同。然而，假设在国民经济的各个领域，国民收入整体水平都统一降到期望水平之下。那么一个**单一**的地方政府单位追随积极的财政政策是可取的吗？如果国民政府本身不采取任何行动将整体国民收入恢复到理想水平，那么一个单一地方政府单位便没有根据对国民收入在一段时间内的趋势或增长路径进行预测。在与其他地方相似的萧条情形面前，地方政府单位应该实施财政政策吗？

假设中央政府严格遵守期内预算平衡规定，而且它不实施任何积极的货币政策。引而不发的结果是整个经济中的收入下降，并对当地整体社会产生一致的影响。然后考虑一下该单一地方政府的困境。假设没有发现其他地方政府采取财政政策行动。如果该地方单位自己竭力执行积极的财政政策的话，将会发生什么？该社会的收入低于预期，而且从既有税收制度中获得的岁入低于公共支出所需要的水平。为维持公共物品的供给，该地方单位发行公债。银行系统将按既有利率购买这笔债务并提供融资。该地方社会此处的行为使经济中的支出流产生了净增，而且，对于国民经济整体而言，全部收入乘数都将运作起来。但是，对于该地方单位而言，可以预料到有向其他地方社会的漏出。然而，正如前文指出的，某种地方乘数效应仍将存在。财政政策行动在某一范围内仍属理性。

当该单一社会的收入提高时，来自外部的资源将倾向于以不同方式流入该地区，这与日常的漏出无关。这些资源将与当地资源竞争工作机会，而过高的失业水平会持续下去。这个始终特立独行的社会应该继续通过债务融资型的赤字创造提高它的支出比率吗？一旦超过了某一点，就很难从地方公共物品供给的扩大中获得当期的实际收入了。然而，如果地方收入所得是充足的，那么就可以继续创造赤字，只要流入该地区的资源能以某种方式归入当地税基。换言之，如果能够使这一运作产生的地方收入成为包含在所发行债务中未来税负的基础，那么，只要地方收入上的净增超过由清偿债务所必然产生的未来税收的现值，那么该单一地方社会便没有理由不继续执行此财政政策。

针对私人的财政政策

如果对完全开放经济中单一政府单位的规范性财政政策的分析得以接受，那么类似结论应该随之用于个体，因为他的"经济"既卓尔不群，又完全开放。单一的个体或家庭在对一段时间内的挣钱—储蓄—支出模式做计划时应该采取行动以执行"积极的财政政策"吗？

似乎很明显，他应该采取行动。如果他本人收入下降而全社会收入仍然稳定，那么他当然应该通过借款来稳定支出。如果这种借款—支出模式对他本人的收入产生了任何"私人乘数"效应，那么这将为此类行为提供一种超边际的激励。个体和地方政府之间出现差异仅仅出于这样一个事实原因，即后者由于体量更大，便更有可能享有某些地方乘数效应。此处应予以强调的是，在概念上，理性行为原则根本没有差别。为他本人制订一段时间内的最优支出—储蓄计划的个体，和努力按立宪方式为他的地方政府制订最优支出—储蓄计划的个体，二者是一模一样的，并且在每一种情况下的行为都接受相同准则的要求。

部分开放经济中国民政府的财政政策

国民政府拥有创造货币的权力。这实质上使它们有别于地方政府。但是它们可能是在一个高度开放的国际经济秩序中运行的，尤其是因为贸易可以跨越国界自由往来，而且资本在不同国家间高度流动。此处用于从个体选择中得出财政政策逻辑的模型必须是结合了上面考察过的完全封闭经济和完全开放经济两种模型的某种组合。

由于国民政府确实拥有创造货币的权力，所以必须就有关那些使各国货币彼此联系的制度提出假设。分别在自由浮动汇率和固定汇率这两种假设下考虑这些模型将有所帮助。

开放的国际经济秩序中固定汇率下的国家财政政策。在细数这一模型的各个条件时，我们可以追随蒙代尔（Mundell），假设资本的流动使得各国之间的利率趋于均等化。[①] 让我们假设该国相对于世界经济而言是一个小国。

现假设预计国民经济中的支出水平将出现下降。假设这里有标准的凯恩斯条件。工资和物价具有抑制下行压力的刚性。对可能被设计用于防止实际国民收入下降的三组政府行动所产生的影响进行探究是有帮助的。

1. 政府会创造预算赤字（或允许其出现）并且用创造新币的方式为赤字融资。总支出一直维持在期望水平。利率不升也不降；从而，国际资本流动没有净值变化。物价保持稳定，国际收支没有变化。似乎显然的是，这一套政策工具，与早前所展示的那些对完全封闭经济有效率的政策工具一样，在该部分开放模型中仍是一组有效率的工具。

2. 政府会尝试通过正统的"货币政策"，即使用公开市场上的各种工具，以实现相同的目的。为力求刺激国内需求，货币当局购买有价证券。利率将倾向于下降，资本流出该国。国际收支赤字显现，并且货币当局会发现，用出售外汇的办法以恢复国际收支的平衡是必要的。相应地，这抵消了起初对国内有价证券的购买。货币政策在这些条件下倾向于不攻自破。

---

① 所讨论的模型实质上与 R. A. 蒙代尔引发争议的论文"Capital Mobility and Stabilization Policy under Fixed and Flexible Exchange Rates," *Canadian Journal of Economics and Political Science*，29（November，1963），475-95 中所考察的那些模型相同，另外参见早前引用过的麦金农（Mckinnon）和奥茨（Oates）的论文。

3. 现假设政府不假思索便决定像第一种方案下那样创造赤字，但并非通过创造货币而是通过发行公债来为这一赤字融资。此处的结果与在完全开放经济中地方政府单位运行财政政策时得出的结果是一致的。这两种情形之间的区别仅在于，更大规模的国民经济会希冀有更高的地方收入乘数发挥作用；潜在的漏出将大多被留在国内。在这一模型中通过出售债务，国民政府实际上是在世界范围内的资本市场借款。这将在不直接创造新币的同时直接增加国内支出流。这种运作实际上变得与外部借款一样。

如果第一种方案是不可能的，那么当然会推荐第三种方案。然而，任何地方只要政府单位的确拥有创造货币的权力，就可以获得第一种方案，此时，第三种方案就没有效率。它引发了对未来付税义务的创造，因为偿还所创造的债务是必要的。这种税负在第一种方案下简直就无法存在，因为利息的支付并不体现在金钱上。

开放的国际经济秩序中浮动汇率下的国家财政政策。使用与此前相同的基本假设，现在让我们考察在允许汇率自由浮动的体制下三种相同的政策组合。

1. 政府在受到总支出下降威胁的时期创造预算赤字（或允许其出现），它以创造货币的方式为赤字融资。总支出一直维持在期望水平。利率没有升降压力，并且物价水平不变。汇率不变。

2. 政府可以努力通过正统的货币政策来实现相同的目标。它指示货币当局进入公开市场并购买有价证券。这一行动给利率带来了下行压力。资本倾向于流出该国，汇率下降。这转而引起出口扩大。收入和就业维持原状。这一政策组合似乎在此处是成功的，而在固定汇率体制下它就不成功了。

3. 现假设政府创造出预算赤字并且通过发行公债来为赤字融资。有价证券的出售倾向于提高国内利率；但是这将吸引资本进入该国并且对汇率产生上行压力。这将转而挫伤出口而鼓励进口。其结果是对国内收入和就业影响甚微或没有影响，因为在均衡状态下，利率可能就没有变化过，而且货币供给可能也没有增加过。在此情形下采取的财政政策行动将无法实现维持国内物品和服务方面支出的预期目标。[①]

---

① 正如此前所指出的，这一分析紧随 Mundell，"Capital Mobility," *Canadian Journal of Economics and Political Science* 中的做法。他总结道，财政政策在浮动汇率条件下倾向于不攻自破，而货币政策在固定汇率条件下倾向于自取败局。实际上，蒙代尔考察的只是每一模型条件下的方案二和方案三，而且他考虑到财政政策一定包含着由债务融资引发的赤字。正如此处的分析所显示出的那样，如果可以获得方案一，即通过创造新币为赤字融资，那么无论是在固定汇率还是浮动汇率下，这可能都是最有效率的政策组合。

为什么财政政策在这里失败了呢？其之所以失败，是因为汇率对国内和国外两个资本市场进行了有效隔离，并且阻止了固定汇率制下外资流入的发生，而这些资本起着为扩大国内货币供给提供可能基础的作用。此处通过赤字融资购买公共物品和服务所引起的支出流提高，被汇率变化所造成的资本外流的增加抵消了。

最有趣似乎也最自相矛盾的是，通过对此处各种模型的分析得出的结论是，当针对赤字的债务融资制度使得这一债务实质是外债时，它在支撑地方收入方面的效力会大为增强。

结论

不仅在固定汇率制下，而且在灵活汇率制下，似乎都会推荐第一种方案。积极的财政政策可以产生于个体理性地进行的立宪式选择计算中，它在受到总支出低于期望水平的威胁时产生预算赤字，前提是这些赤字应该通过货币创造加以融资。当然，一旦受到通胀威胁或通胀实际发生，可以允许进行此类财政调整。此处尚未对这些进行探究。

对于那些拥有货币创造权并将其作为积极财政政策工具的一部分加以控制的政府单位而言，从不提倡如此创造公债的行为，指出并重复这一点是重要的。当货币可以不负任何代价地发行时，创造出有未来税收支付要求的债务，这显然是无效率的。只有在高水平就业时期才应该将公债当作此类政府全部"财政制度"的一部分。不仅对公民个体是这样，对较低层级的政府而言也是这样，赤字必须通过债务融资抵消。在此情形下，含债务发行在内的积极财政政策可能是有效率的。

第十九章　从财政虚无主义说开去

引言

　　本书试图以一种抛砖引玉的形式提出部分**财政选择理论**。核心假设是，个体的确是通过参与政治过程做出财政选择的。如果无论是对于私人物品—公共物品的组合还是他借以支付并享用公共物品的制度，潜在纳税人—受益人都不参与选择，那么分析此类制度对他的行为的反馈效应就不具有多少目的性了。传统的学者还没有对个体偏好进行必要的探究就不再分析，转而出起了主意。他们不问个体是怎样做出财政选择的，就为财政改革设定准则。既然他必须假设个体罕有或者没有最终选择权，那么如果终究要说些什么的话，则是超越个体的外部准则就变得可被接受了，事实上也是必要的。

　　本书的意图是批驳公共财政领域的正统学问，而并不想对实践型的学者批评太多。在传统领域，已完成了卓有成效的研究，而且对知识边界的推进已是屡挫屡进。但当务之急正是脱离这一传统、脱离主流。实质上，正统的传统是非民主的，无意探究其情感意义。这种政体的决定必定是从个体公民身外做出而强行施加在他身上的。

　　如果假设政治秩序切实民主，那么就必须假设人们以各种方式参与到财政选择中来。当然，尽管他们可能是十分间接并且有时几乎是无意识地参与其中，但他们的行为变成了适当的科研主题。我们知识中令人生畏的鸿沟此处很明显。我们需要对有关个体在集体决策过程中的行为方式有更多了解，并且我们需要对有关将个体偏好传递并转换为集体结果的那些制度的运作过程有更多了解。

但准则如何？"原则"何在？财政改革的标准又是什么？应选 A 还是选 B？个体财政选择模型是简单忽略了此类问题，还是指出了自己的解决办法？最终走向财政虚无主义了吗？该方法对长期建立起的准则提出了有力的批评，而没有用自己的准则取而代之吗？尽管公平与效率的传统目标可能看起来仍有不足，但它们为讨论提供了一个框架。他们提出的替代性方案或含义是什么？

制度选择分析已针对此类问题做出了部分解答。可以期待，这种对财政选择过程的分析可以为制定改革标准提供基础。但这些标准将是什么？如果已经假设个体为自己选择，那么除了考察选择行为和努力预料出结果之外，还能做哪些分析？为"改善"此处的选择，专业人士必须变成一种新的选择伦理的道德宣教士吗？或许答案寓于问题之中。通过实证分析可以得到改善个体选择行为的结果。在这一层面对财政进行理论化的目标，作为其最终目的，与那些指导"消费者的研究""运筹学"或"体系研究"的目标相似。最终的选择者，无论这些人会是谁，只要使他们对所面对的方案有更为充分的了解，他们就能做出"更好的"决定。分析的目的是澄清各种备选方案，预计不同行动路线的结果。

归宿理论

恰当地说，财政归宿理论整体可被纳入财政选择方法之中。确切地讲，最终，让理论学者帮助个体公民做选择和帮助某一统治权威做可能的选择，肯定都是同样得当的。归宿理论方面的论著汗牛充栋，对此这一潜在的政治框架实质上仍然不重要。

学习财政归宿及其效应的人不研究也不关心他所分析的备选方案从何而来、如何选择。他的任务是预测不同的财政工具有哪些可比较的效应，现实的也好，想象的也罢。他考察个体对强加的财政现象做出怎样的市场反应，并将此类反应分为第一、第二和第三这三个阶段加以探究，直到能将反应的最终模式隔离出来为止。

即使是在归宿理论内部，传统的分析仍然有一些差距却大致不为人所注意，原因出在潜在的政治框架上。归宿分析的具体目标向来都是预计备选财政工具的**实际**影响，找到税收的最终负担和公共支出的收益的

实际模式。谁确实纳税了？谁确实获益了？不管是谁，这些才应该是令财政决策者感兴趣的重要且相关的问题。然而，还应该问一些虽不明显但有意义的问题，而且，尽可能予以回答。谁**认为**他是纳税人？谁**认为**他是受益人？

归宿理论大体上忽视了后面这些问题。一定程度上，这种忽视可解释为这样的事实，即学者一直都是经济学家，而非心理学家。而且作为经济学家，他们向来集中于对实际价值而非外在或幻想的价值进行研究，这并无不妥。然而，除此之外，他们对个体对财政安排或工具的态度不感兴趣，而且一向如此。一方面，重点是在分配方面对财政变化的反应，而另一方面是确定最终的实际影响模式。传统学术领域曾一度隐含的政策目标是，实现经济上或配置上的效率和分配上的公平，它通过这一方式对归宿分析中甚至是最具实证性的元素施加了反馈影响。对于在正统配置框架中开展研究的理论学者而言，他们感兴趣的是预测因征收消费税而导致最终产品的零售价格提高时个体在市场中将做何反应。在做出这一反应时，个体是将价格变化的原因归咎于税收还是许多其他可能因素中的任何一个，对此他向来不关心，或者相对而言是这样的。同样是这一理论学者，在他心中可能暗含着分配公平的理念，还一向对直接计算个体消费者在税收所包含的净负担中的最终份额（相对的或绝对的）感兴趣。从绝对意义上或以某一收入—财富为基础的比例上讲，个体实际支付多少？此处隐含着的假设是，"社会福利函数"，或为集体做"选择的人"的偏好函数，是以某种方式结合了归宿的实际模式，而非任何明显或有意实现的模式。

显然，有关个体对财政、税收和收益的态度的问题，无论是在具有鲜明统治阶级概念的精英模型中，还是在个体—选择的民主模型中，都变得重要了。纳税人如何意识到公共服务成本中所含有的负担？受益人如何意识到公共物品的价值？诸如上述问题在任何假设个体直接或间接做出他们自己的财政选择的模型中都变得很关键。全部财政意识问题都与财政选择相关，而且，在一定意义上，实际负担和实际收益只有在它们被个体有效转换为"感到的"或"有意实现的"负担和收益时才变得重要。

如果从这一视角看，可以把本书第一篇中所包含的讨论看作对归宿理论的一种引申。那一篇的分析旨在对各种财政工具对个体在政治过程中的选择行为的影响进行预测。

公共物品理论

　　传统的公共财政理论主要是关于个体针对强加给他的财政条件做出的选择。在这本书中，我们已经讨论了个体选择行为的两个传统层面，并使二者结合，提供了具体的财政选择要素。我们对它各种各样的称谓包括日常的、期内的、普通的、操作性的或预算上的财政选择。通过使用这些描述性术语，我们的意思仅仅是指，在任何制度场景下，个体都将行使他们的决策权力并以某种方式对各种可能结果进行选择。给定任何一种可想到的税收结构，并给定任何一种可想到的将个体选择聚合成集体决策的规则，一组具体的公共物品和服务将会被资助、购买和供给。除了这一层面的选择及一定意义上"优于"该层面的选择之外，还有所选制度结构本身的阶段或层面。这一层面的选择是第二篇的主旨，其间我们已指出，从制度方面对许多财政工具进行分析效果最佳。

　　全书仅是间接地对财政选择的操作层面或阶段进行了考察。尽管第一篇的分析旨在对有关各种制度对个体这种选择行为的影响进行某些预测，但这种讨论并不包含选择过程本身。原因远比篇幅和时间所限这样的普遍问题要多，还存在着一些其他原因造成了这种忽视。首先，常规理论是相当复杂的，并且许多要素仍有待完善。其次，并且是更重要的，现代公共支出理论，也肯定是公共财政文献中近来最振奋人心的著述，可以很容易被放进本书的整体框架内。"社会福利函数"偶尔会有些言外之意，这在政治秩序的个人主义模型中变得既不必要也不可能，而除去这些言外之意，对这一现代建构可以用这一方式加以诠释，从而可以预测出通过集体决策过程所表达的个体偏好的复杂交互将倾向于出现什么结果。

　　在这一公共物品供给理论的标准公式中[①]，该理论显然是规范性的。它意在设定某种必要的边际条件，而如果在公共部门中对经济资源进行最优配置就应该满足这一条件。在资源使用上的最优或效率是在帕

---

　　① 该理论中的"经典"现代论述见保罗·A. 萨缪尔森和R. A. 马斯格雷夫的那些著述。参见 Samuelson，"The Pure Theory of Public Expenditure," *Review of Economics and Statistics*，XXXVI (November，1954)，387 - 89；"Diagrammatic Exposition of a Theory of Public Expenditure," *Review of Economics and Statistics*，XXXVII (November，1955)，350 - 55；and Musgrave，*The Theory of Public Finance*。

累托最优意义上界定的，并且单一的最优点或位置（在无数此类点或位置中的任何一个）被界定为，在一个相应的集体中要改变该点就必然会损害至少一个人。对必然表现出这种位置特点的必要边际条件进行界定，可以不参考非个体的准则，也可以不参考可能导致此类结果的政治或制度过程。标准的讨论所强调的是，事实上，无法预测出从私人的或独立的个体行为中产生的此种最优结果，类似于确实表现出市场交互中的行为特征的趋向最优的压力。个体在努力享用公共物品和服务时，将理性地表现出"搭便车者"的行为；结果是，他们将很容易发现自己陷入了"多人囚徒困境"。

给定公共物品理论这一被广泛接受的且具有明显规范性的论述，如何对其加以转换才能使我们预测出从实际政治过程中出现的结果的特征？为在这种形式上正确且抽象的规范性公共物品供给理论之间（得自维尔弗雷多·帕累托首创的理论福利经济学）搭建这一桥梁，有必要回到与帕累托同时代的一个人，克努特·维克塞尔。在任何对财政思想史进行的全面评述中，维克塞尔都独自问鼎天才之列。当然，他的工作是独立于帕累托进行的，并且他对财政组织"原则"的讨论，乍一看，似乎大大有别于与那些对被我们用来与帕累托福利理论相联系的必要边际条件进行的正式表述。尽管维克塞尔同样是一个书斋式理论家，但是他从政治制度视角，从将个体偏好转换成集体或集团决策的过程出发，勾勒出他对财政选择的全部讨论。①

维克塞尔提出，应该将所有当事人取得一致同意作为财政事务的决策准则。尽管这是由他独立提出的，但显然这一准则是帕累托最优准则在政治上的重述。如果就给定状态开始不能通过所有当事人的普遍同意加以改变，那么这一初始状态便可以被划分到最优或有效率的安排之类。另外，如果有人提出改变并且全体成员同意这一改变，那么该最初状态就是非最优的。维克塞尔的讨论为在达成财政决策时执行一致同意规则提供了有关制度的具体建议。

这种维克塞尔式的理论的确成为具有实证意义的财政选择理论。如果所施加的制度规则规定，所有财政决策以及所有税收—支出决策，只有在所有当事人之间达成一致意见后才能做出，那么，就帕累托概念而

① 维克塞尔的基础性论著是 *Finanztheoretische Untersuchungen*（Jena：Gustav Fischer，1896）。该论著的主要部分翻译为"公正征税的新原则"，见 "A New Principle of Just Taxation," in *Classics in the Theory of Public Finance*, ed. R. A. Musgrave and A. T. Peacock (London：Macmillan，1958)，pp. 72 - 118。

言，达到最优的必要条件将表现出集体选择过程产生结果的特征。符合这一一般性命题只需满足，选择必须是以边际方式或分成小步进行的。当然，上述这一财政选择理论不会使我们预测出将容易出现**什么**结果。帕累托界面含有无数的最优位置或点，并且，在通往这一界面的每一阶段，将人们之间的"交易所得"进行分割容易限制最终可能实现的集的大小。该理论使我们只能界定解的特征，而不能细数其中所包含的要素。就这个意义而言，财政选择理论完全类似于"消费者选择理论"，后者是经济学家的标配之一。

尽管维克塞尔确实为我们在"最优资源配置"这一规范性理论和个人主义模型中希望做到的实证性预测之间提供了一座桥梁，但他对集体选择中的个体行为施加的制度约束这些严苛限定也必须予以承认。在真正的一致同意规则下，个体将被引导把资源投入策略性的讨价还价中，这种投资最终将被证明是对整个集体而言的一种浪费。这种类型的个体行为与个体在对公共物品自愿做贡献时体现其态度特征的"搭便车者"类型并不一样。在一致同意规则下，尽管在通往最终结果之路的每一阶段都可能最终达成某种一致，但可能发生严重的资源浪费，其中最重要的将是推迟达成一致所造成的成本。但集体中的决策和讨价还价是一个成本不菲的过程，而且成本在一致同意规则下可能高得令人窒息，尽管人们承认这一规则并且仅就该规则自身而言的现实契合性在于，对于保障行动的执行，事实上它会给集体带来净值。

维克塞尔此处意识到这一问题，并表达出有意允许放宽一致性制度规则的条件，而且他的具体建议是采纳正式议员多数规则，尽管他对多数一词的准确大小表述模糊。如果对一致性制度规则加以放宽，那么参与集体选择的个体便不会继续假设他本人的同意是出于集体决策的要求。他将很不情愿地把资源投在讨价还价的战术上。决策成本会极大地减少。然而，与此同时，对严格一致性要求的任何偏离都意味着可能会有低效或非最优结果的出现。集体决策过程的最终结果不需要是帕累托最优的；不需要满足那些必要的边际条件。

上述建议是，在账户两侧实现某种平衡，将低效或非最优结果与因方便决策所有望引起的成本（收益）降低进行某种比较。这种比较实质上是我和戈登·塔洛克在《同意的计算》中具体讨论过的，尽管那里的分析不限于财政选择。

一旦迈出这一步，理论便超越了操作性选择层面进入对制度性—立宪式选择的考量，即本书第二篇中讨论过的选择层面或阶段。通过某种计算对成本进行比较，这便可能对选择所寓于的最优规则和制度进行讨论，而可以预料，这些选择本身产生的结果或解并不总是位于标准的帕累托界面上。通过该理论可以在概念上预测出的，不是特定结果的特征，而是代之以结果的整体概率分布这一一般性特征。我们将在下一节中再回来进一步讨论这种制度性选择理论。然而，在此之前，回到期内预算选择层面是有用的。对于是否有可能提出建立财政结果的实证性理论，我们尚未进行透彻的讨论。

固定制度下的财政选择

在任何一刻，都存在着某种规定达成集体决策（包括财政决策）的方式的政治"结构"。这一结构仅通过治理整套政治制度的复杂规则和程序进行详细描述。恰恰是这种复杂性使理论学者们义不容辞地对该结构的基本要素加以抽象、简化，并构建政治选择模型。通过这些模型，他随即能够努力对将显现结果的特征进行预测。当然，任何现实主义模型都将结合一个不必要求全部集体成员都满意的政治决策规则。这样一种模型就是简单多数投票模型，一种第十一章中介绍并讨论过的模型。在这样一个达成集体决策的操作性规则下，可以细数最终结果具有怎样的特征。试图回答这一问题的结果是，得到某些具有分析意义的结果；关于多数规则博弈的解和多数联盟的形成的文献，不仅相关而且重要。如果对该模型再施加一些制度性约束，那么多少就会对财政结果的分析加上更多的限制条件。除为进行政治选择所设定的多数投票规则之外，将税收支付制度固定不变也是可能的，必须通过这一制度购买公共物品和服务。通过这种一体两面的制度性—立宪式限制，财政选择过程的结构会多少受到更紧的限制，并且做出的分析多少比无约束条件的多数投票规则模型的一般性要弱。本书仅在第十一章尝试了这种理论化过程。在那里的一番解释多少可以为进一步可能的研究提供导引。甚至在任何既有政治财政秩序框架中，政治决策规则及那些产生财政结果的制度都具有广泛多变的特点。

从这种理论化中有望得出什么结果？所有允许进行真正的个体选择的模型都不能预测出从一个决策过程中将产生什么结果，无论这是单独一人的私人选择还是一个集团的集体选择。经济学家和消费者选择领域的理论学者都无法预测一个特定的家庭妇女将在市场上购买怎样的物品组合。相似地，财政理论学者也不能预测一个社会将选择怎样的公共物品组合。但是将与消费者选择理论进行的比较在这里稍加拓展是有用的。如上所述，只有在维克塞尔模型中所施加的那些有几分纯净的制度性假设下，财政选择过程的结果才可以被人们所熟悉的边际替代率相等法则加以描述。几乎在任何相当牵强的制度限制下，结果都将倾向于是非帕累托最优的。如果理论范围耗费在将特定结果分为非最优和最优两个集上，那么对不同制度结构的分析将没有多大意义。在非最优集中能够做出的不只是纯粹对结果的分类。各种制度组合可以按照整个一个系列的不同决策所有望产生的结果的预期"非最优"程度加以排列。

在本书中，我们主要将注意力集中在财政制度上，而非政治决策制度上。因此，我们提出的程序是，力图在每一种可能的政治决策结构下排列备选的财政制度安排。对此的阐释见第十一章介绍的模型。假设面临的是为达成全部政治决策而设定的简单多数投票规则。接下来比较在不同的备选财政制度下的预测结果。例如，对人头税制下和比例所得税制下的两个预测结果进行比较。根据效率标准，这一系列结果中哪一个看起来更受"青睐"？帕累托准则可以用作衡量各种可能的偏离的基准。

之前说过，对税收制度的选择可以用于代替对决策制度的选择，反之亦然，重温此点是有用的。概念上，当决定合适的单一公共物品数量时，在达成集体决策所需的**任何**规则下，都将总是存在着某种税收制度以产生"最优"结果。税收制度就此意义而言越"有效率"，任何对政治决策结构中一致性的偏离将越不大会"无效率"。这一点已在第十一章提出并讨论的一些模型中得到了阐释。如果税收制度应该使每个人都有义务为公共物品支付费用，从而税—价等于边际收益曲线，那么任何能想到的决策规则都会产生公共物品的帕累托最优数量。当然，事实上此类税收制度总是存在于概念中，但这并不意味着对它的确定可以独立于所揭示的个体选择本身。如果面临一个无所不知的观察者，而且如果让他"阅览"所有个体偏好曲线，那么他随之便可以描述"最优"税—价结构。要是做不到，就无法以任何准确度确定"有效率的"税收结构或制度。

无论是因为对其选择不具有独立性还是因为非效率的标准也是相关的，如果税收制度不是"有效率的"，那么在确定结果的效率程度时，政治决策规则就会是重要的。例如，如果税收规则指出，所有人都必须承担相同的税负，那么把政治决策的权力授予单独一人所产生的无效率程度比在没有此类税收限制时此类授权所产生的要小。独裁者，像他的同胞一样，必须支付总税收负担中的份额，这一条件减少了独裁者对其同胞可能进行的剥削。由于按照事物的正常规律，现存的税收制度将不会趋近那些"有效率的"税收制度，所以分析必须认真考虑各种政治决策规则对结果产生的影响。在这一分析中，通过努力排列不同财政安排下的备选政治制度是无法简单得出结论的。例如，假设按规定所有公共物品都将通过向所有人征收相同税负的方式进行融资。随后的情况根本就不会是，"有效率的"决策规则（一致性规则）将为任何税收的分配产生"最优"结果。看似显然的是，一致性规则在这一相同税负的例子中可能是达成集体决策的规则中最差的一个。在人头税体制下可能存在某一"有效率的"决策规则为全知的观察者所细数，但思可以独立发现，此类规则的有意义的程序变得极其困难。因此，看起来最好是，将政治决策规则视为比财政制度多少更不易被人所左右。

以上论述表明，各种财政制度可以按它们产生"有效率的"结果的预期能力进行等级排列，这些都是按照标准的帕累托方式界定的。这再次提出了整体准则问题。上述程序不等于在重新引入经济学家的规范性标准吗？如果是的话，那么模型会变得怎样，其中个体被简单视为可以随意选择吗？

当认识到效率标准与个体选择之间的这种恰当关系时就不存在自相矛盾。经济学家用"资源的最优配置"指什么？他实际上是指仅从个体选择间肆意的相互作用所产生的配置。可以直截了当地延伸到公共物品的供给。"有效率的"公共物品供应将更有可能产生于"理想的"个体一集体选择制度。因此，按照它们对获得此类结果的预期促进或阻碍趋势讨论各种制度就变得恰当了。根本就无须引入任何有关这些结果实际形态的外部伦理准则，从而根据效率标准可能将一些制度说成是比其他"更好"。类比会是有益的。我们可以说对司机而言一扇透亮的挡风玻璃比脏的挡风玻璃"更好"，而无所谓司机去哪儿。给定任一路线，如果他能够看到他前方的路，他的车将开得"更有效率"。类似地，我们可以说，某些制度比其他制度"更好"，而与将产生的结果完全无关。无论这些结果是什么，它们在一些制度下比在其他制度下会更有效率地达到。

将传统的公平准则融入个人主义模型中谈何容易。这方面的一些问题将在下一节中进行讨论。然而，首先就有关效率问题还要多说几句。

对财政制度的选择

分析者按上述程序排列各种财政制度意欲何为？最终在某一更高阶段或更高层次的"立宪式"选择上，人们必须自行选择一套财政制度、规则和规章，并借以做出期内预算选择。不能夸大具体制定和预先选定的制度下进行的财政选择与该选择本身之间的重要区别，而且即使不惜篇幅用一个简例重复早先的讨论也会证明是有所助益的。考虑按政治社会组织一群人，并且为简便起见，将此政治宪章视为固定不变的。但是并不存在任何财政宪章。假设现在有机会（或此例所需要）为公共物品或服务（例如防御外敌）提供某一集体支出。该社会，作为一个单位，必须决定供给多少该公共物品，而且它必须决定如何在公民中分配这些成本。这两个不同的决定在任何政治选择规则下都是彼此依赖的。个体对公共物品投票时的行为将受到他对税收分配所做预测的影响。如我们之前所述，正是在这一场景下，"搭便车者"问题的显现使得财政决策复杂而混乱。

一种既大幅减少策略性投资又使个体产生直接反应的方法是，让集体在做出有关公共物品数量的决定前，并独立于此，便就如何在个体之间分配税收—成本方面达成某种一致意见。在我们的例子中，该社会甚至在预期到对外防务所需的任何需要或机会前就会批准一项"财政宪章"。当然，这一制度性或立宪式选择意味着，以公共物品供给衡量的最终结果很有可能被预测成必然无效率。在此处的例子中，如果获得同意的财政宪章指示，必须用一视同仁的人头税为包括防务的所有公共物品融资，那么在任何特定时期具体的防务供给都会显著偏离"最优"水平。给定在讨价还价和讨论上的充足投资，可能做出对税收份额的某种重新安排以使该社会几乎在每个特定情形中都多少趋近于帕累托福利界面。然而，当人们提前认识到，对所供给的每一种不同的公共物品或服务，在每一个不同时期，本来必须对税收份额重新进行此类安排，那么为确保合理的有效结果的成本会变得高到无法承受。某一旨在选择税收分配方式的结构性调整确定了个体在大量公共物品和服务上以及在一段时期内的成本份额（个体税—价），这一调整对个体和集体而言都会是理性的。

一旦认识到这一点，就有必要对"有效率"这一概念进行全面修正。即使人们公认通过对制度的运作将产生"无效率"的结果，但该制度也很可能是"有效率的"。制度选择的核心问题是选择最"有效率的"制度。当通过税收收入提供何种公共物品仍未完全确定时，哪些征税方案或规则相对而言效率最高？正如第十四章所指出的，这一制度性选择的转向似乎是对传统财政理论的部分复兴，并且证实对独立于财政账户支出侧的"税收原则"的考量是正当的。此处对效率的讨论表现为，在一系列不同时期并通过一系列对不同收益的计算所预计会产生的各种税收制度结果的概率分布。

有关财政正义的新方法

分析制度效率的方法论来源有：现代统计推断理论、博弈论、政治组织理论，另外还有最近对"正义"进行的哲学讨论。[①] 这后一种讨论尤其相关，因为它允许我们将制度选择方法与充斥在许多财政领域文献中的对正义或公平的传统讨论相联系。本方法的特点是体现出选择过程的结果与产生此类结果的规则或制度之间的鲜明区别，这当然完全有别于财政理论中的传统方法。

个体在各种备选税收制度间将如何选择？个体在此处于一个他理想中的选择位置，他既不确定在从所采纳的支出计划中产生的收益中他本人的份额，也不确定他本人的经济地位（假设为税基）。在此类情形下，他必须竭尽全力选择一个在几乎任何条件下都将勉为运作的制度。将这比作日常扑克游戏的选牌规则是很贴切的。个体将努力挑选那些看似"公平"的规则。从这一层面思考，"公平"和"效率"趋同且所指相同。此处使用"正义"一词似乎也是恰当的，正如罗尔斯在其对伦理准则讨论时的做法。按照某一规范性的个体伦理观，个体"应该"像在那种他理想中的位置上那样做选择，即使他实际上并不在那儿，而且，可以像概括"正义"标准那样对他的决策标准进行概括。

然而，我们关心的核心问题不是个体行为的伦理标准，而是对个体

---

① 具体而言，此处援引约翰·罗尔斯在最近的几篇论文中提出的正义概念，参见 John Rawls, "Justice as Fairness," *Philosophical Review*, LXVII (April, 1958), 164-94; "Constitutional Liberty and the Concept of Justice," *Nomos VI*, ed. C. Friedrich and J. Chapman (New York: Atherton Press, 1963); 以及稍早的一篇, "Two Concepts of Rules," *Philosophical Review*, LXIV (January, 1955), 3-32。

在制度性选择环境下的行为进行预测。正常情况下，个体将发现他们自己所处的环境并非理想化的。个体将很可能对一段时间内收益的抵免模式有所了解，甚至更可能的是，他将对自己未来一些时期的经济地位有所了解。尽管如此，这样说并非不合理，即这两个方面的不确定性因素在他进行决策计算时显示出相对重要性，并且只要他们是这样做的，在此处讨论的框架内考察"效率"和"正义"这两个概念便是得当的。

理论福利经济学使我们能够对那些有效配置经济资源所必须满足的必要边际条件加以界定。直截了当地将这一分析延伸至"理论制度经济学"应该使我们能够做到，如果一种制度安排或规则被划分为"有效率"之列，那么我们就能界定为此所必须满足的一套类似条件。现在看起来相当可能的是，未来的进展事实上将允许对此类条件进行一般性的论述。然而，就目前而言，我们还必须满足于那些较为模糊且缺乏严格性的定义。分析仍处于在变化的假设下考察各种制度的阶段，所用的效率标准大多来自内省。

上文指出，"效率"和"正义"的标准在制度选择方法下合在一起并趋于一致，至少在理想的形式上如此。当然，这与财政理论的正统理论有着鲜明区别，在正统理论中这两个目标是不同的。"平等"和"正义"传统上向来被用以要求引入外部的伦理准则。规范性公共财政理论一贯以来的原则是，"平等地对待平等"，该原则被 R. A. 马斯格雷夫称为"横向公平"。[1] 其必然的结果是，存在纵向公平原则："不平等地对待不平等"。但是程度如何把握？这一直是规范性税收理论中的核心问题，而且只有引入某种外部的价值衡量尺度，即观察者定义的某一"社会福利函数"，才能加以解决。因为个体并不参与这一尺度的形成，除非该观察者选择将个体偏好考虑在内，所以分析家们在概念上的任务仅是"说出"实现上述公平目标的最佳解。

以马斯格雷夫的著述为代表，在财政理论最具现代性的表述中含有一个悖论。财政机制的配置职能明显有别于分配职能。前者允许个体选择发挥结果的基本决定因素的作用，至少在某种规范性的理想化意义上如此。然而，后者则有必要诉诸某一外部价值衡量尺度。"效率"标准得自个体偏好；"公平"标准得自外部来源。从而，效率和公平不仅代表着不同并且常常是相互冲突的目标；它们从哲理上讲也是不同的，最终得自两套完全不同的价值体系。

---

[1] R. A. Musgrave，*The Theory of Public Finance*（New York：McGraw-Hill，1959）.

　　在此处提出的修正后的方法中，这两套标准合而为一，并且都得自个体偏好。有效率的财政制度也是公平的，反之亦然，因为这些术语在个体制度性选择的语境下是无法进行区分的。被假设为选择财政制度的那个人根据他本人的效用最大化进行选择。这确保了他将倾向于挑选他认为私下看来最有效率的制度或规则。但是这一制度也将倾向于被视为正义，原因很简单，因为个体无法准确预测出在这一制度随后的运行中他本人的状况。他将被引向选择一种将"公平"或"公正"地对待他的制度，而无所谓他发现自己处境如何。

　　只要个体的实际选择位置不是理想化模型所界定的，对他而言，有效率的财政工具将不会被观察到满足"正义"标准。只要个体可以准确预测出未来抵免的公共收益和/或他本人的收入—财富地位，他的效用最大化理念将引导他挑选那些将提供各种不同优势的制度。正如早前所讲，而且正如下文将再次讨论的，正是认识到这种冲突将会发生，制度选择的条件才得以如此重要，而且指明了通往旨在改变这些条件的改革方案的路径。

再分配职能

　　可以就处理收入—财产分配问题及其与财政机制的关系方面，比较一下正统或传统的方法和本书已进行了部分阐释的那种方法。前文指出，此处进行的标准处理明确借助了外部准则。例如，亨利·西蒙承认了人们中间"更大的收入平等"是财政体系"应该"加以组织用以促进的一个社会目标。现代论著倡导用某一"社会福利函数"来在帕累托福利界面的无限个集合中确定那个单一最优点。

　　个体模型没有诉诸外部准则。这样的话究竟还有没有可能就财政机制的再分配职能说些什么？对于这一问题存在着两个不同层面的回应必须加以区别，这再次显示出所强调的财政选择这两个阶段相关而且重要。如果一个人的经济状况同他同伴的经济状况一道都可明显辨别出来，而且如果面临的是单期选择，那么为了将收入转移给那些比他运气差的人，他当然会选择对自己征税。在这一意义上，再分配是一种典型的公共物品，而且存在着明显的外部性，这需要通过使这一物品的"消费"具有集体性从而加以内部化。因此，即使在那种受单期选择限制的纯个人主义模型内，也存在着通过财政体系实施某种净再分配的倾向。

然而，对这一收入转移的范围在通常预期到的条件下将受到很大限制，而且这种转移将依赖于这样一个事实，即个体将别人的而不是他们自己的效用当作自己效用函数中的实际参数。

再分配因素在财政选择的第二个层面或制度性层面变得更为重要。在理想条件下，个体无法准确辨识他本人一段时间的收入—财富前景。如此，做出选择的人应该理性行事，亦如他所面临的是可能的收入—财富位置的概率分布，并且应该挑选最大化期望效用的那种财政结构。容易看到，个体在这些条件下可能更多地投入到净收入—财产转移中，这根本不是因为他关心他同伴们的效用，而仅是因为他想要确保税后收入水平令他满意。净再分配将肯定存在某个"最优"程度，而且这是个体在几乎任何政治决策规则下选择财政制度时大多都将考虑到的。因而，有望出现的情况是，净再分配将体现出财政制度一段时间的运作特征。[①] 有理由这样认为，这种类型的计算在"解释"现代财政结构中存在的再分配因素方面是有帮助的，或许这要比标准处理中那些含糊声称的平等化概念甚至更有帮助。

财政结构的改革方向

本书的分析基本上是实证性的。其目的一向都是预测具体制度对财政选择的影响和预测可能被挑选的制度类型。在对潜在效率准则的讨论中，效率准则得自个体偏好，而不是那种通常更容易得到的概念，这种概念似乎暗示了这一标准并不是被独立发现的。然而，该分析的确指向一般规范性结论，而且在本节中对其中一部分进行简要概括是合适的。

给定现代预算的复杂性和在大多数政府辖区内有大量符合身份的成员，无须进行什么理论化便可以指出，在每一财政期任何试图有效率地供给每一种公共物品和服务的努力，不仅在政治上，而且在经济上，都将是愚蠢之举。公共物品的供给必须在财政制度这一语境下进行，后者可以被描述为一些准永久性的和相当复杂的制度和规则，它们具体规定着使用哪些税收工具以及何时和如何使用，何时发行公债，如何做预算，等等。就现实意义而言，在任何改革中，所必然追求的目标是"完善"这一财政体制。怎样才能剔除那些似乎会产生无效率结果的因素，

---

① 对此处提出的制度安排下再分配问题进行的更为详细的讨论，见 James M. Buchanan and Gordon Tullock，*The Calculus of Consent*，尤见第 13 章。

或让更有效率的因素取而代之？

专家的标准做法是将他本人置于制度制定者的角色并就如何描绘"理想的财政结构"进行讨论。这一程序仍是可能的，而且上面勾勒出的那种正义即效率的解释意味着，通过这样的方式会得到相当多的有趣资料。然而，这样的尝试很可能会失败。任何实际的民主社会都不会也不应该乐于将财政制度或政治制度的重新制定转手给单独一位专家或一个专家团。

认识到这一点，学习财政过程的人就可以开始一项缺乏激情但硕果斐然的任务。他可以努力为**个体进行立宪式选择**的各种方式提出具体更改建议，而不是对那些"应该"做出的选择提出更改建议。他可以为那种会通过政治决策过程使个体更有效地选择备选财政工具的选择结构本身提出更改建议。正如前文所指，如果个体面临的是理想化场景下的制度性—立宪式选择，那么恰当地讲，他们将更容易把效率等同于正义。提出一些更改建议以起到使个体更接近此类情形的作用，在很多情况下都是可能的。第一个条件是，所有真正的立宪式变化（无论它们是不是明确地这样叫，大体而言没什么关系）都应被个体视为准永久性的或长期的变化。财政体系中最重要的单项改进很可能是，在决策与执行之间引入具体的时滞因素，以及要求决定一旦做出，就必须在某一最短时期内保持效力。

用遗产和房产税中的一个例子加以说明。在对财政改革的标准讨论中，仅仅提出有关这种税的问题相当于选择站队。而且选择站队并不难。那些认定自己具有有利资产地位的人倾向于雄辩地提出反对增税而赞成减税的观点。其他那些不置可否的人也会一样雄辩地指出这些税应该是没收性的。这一集体决策过程变得几乎与零和博弈一样了，而且也没有可能会对征收资产—转移税的有效率的或最优的方案进行合乎理性的讨论。

这一事态怎样才能得到改善？各式各样的专家会摆出权威的架子并引经据典来支持他们本人的个体偏好，这样的专家肯定靠不住。可以推断，只要是在讨论修改**当前**的资产—转移税，这种讨论就不会不带有感情色彩。因此，这意味着，只有在决策与行动之间存在显著时滞的情况下，理想情况下，才应该讨论修改此类税收结构。最有效率的资产—转移税收结构在做出决定后，经过例如四分之一或半个世纪以后才能生效，对此进行理智且合理的讨论应该是可能的。在这一基础上参与讨论的人将不能如此清晰地辨识出他们自己的位置；他们自身的利益将是长期的。这一提议似乎有些牵强，只是因为它还没有被明确地考察过，尽管为人熟知的里格纳诺（Rignano）计划可以被诠释为对相同观点进行的模糊的规范性说明。① 此处仅用一个简单的孤例说明改善财政制度选择寄望于进行那些类型的改革。此处将不对此类改革进行面面俱到的讨论，而且这在本书中也找不到。

当然，时间因素将阶级之间、集体之间的决策转换为理性决策，在此基础上达成普遍一致意见成为可能。不同的时滞可能适合于不同的制度。时间一向很少被经济学家视为变量，然而似乎很明显，决策所具有的时间特征会对个体决策者预估和选择备选方案的方式产生重要影响。长期中，一切都会变化，包括个体的经济状况和从公共支出计划中所获收益的抵免模式。个体可能特别愿意支持对新车购买的一年期临时性征税，以为在他所居住的城市举办的世界展会提供一年期的资金补贴，而他却可能相当不愿意支持对新汽车购买征收的永久性税收，以为每年在不同城市举办的世界展会融资。

立宪式态度

民主政府在其财政以及非财政方面的实际运作，要求其公民遵守所谓的"立宪式态度"。给定高昂的集体决策成本，只有在政府很大比例的日常业务运作是在准永久性制度结构范围内进行时，政府职能才会适当地发挥出来。个体和集体都必须认识到立宪式—制度性的连贯性十分重要，以及民主过程依赖于对此类连贯性的坚定遵守。如果认识不到这一点，而且个体开始将政治过程视为只是不同联盟可以获得并据以相互盘剥的手段，那么民主不会，而且也不应该继续存在。广义上讲，财政制度是宪政的一个部分，而且在此处所讲的意义上尤其如此。财政体制的变化必须被视为社会结构的准永久性和长期的特征。如果个体，以及集体，包括政客们，都开始认真考虑为实现短期目标而操纵基本财政制度，那么讨价还价的因素将很快地压倒所有对效率的考量。

分析的最后，"正义""效率""公平"，无论用的是哪个术语，都只有当个体（或他们的代表），不是作为稍纵即逝的生命体，而是作为由各种潜在收益组成的一整套复杂概率分布，被放在为自身进行选择的位

---

① E. Rignano, *The Social Significance of the Inheritance Tax*, trans. W. J. Shultz（New York：Alfred A. Knopf，1924）.

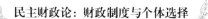

置上时，才能够以合理的确定程度对它们有所期待。期望那个握有一把好牌的扑克牌玩家同意重新发牌，这完全是对人类道德太过依赖。游戏的规则，无论是政治的还是其他什么的，都只会先于游戏被恰当地设计出来，而且要由玩家本人进行。而且，随着游戏的进行，改变后的规则应该只适用于以后各轮的游戏。

在财政理论中，一般而言正如在政治学中那样，学者们需要将更多的注意力放在制定那些据以产生最终结果的规则或制度上，而减少注意这些结果本身的形式，尽管它们当然必须与对制度的评价有关。只有通过对产生结果的制度加以改善，才能够实现配置或结果上的改善，相应地，只有充分理解了制度在整个民主过程结构中的恰当作用，才能够在此类情形下加以改进。或许与他们的同伴相比，学者们自身更需要保持一种"立宪式态度"。

英汉人名对照表

Arrow，Kenneth A.	阿罗，肯尼斯·A.
Banfield，Edward C.	班菲尔德，爱德华·C.
Baratz，Morton A.	巴拉茨，莫顿·A.
Barber，Clarence	巴伯，克拉伦斯
Barone，E.	巴龙，E.
Barr，James L.	巴尔，詹姆斯·L.
Birdsall，William C.	伯索尔，威廉·C.
Black，Duncan	布莱克，邓肯
Borgatta，Gino	博加塔，吉诺
Boulding，Kenneth	博尔丁，肯尼思
Bowman，Ward S.	鲍曼，沃德·S.
Break，George	布雷克，乔治
Buchanan，James M.	布坎南，詹姆斯·M.
Burstein，M. L.	伯斯坦，M. L.
Chapman，J.	查普曼，J.
Coleman，James M.	科尔曼，詹姆斯·M.
Cooper，John R.	库珀，约翰·R.
David，Elizabeth	戴维，伊丽莎白
Davis，Otto A.	戴维斯，奥托·A.
de Viti de Marco，A.	德·维蒂·德·马尔科，A.
Domar，Evsey D.	多马，埃弗塞·D.
Downs，Anthony	唐斯，安东尼
Edgeworth，F. Y.	埃奇沃思，F. Y.

Einaudi，Luigi	伊诺第，路易吉
Enrick，Norbert	恩里克，诺伯特
Farr，Helen T.	法尔，海伦·T.
Farrell，M. J.	法雷尔，M. J.
Fasiani，Mauro	法西亚尼，莫罗
Ferber，Robert	费伯，罗伯特
Ferguson，James M.	弗格森，詹姆斯·M.
Ferrara，Francesco	费拉拉，弗朗西斯科
Fisher，Irving	费雪，欧文
Forbes，Jack	福布斯，杰克
Forte，Francesco	福特，弗朗西斯科
Frankel，Charles	弗兰克尔，查尔斯
Friedman，Milton	弗里德曼，米尔顿
Friedrich，C.	弗里德里克，C.
Gensemer，Bruce L.	金森莫，布鲁斯·L.
Gillespie，W. Irwin	吉莱斯皮，W. 欧文
Goetz，Charles	戈茨，查尔斯
Gombrich，E. H.	冈布里奇，E. H.
Hansen，Alvin H.	汉森，阿尔文·H.
Harris，Ralph	哈里斯，拉尔夫
Heller，Walter	赫勒，沃尔特
Hitch，Charles J.	希契，查尔斯·J.
Lean，Jane A.	利恩，简·A.
Lerner，Abba P.	勒纳，阿巴·P.
Little，I. M. D.	利特尔，I. M. D.
Machiavelli，Niccolo	马基雅弗利，尼克洛
McKean，Roland N.	麦基恩，罗兰·N.
McKinnon，I.	麦金农，I.
Margolis，Julius	马戈利斯，朱利叶斯
Maxwell，James A.	马克斯韦尔，詹姆斯·A.
Mill，J. S.	米勒，J. S.
Mishan，E. J.	米山，E. J.
Mosca，G.	莫斯卡，G.
Mueller，Eva	缪勒，伊娃

Mundell，Robert A.	蒙代尔，罗伯特·A.
Musgrave，Richard A.	马斯格雷夫，理查德·A.
Neenan，William B.	尼南，威廉·B.
Newcomer，Mabel	纽科默，梅布尔
Oates，Wallace E.	奥茨，华莱士·E.
Olsen，Mancur	奥尔森，曼库尔
Pareto，Vilfredo	帕累托，维尔弗雷多
Peacock，A. T.	皮科克，A. T.
Perloff，H.	佩洛夫，H.
Pigou，A. C.	庇古，A. C.
Puviani，Amilcare	普维亚尼，阿米卡尔
Rawls，John	罗尔斯，约翰
Reid，John J.	里德，约翰·J.
Ricardo，David	李嘉图，大卫
Rignano，E.	里格纳诺，E.
Robbins，L.	罗宾斯，L.
Rolph，Earl	罗尔夫，厄尔
Samuelson，Paul A.	萨缪尔森，保罗·A.
Schmölders，Günter	施默尔德斯，金特
Scotto，Aldo	斯科托，奥尔多
Seldon，Arthur	塞尔登，阿瑟
Senior，Nassau	西尼尔，纳索
Sensini，G.	森西尼，G.
Sharp，Ansel	夏普，安塞尔
Shoup，C.	舒普，C.
Simons，Henry	西蒙斯，亨利
Smith，Adam	斯密，亚当
Stigler，George	施蒂格勒，乔治
Strotz，Robert H.	斯特罗茨，罗伯特·H.
Stubblebine，W. C.	斯塔布尔宾，W. C.
Thirlby，G. F.	瑟尔比，G. F.
Tullock，Gordon	塔洛克，戈登
Wagner，Adolph	瓦格纳，阿道夫
Wagstaff，J. V.	瓦格斯塔夫，J. V.

Weisbrod，Burton A.	韦斯布罗德，伯顿·A.
Whinston，Andrew	温斯顿，安德鲁
Wicksell，Knut	维克塞尔，克努特
Williams，C. Arthur	威廉斯，C. 阿瑟
Wilson，James Q.	威尔逊，詹姆斯·Q.
Wiseman，Jack	怀斯曼，杰克

Public Finance in Democratic Process: Fiscal Institutions and Individual Choice by James M. Buchanan

Copyright © 1967 by the University of North Carolina Press.

Foreword by James C. Miller III © 1987 by the University of North Carolina Press.

Simplified Chinese edition copyright © 2020 by China Renmin University Press.

Published in the Chinese language by arrangement with the University of North Carolina Press，Chapel Hill，North Carolina，27514 USA.

uncpress. org

All Rights Reserved.

《民主财政论：财政制度与个体选择》

作者：詹姆斯·M. 布坎南

版权© 1967 北卡罗来纳大学出版社

前言版权© 1987 北卡罗来纳大学出版社

简体中文版由北卡罗来纳大学出版社

（美国 27514 北卡罗来纳教堂山，uncpress. org）授权出版

简体中文版权©中国人民大学出版社

版权所有，翻版必究。

图书在版编目（CIP）数据

民主财政论：财政制度与个体选择/（美）詹姆斯·M. 布坎南著；刘凤芹，陆
文玥译 . -- 北京：中国人民大学出版社，2020.7
（诺贝尔经济学奖获得者丛书）
ISBN 978-7-300-28315-9

Ⅰ.①民… Ⅱ.①詹… ②刘… ③陆… Ⅲ.①财政制度-研究
Ⅳ.①F810.2

中国版本图书馆 CIP 数据核字（2020）第 113067 号

"十三五"国家重点出版物出版规划项目
诺贝尔经济学奖获得者丛书
民主财政论：财政制度与个体选择
詹姆斯·M. 布坎南　著
刘凤芹　陆文玥　译
Minzhu Caizhenglun

出版发行	中国人民大学出版社			
社　　址	北京中关村大街 31 号		**邮政编码**	100080
电　　话	010 - 62511242（总编室）		010 - 62511770（质管部）	
	010 - 82501766（邮购部）		010 - 62514148（门市部）	
	010 - 62515195（发行公司）		010 - 62515275（盗版举报）	
网　　址	http://www.crup.com.cn			
经　　销	新华书店			
印　　刷	涿州市星河印刷有限公司			
规　　格	160 mm×235 mm　16 开本		**版　　次**	2020 年 7 月第 1 版
印　　张	16 插页 2		**印　　次**	2020 年 7 月第 1 次印刷
字　　数	261 000		**定　　价**	68.00 元

版权所有　侵权必究　印装差错　负责调换